経営情報システムと
ビジネスプロセス管理

大場允晶・藤川裕晃 [編著]

創 成 社

はじめに

　アイビーエムからPC事業を買った中国のレノボが日本でパソコンを生産し始めた。コモディティ化した製品は，中国を中心とするアジアで生産するのがセオリーになっていたのではなかったのだろうか。90年代の半ばにこぞって海外へ展開した生産拠点は，昨今では再度国内回帰に向かっている。この海外展開と回帰は，潮の満ち引きのように繰り返されている。そこにはどんなカラクリがあるのであろうか。

　90年代のアジアへの生産拠点移動は，「人件費」がキーワードであった。圧倒的に安い人件費を求めて，中国，ベトナムへと生産拠点はさまよった。日本も戦後の経済成長の過程では，安い人件費でアメリカへ輸出を伸ばしていったが，さらに安い人件費の中国を中心とするアジア諸国に取って代わられたという結果であった。ところが，この人件費の圧倒的な差が多少緩和されてくると，別の費目が気になってくる。それは物流コストや在庫コストである。中国の物流事情の悪さは，リードタイムの長さに跳ね返ってくる。特に中国の国内輸送は酷いと言われている。それをカバーしようとすれば，航空便を使うことになる。また，日本の販売店のコストを考えたときにリードタイムが長くなると，その分在庫でもつことになり，在庫コストがかかる。しかし，市場の近く（つまり東京）で生産すれば，納期は最短とすることが可能であり，物流コストも在庫コストも中国で生産するときよりも少なくて済むことになる。この物流費＋在庫費のダウンと人件費のアップとのバランスで，コストミニマムな生産場所が決まる。

　まとめると，世界のどこで生産するかという戦略的な意思決定は，総生産コストで決まり，日本に来たり，出て行ったりと多様である。人件費は，どうしようもない部分があるが，物流・在庫コストは，情報の有無とその活用で決まる。各拠点に在庫されている量を把握できていれば，注文量を生産しなければならないか他の拠点から融通できるかがわかる。つまり，情報の活用次第では戦略を左右することもあるという事実がある。そこで，「経営情報」という概

念が浮かび上がってくることになる。

　本書の扱う「経営情報システム」と冠する書籍は，実に10冊を超える数が出版されている。書棚に並んだなかから本書を手に取った読者（になるかもしれない人）がまず思うのは，この本は役に立つのだろうかであろう。そこで，既存の書籍と本書の相違点を簡単に述べよう。

　まず誰でも気づくことは，タイトルが「経営情報システムとビジネスプロセス管理」というように「ビジネスプロセス管理」の話も一緒になっていることである。セット販売である。一粒で二度美味しいのかと言えば，それほどのことはない。つまり，それだけ単独の書籍よりも中味が薄くなっている危険性があるからである。では，なぜ2つのテーマを1冊に編み込んだかを述べよう。

　暗い話で恐縮であるが，失われた10年とか20年とかいう言葉がある。日本経済が長い不況のトンネルから出られないであがいている状態を示す言葉である。'Japan as NO.1'で頂きを極めた日本経済は，坂道を転がるように発展の著しいアジアの企業群に追い上げられ，追い越されてきた。2012年初頭で日本政府の借金は，デフォルトが心配されているイタリアの借金率（債務÷年間税収額×100）の倍以上で，ダントツの世界一なのである。この状況をもたらした原因はたくさんある。マクロ経済での原因分析をするのが本書の役割ではないので，企業での不振から見ることにしよう。この日本経済を巻き返していく方法としてどうすれば良いのかが，本書の根底を流れる隠れたテーマである。

　企業が優位に立つのは，その経営戦略か，商品力か，販売力か，そのなかのどれか，またはその複数がライバル他社よりも卓越している場合である。コア・コンピタンスという言い方もする。では，こういった戦略・商品力・販売力が優位に立つにはどんな力が必要なのだろうか。その答がビジネスプロセス，つまり仕事のやり方である。改善が日本企業の優位性を築いたなどという話は世界的に有名で，トヨタのかんばんシステムとかQCサークルが，世界に冠たる日本の製造業を築いたことは誰でも知っている。優れたビジネスプロセスはどうやって作られるかを，本書の前半で記述したつもりである。そのビジネスプロセスを実質動かしていくのが経営情報システムである。現在の企業で

は，人が代わっても，またどのような事象が発生しても，通常業務は滞りなく進捗する。そうさせるのは，企業の隅々にまで置かれた端末につながる経営情報システムとそれらをつなげる情報ネットワークである。本書の後半でその情報システムの構築や運用について述べる。

つまり，『経営戦略 → ビジネスプロセス構築 → 経営情報システム構築』と流れる企業成功の方程式を本書で扱う。経営戦略を立てて，それを実現するために最適なビジネスプロセスを創造し，そのビジネスプロセスが無駄なく・無理なく回るように経営情報システムで支援することで，卓越した経営戦略を実現し，狙った企業成果を得ることができるはずである。結局，本書は経営書なのである。経営学部，経済学部，商学部などの経営学科の学生が，企業に入り仕事を進めていくために不可欠な経営情報システムについての知識を学べるようにした。また，企業人の皆さんにも活用して頂ければ幸いである。

最後に，出版にあたり，数多くのご支援を頂いた創成社の西田徹氏に深く感謝申し上げたい。

2012年4月

大場允晶・藤川裕晃

目　次

はじめに

第1章　経営戦略と情報システム ───── 1

第1節　経営環境の変化と経営戦略 …………………1
　（1）経営環境の変化　1
　（2）勝ち組と負け組　5
　（3）企業の生き残りと情報の価値　6

第2節　経営戦略立案の流れ ……………………8
　（1）経営戦略とは　8
　（2）経営戦略立案の手順　9
　（3）経営戦略立案のヒント　10

第3節　経営戦略実現と情報戦略 …………………14
　（1）経営戦略への情報の活用　14
　（2）情報戦略とは何か　15
　（3）情報戦略で優位に立てるのか　17

第4節　ビジネスモデルとは ………………………20
　（1）ビジネスモデル　20
　（2）デル・モデル　22
　（3）ビジネスモデル分析　23

第5節　オペレーションとビジネスプロセスの管理 ……24
　（1）オペレーションの構築　24
　（2）ビジネスプロセスとは何か　25
　（3）ビジネスプロセス管理の概要　27

第2章　経営計画と情報システム ───── 31

第1節　経営における情報システムの貢献 ………………31
第2節　経営情報システムとその系譜 ………………33
　（1）経営情報システムの意味するところ　33
　（2）経営情報システムの特徴　34
　（3）経営情報システムの系譜　35

第3節　基幹系システムと情報系システム ················· 37
第4節　ERPとパッケージ・ソフトウェア ················· 38
　　　（1）ERPの概要　38
　　　（2）ERPの機能　39
　　　（3）パッケージ・ソフトウェアの台頭　40

第3章　オペレーションと情報システム ────── 43

第1節　BPR ·· 43
　　　（1）リストラクチャリング　43
　　　（2）BPR（リエンジニアリング＝Business Process Re-engineering）　44
　　　（3）BPRの事例　46
　　　（4）日本企業でBPRが必ずしも成功しなかった理由　47
　　　（5）BPRからBPMへの展開　48
　　　（6）BPMとBI　50
第2節　ビジネスプロセスの分析手法 ······················ 52
　　　（1）ビジネスプロセスの分析手順　52
　　　（2）事業ポートフォリオ分析　53
　　　（3）ステークホルダー分析　54
　　　（4）ベンチマーキング　55
第3節　ビジネスモデリング技法 ·························· 57
　　　（1）ビジネスモデリングへのアプローチ　57
　　　（2）構造化分析手法　58
　　　（3）IDEF（Integration DEfinition for Function modeling）　61
　　　（4）CN図（Commitment Network Model）　63
　　　（5）ユースケース図　64
第4節　オブジェクト指向 ································ 66
　　　（1）オブジェクト指向って何　66
　　　（2）ER図　67
　　　（3）拡張UML　70
　　　（4）アクティビティ図　73

第4章 ビジネスプロセスの設計 ─────── 77

第1節 ビジネスプロセス設計の手順 ……………… 77
（1）ビジネスプロセスの設計　77
（2）ビジネスプロセス設計手順　78
（3）To-be モデル作成上への視点　81

第2節 新ビジネスプロセスの創造 ……………… 84
（1）問題の発見　84
（2）To-be ビジネスプロセス設計　85

第3節 ERP と業務テンプレート ……………… 90
（1）ERP の導入　90
（2）ERP とテンプレート　91
（3）業務テンプレート　92
（4）ワークフロー　93

第4節 ビジネスプロセスの評価法としての SCOR …… 93
（1）SCM の展開　93
（2）SCOR　95

第5章 情報システムの設計と開発 ─────── 99

第1節 情報システム開発の流れ ……………… 100
第2節 システム構築モデル ……………… 102
（1）ウォーターフォールモデル　102
（2）プロトタイピングモデル　103
（3）スパイラルモデル　103

第3節 システムの企画と設計 ……………… 104
（1）構想設計　104
（2）フェーズ2　基本設計　110
（3）フェーズ3　詳細設計　113

第4節 システム仕様の記述 ……………… 121
（1）フローチャート　121
（2）DFD　122

第5節 データベースの設計 ……………… 122
（1）データベースとは　122
（2）データベースの種類　125
（3）各種従属性について　126

　　　　　　（4）正規形　129
　　　　　　（5）SQL　130
　　　　　　（6）DWH　132
　　　第6節　インプット・アウトプットの設計 ………………132
　　　第7節　テスト計画とバリデーション ……………………135
　　　　　　（1）テスト　135
　　　　　　（2）テスト方法　136
　　　　　　（3）テスト計画　139
　　　　　　（4）コンピュータシステム・バリデーション　141
　　　第8節　開発組織と人事管理 ………………………………142
　　　　　　（1）CIO　142
　　　　　　（2）情報システム開発の組織体制　143
　　　第9節　システム開発プロジェクト管理 …………………147
　　　　　　（1）プロジェクト管理　147
　　　　　　（2）スコープ管理　147
　　　　　　（3）工程管理　148
　　　　　　（4）コスト管理　151
　　　　　　（5）品質管理　153
　　　　　　（6）リスク管理　155
　　　　　　（7）その他の管理　156
　　　　　　（8）プロジェクト管理システム（PMS）　157

第6章　ハードウェア・ソフトウェア ――――― 159

　　　第1節　ハードウェアの知識 ………………………………159
　　　　　　（1）コンピュータの仕組み　159
　　　　　　（2）コンピュータの種類　160
　　　　　　（3）ハードウェア構成　160
　　　　　　（4）通信プロトコル　162
　　　　　　（5）計算論理　162
　　　　　　（6）記憶論理　164
　　　　　　（7）セキュリティ　166
　　　第2節　ソフトウェアの知識 ………………………………166
　　　　　　（1）ソフトウェアの役割　166
　　　　　　（2）フローチャート　167
　　　　　　（3）アルゴリズム　167

　　　　　（4）プログラミング　168
　　　　　（5）ファイル（file）　170
　　第3節　アプリケーション …………………………………170
　　　　　（1）製造管理システムの体系　171
　　　　　（2）製造を支えるパッケージ・ソフトウェア　173
　　　　　（3）パッケージ・ソフトウェア間の連携　176
　　第4節　ネットワーク ………………………………………176
　　　　　（1）ネットワークの分類　177
　　　　　（2）狭義のネットワーク　177
　　　　　（3）広義のネットワーク　177
　　　　　（4）具体的なネットワークの例　178
　　　　　（5）電子商取引　181
　　　　　（6）新しい形のネットワーク　181

第7章　経営の意思決定に必要な情報を学ぶ　　　　　　　　　　　　ビジネスシミュレーションゲーム ──── 185

　　第1節　意思決定（decision making）の仕組み ……………185
　　　　　（1）意思決定とは　185
　　　　　（2）意思決定の構造　187
　　　　　（3）意思決定の種類　187
　　　　　（4）意思決定の階層構造　187
　　　　　（5）意思決定と情報：各レベルによって意思決定の内容は
　　　　　　　異なる　189
　　　　　（6）意思決定基準　190
　　　　　（7）意思決定のタイプと技法　191
　　第2節　ビジネスシミュレーションゲーム ………………192

第8章　経営情報システムの事例と展望 ──── 205

　　第1節　生産・物流システム ………………………………206
　　　　　（1）製造業の情報システム　206
　　　　　（2）カラー写真フィルムメーカーにおける生産・物流情報
　　　　　　　システム　208
　　第2節　販売システム ………………………………………214
　　　　　（1）小売業の情報システム　214

　　　　　（2）POS システムの導入事例　216
　　　　　（3）次世代 POS システム　218
　　第 3 節　クラウド利用のオフィス環境　……………………221
　　　　　（1）クラウド・コンピューティングとは　221
　　　　　（2）クラウドの活用事例　225
　　第 4 節　需給マネジメント　………………………………227
　　　　　（1）需給マネジメントとは　227
　　　　　（2）需給マネジメントにパッケージを導入した事例　229

索　　引　235

第1章　経営戦略と情報システム

> **ポイント**
> ◎経営戦略とは何であるかを事例と立案手順などを通して理解する。
> ◎経営戦略の実践に情報システムがどのように役立つかを理解する。
> ◎経営戦略を実装化するともいえるビジネスモデルを事例などから理解する。
> ◎ビジネスプロセスマネジメントがこれら一連の作業の基礎にあることを理解する。

第1節　経営環境の変化と経営戦略

(1) 経営環境の変化

　日本経済は失われた20年間と言われているように，このところ経済不振を囲っている。経営情報を語る前に，製造業を中心とした日本企業の置かれているこの20年の経営環境の変化を述べよう。キーワードはミスマッチである。下記に述べる5つのミスマッチが現状の経営環境の変化である。

① 需要の不確実性

　高度経済成長が止まり安定成長へ，さらにゼロ成長へと移行して直面する問題は，物余りである。そんななかで販売量を増やすには新製品を出すことになる。つまり，多品種化へ進んでいくことになると，新製品だからと値上げもできないし扱いに手間がかかるだけコストアップへと働く。それでも売れれば何とかなるが，出した新製品はすぐに消費者に飽きられて次の製品開発へと向かうことになる。

どの商品が売れているかをメーカーはつかみきれない。目の前の需要は何階層にもなっているサプライチェーンの消費者の側で，どのぐらい実需を反映しているのかは明確ではない。サプライチェーンの先端である消費者の需要は上流すなわち，メーカーやサプライヤーに遡ればのぼるほど，差が大きくなる。この現象[1]のために製品の売れ筋を読み違えば，大量の在庫の処分に困ることになる。このために失敗したという例は，シスコシステムなどの例[2]をはじめ枚挙の暇がないが，嬉しいことではないので外部にはそれほど多く発表されていない。

この需要の不確実性は，商品のライフサイクルの短縮化，多品種化，在庫増へと導くこととなりコストアップ要因であるが，キャッシュフローの悪化にまでつながっていくと企業活動にもかなり影響が出る問題である。つまり，需要と供給の不一致（ミスマッチ）が1つ目のミスマッチである。

② グローバリゼーション

インターネットが多くの企業経営の場で基盤的な役割を果たしていることは，今さら言及するまでもない。ネット経由により世界で一番安くて品質の良い製品を取り寄せることが可能になったことで，企業は調達でのコストダウンも狙える。企業のホームページが充実していれば，どこからでも注文が入ってくるが，取引の信用問題，現地対応の問題，決済におけるセキュリティの問題などの制度上の問題だけではなくて，返品などを含めた世界の各顧客への輸送問題も決して小さくはない。ビジネスが大きくなり，売上を上げていくには海外に市場を求めるのが自然の流れである。グローバリゼーションは，ネットで海外から商品を調達あるいは販売することから始まると考えられるが，本格的なグローバリゼーションの洗礼を受けるのは営業拠点や生産拠点を海外に展開するときである。進出する地域でオペレーションを立ち上げるには，現地の法律，商習慣などさまざまなハードルをクリアーしていかなければならない。日本の国内経済規模は大きく，国内型産業が多く，グローバル化には対応してこなかったことが，このトレンドに対する弱点となる。TOEICやTOEFLの平均点数は，日本人の成績はアジアでも最下位にある[3]。海外への留学生の数が

減ったこと，海外への旅行客が減ったことなども含めて，日本人たちはますます内向きになっているが，時代は外向きを要求している。社内公用語を英語にする企業が出てくるなど，企業が社員に求めるのはグローバリゼーションへの対応だが，社員が企業に求めるのはローカリゼーションで，これが2つ目のミスマッチである。

③ 環境問題の経営問題化

京都議定書が意味しているのは，地球温暖化のためにCO_2排出量を削減しなければならないというメッセージである。生産や物流の場面でCO_2の排出量を削減するには，生産プロセス，使用材料の見直しや輸送キャリアの見直しが必要となる。物流を例にとると，単位輸送物量当たりのCO_2排出量の多いトラックから鉄道や船舶での輸送に替えること（モーダルシフトと称する）が求められる。ところが，これは決して簡単ではない。図表1－1に掲げるモーダルシフトの推進事例を見てわかることは，モーダルシフトで輸送コストや人件費は下がるが，一方リードタイムが増加することが実行力を削ぐ結果となっている。このリードタイム増はビジネス側としては，なかなか受け入れられるものではない。

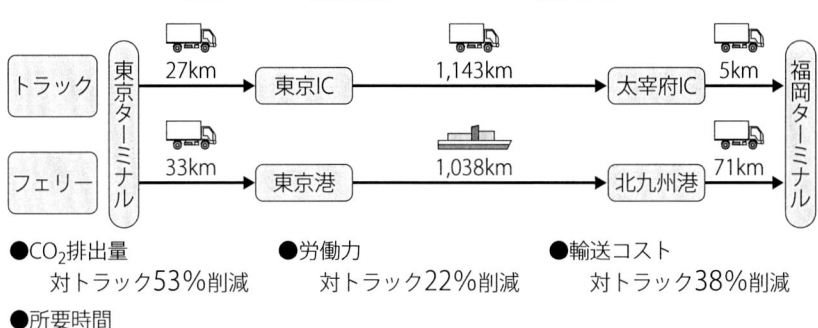

図表1－1　海上輸送モーダルシフト推進事例[4]

●CO_2排出量
　対トラック53％削減
●労働力
　対トラック22％削減
●輸送コスト
　対トラック38％削減
●所要時間
　対トラック36％増加

※所要時間は増加しているものの，その他の面ではさまざまな効率化が図られています。

出典：松井・藤川・石井『需給マネジメント』朝倉書店，2009年，p.5。および
　　　http://www5.cao.go.jp/keizais/shihyo/2006/0828/751.html

CO_2削減だけが環境問題ではない。日本で1950年代に発生した水俣病にその端緒をもつ公害問題（大気汚染，水質汚濁，振動・騒音，など）は，現在高度成長をしている中国で問題を引き起こしている。日本が以前に通ってきた道である。コストを削減するために生産プロセスで公害対策をとらないために，環境を悪化させる。CO_2削減問題も同様である。CO_2を減らすような運用をすると効率が悪くなるので，環境を悪化させる。企業競争のために要求されるコスト削減と環境対応のためのコスト増が3つ目のミスマッチである。

④ 技術志向の罠

　携帯電話の市場占有率は，ノキアやサムスンが上位を占めており，日本のメーカーは技術的には一番すぐれているにもかかわらず，普及品を安く市場に投入している企業の後塵を拝している。日本企業は，グローバル市場を見ないので，国内市場だけで過剰ともいえる機能を小さい携帯電話に詰め込んで高級化の道をひた走っている。それがまるで，外界と連絡をもたずに独自の生態系が存在するガラパゴス諸島にそっくりということで，「ガラパゴス現象」と呼ばれている。ここで経営的に批判されることは，大きい市場を捨てる愚である。市場は大きいから売上も上がり，利益も稼げるのである。いたずらに小さい市場で技術競争することに一体どんな意味があるのだろうか。商品は売れていないが技術力が高いという論理は，経営的には何のメリットもない。技術志向のもたらすマイナス面の方が際立っている。

　もう1つの問題が，製造業に巣食う「NIH症候群」である。NIHとは，Not Invented Here つまり，ここで発明したものではないという意味で，技術者が自社か自身が開発した技術でないものを使おうとしない傾向を指す。特許料を払っても市場をつかんでいれば売れるし，生産技術が勝っていればライバルよりも安いコストで生産できる。しかし，それを拒んでコスト高の自社の技術で勝負しようというのだから，経営者の立場からは困ったものである。市場での価値や競争関係を見ないで自社の技術を優先しているのである。

　つまり，ガラパゴス化とNIH症候群は，製造業において技術志向が顧客や市場への視線を曇らせている元凶であるとともに，技術陣と経営陣との業務へ

の想いのミスマッチである。

⑤　技術力の衰退
　国内製造拠点の海外移転に伴い，日本国内での生産が少なくなり，生産技術者が減少することになると，当然のこととして技術力が衰退していくことになる。
　また，2007年問題と称して団塊の世代が一斉に定年を迎えて，現場から彼らが去った後の製造現場では，技術力の低下が指摘されている。団塊の世代の人々は，子供の時から多くのライバルと激しい競争下にあり，切磋琢磨して個々の技術力を磨いてきた。彼らが高度成長を引っぱってきたと言っても良い。団塊の世代の人々は，自分の技術を気前良く後輩に開示することはせずに自己の生き残りのために秘密としてきた。プロの技は，ICTとかエキスパート・システムとかマニュアルとかで置き換えられたら，そのプロは必要ではなくなるのである。このように技術の伝承が進んでいないために，多くの生産現場での混乱が発生した。
　団塊の世代は，定年を迎えた後でも，たとえ給与が安くても，なお働きたい人が多い。しかし，かつて教わった先輩に冷徹に命令することが苦手な中堅層が多く，また中堅層にもプライドがあり，自分で対処したいと考えるので，事故を起こしたりする。能力とポジションのミスマッチである。

(2)　勝ち組と負け組[5]
　前項で述べてきた経営環境下において，激しい企業間競争が繰り広げられることは優勝劣敗の理で，勝ち組企業と負け組企業が出てくるのは仕方ないところである。例えば，自動車業界を例にとると，三菱自動車とマツダという大手企業がある。マツダはフォードの傘下で車種数を減らし，小型車にフォーカスして独自の環境技術や生産技術を活かしてフォードグループ内で指導的立場にたっているという。一方，三菱自動車はパジェロやディマンテなどのヒット商品の後継車種がヒットせず，クレーム・リコール隠しで大きくつまずいた。同様に，家電業界における三洋電機とシャープを比較すると，液晶技術で亀山に

一貫工場を作って薄型 TV 製造で当時トップシェアをとるまでになった。一方，三洋は二次電池での優位性を活かせないうちに，中越地震での工場停止やお家騒動で経営破綻へとつながった。

　この企業の勝ち組と負け組を決めるものはなんであろう。ある文献[6]では，「フォーカス」「スピード」「徹底」と論じている。つまり，経営環境が変わることを受けて，限られている自社の資源を厳選したターゲットに向けてどう配分するか（フォーカス）を決めることである。意思決定することは，迅速に行動すること（スピード）である。さらに，関係部署だけでなくて全社的，全プロセスでそれを実行（徹底）することである。

　戦略を立てると，戦術レベルまで落とし，プロセスに組み込み，継続的に作動するようにシステムとして実装することである。上で述べたフォーカス，スピード，徹底を経営戦略の立案～見直し～実施～評価～再立案～‥と PDCA サイクルを回すことが重要であるというのが，どの経営学の教科書でも語られている鉄則である。

　特に，この PDCA サイクルで忘れられそうなのが，経営環境の変化への対応である。前項で述べたいくつかのミスマッチをどう解消しようかが図られなければならない。その際には，通常の業務で対応できない場合が発生する。

（3）企業の生き残りと情報の価値

　前項で取り上げた勝ち組で居続けるには，経営環境の変化に対応することである。それは，以外に難しいことであることを歴史が教えてくれる。

　1961 年に初めて建設されたボーリング場が，当時のブームに乗り，1970 年には，4,000 カ所近くまで増加したが，1973 年のオイルショックでブームが終焉し，現在は適正とも思える 1,000 カ所で推移している。需要を上回る極端な参入が過当競争を引き起こして，その市場全体を壊してしまう。

　石炭産業は，蒸気機関の発明以来続いた蒸気機関車に引き続き，火力発電所においてもエネルギーの担い手として重要な地位を占めていた。しかし，中東で大油田の開発が始まり，扱いが楽でより安価に取得できるという事情から石油へのエネルギー変換が発生すると，一気に需要量が落ち込んだ。

図表1−2　ビジネス環境の変化[7)]

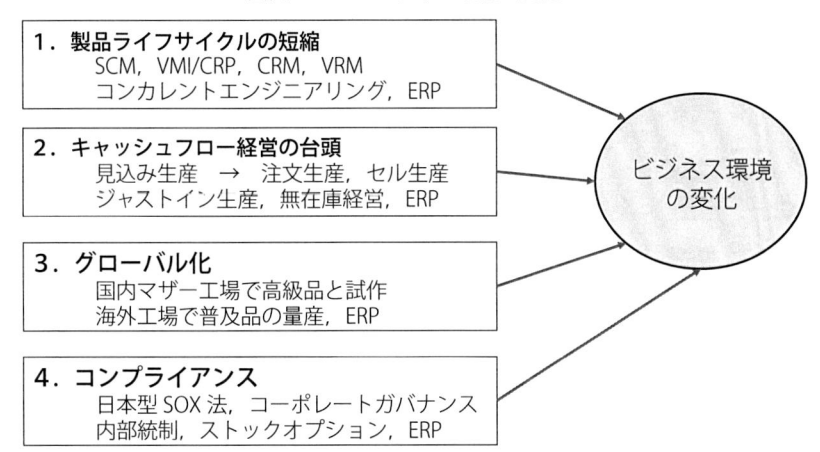

1．製品ライフサイクルの短縮
　　SCM, VMI/CRP, CRM, VRM
　　コンカレントエンジニアリング, ERP

2．キャッシュフロー経営の台頭
　　見込み生産　→　注文生産, セル生産
　　ジャストイン生産, 無在庫経営, ERP

3．グローバル化
　　国内マザー工場で高級品と試作
　　海外工場で普及品の量産, ERP

4．コンプライアンス
　　日本型SOX法, コーポレートガバナンス
　　内部統制, ストックオプション, ERP

→ ビジネス環境の変化

出典：小林隆『ビジネスプロセスのモデリングと設計』コロナ社, 2005年, p.2 を参考に改訂。

　これらの例が示すのは，新技術，新製品，新ニーズなどの出現で個々の商品への需要はあっさりと変化するものである。その変化をまず迅速に把握することが求められる。図表1−2に，現状でのビジネス環境の変化のいくつかの項目と対応選択肢を掲げた。

　ここで掲げた問題は，多くの業界で同様に指摘されているが，共通に見られる対応策はERP導入である。つまり，これからの経営にはERPを中心としたICTがその実践のキーを握っているということである。現代の企業のオペレーションは，豊富な情報へのニーズとコンプライアンス面から，情報システムの助けを借りて行うことが期待されている。どんな業務に対しても，その業務遂行の結果得られるデータが別の意思決定に使われ，統一のデータベースに格納される。誰が，いつ，誰からの指示を受けて，どんなデータを，どう処理したのかが克明に記録されている。企業を取り巻く環境のモニタリングにも，企業の内外に張り巡らせたセンサーからの警告で対応をとる仕組みとなっている。

　また，経営環境への対応には，これまでの成功体験のある構造を変えずに，プロセスを変えて対応することが必要である。顧客のニーズにマッチしたサービスを提供できるようにプロセスの活動系列を最適に設計し，ビジネス環境の

変化に柔軟に対応できるようにプロセスの活動系列を適宜変更できることが要求される。

第2節　経営戦略立案の流れ

(1) 経営戦略とは

　企業が売上高や利益を継続的に上げていくことはその使命であるが，それを可能とする方略が経営戦略である。経営戦略は，企業理念や企業の使命などというその企業の創業に至るモチベーションの延長線上にあることが普通である。

　企業理念，使命と戦略との関係は図表1－3のように展開するものと考えられる。

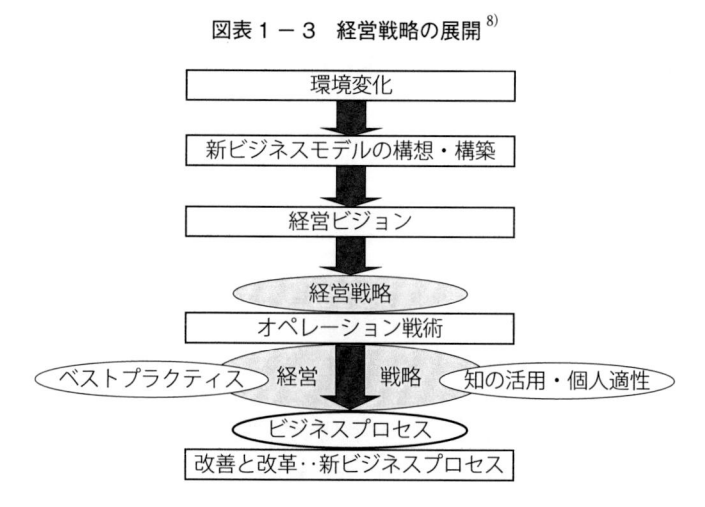

図表1－3　経営戦略の展開[8]

```
         ┌─────────────┐
         │  環境変化    │
         └─────────────┘
                ↓
         ┌─────────────┐
         │新ビジネスモデルの構想・構築│
         └─────────────┘
                ↓
         ┌─────────────┐
         │  経営ビジョン │
         └─────────────┘
                ↓
           （経営戦略）
         ┌─────────────┐
         │オペレーション戦術│
         └─────────────┘
(ベストプラクティス) 経営　戦略 (知の活用・個人適性)
           （ビジネスプロセス）
         ┌─────────────┐
         │改善と改革‥新ビジネスプロセス│
         └─────────────┘
```

　　　出典：高梨智弘・万年勲『プロセスマネジメント入門』生産性出版,
　　　　　2003年，p.2 を参考に作成。

　前節に記述しているように，企業環境の変化を受けて経営戦略の見直し，再構築への流れができる。次項にその経営戦略の構築手順を示そう。

（2）経営戦略立案の手順

　経営戦略の構築には，その企業のおかれている環境を分析することから始める。企業のおかれている環境といっても，政治的，経済的，社会的，技術的とさまざまな視点からの分析が必要になる。これらをPEST分析[9]と呼ぶ。マクロ環境で把握できることは，その企業の属する業界にとって追い風や向かい風となる出来事や潮流の存在の確認である。

　次に自社やライバル各社の売上高，利益額などの趨勢を分析する。業界としてはどうか，自社としてはそのなかでどんな動きになっているのかを客観的な数値で確かめるのである。

　これらの定量的，定性的データをもとに自社の強み（Strength），弱み（Weakness）と市場での機会（Opportunity）と脅威（Threat）を列挙する。これをSWOT分析という。自社にとって良いことが，外部のチャンスとなることに対してどう働くかを記述するパターン1と自社にとって良いことを内部的要因と外部的要因に区別して記すパターン2のやり方がある（図表1-4参照）。

　SWOT分析の結果は，PPM[10]などとともに活用して強化すべき製品や撤退すべき製品を選択する。ここで出てくる話は，ある製品が有望なのでもっと経営資源をつぎ込もうかとか，逆にある製品はじり貧なので撤退した方が良いというものから派生して，ある分野は，シナジー効果がないのでドメインを変え

図表1-4　SWOT分析

	機会（O）	脅威（T）
強み(S)	事業機会をうまく自社の強みで取り込むためには	他社にとっては脅威でも自社の強みで機会に変えるためには
弱み(W)	事業機会を自社の弱みで取りこぼさないためには	脅威と弱みの鉢合わせで最悪の事態を招かないためには

		良いこと	悪いこと
内部環境		強み（S）・・・	弱味（W）・・・
外部環境		機会（O）・・・	脅威（T）・・・

　　　　パターン1　　　　　　　　　　　　パターン2

ようかというものまで考察の対象となる。

　ドメインは，その企業が主として関わる分野を指す。どこを市場として戦っていくかを意思決定するのである。単に市場を選択するだけでなくて，その市場でどのポジションを得るかをも想定する。それは成功のシナリオ，つまりあるべき姿を描くことにも通じるのである。

　あるべき姿が描ければ，その目標までの道のりをどうもっていくかである。高い山への登山口は1つとは限らないように，地道に追いつけ追い越せと努力するだけでなくて，いきなりトップになるためにライバル企業を買うという手もある。M&Aを嫌う日本の風潮も農耕民族という国民性から理解できる部分があるが，時間が大事という場合には，一からビジネスシステムを構築する時間を惜しんで，出来上がっている企業を買うことで失った時間を取り戻すことも有効な戦略である。

　自社の描いた目標までの道のりを，確実に歩むためには，マイルストーンを設定つまり目標への課題を設定して，課題ごとに優先順位をつけて具体的に進めていくことになる。この進め方をロードマップという。

　今までに述べてきた経営戦略立案の流れを図表1－5にまとめて，具体的な例を付加した。

図表1－5　経営戦略立案プロセスと事例[11]

進め方	事　例
1）趨勢分析	1）①普及品は順調，②高級品が売上不振
2）SWOT分析	2）技術と製品力あるが価格が高い
3）ドメイン分析	3）市場・製品は成長見込み，ブランド力あり
4）有るべき姿	4）業界1位。高級品のシェアを5％→20％にUP
5）目標への課題	5）販売価格を下げる（10％）
6）課題優先順序	6）①生産コストダウン　②材料見直し　③販売外注
7）ロードマップ	7）販社募集〜購買増員〜材料変更〜製造改善

（3）経営戦略立案のヒント

　前項で述べた経営戦略立案の流れが多くの企業で実施されているが，他にも戦略構築に有効な手法があり，それらを紹介しよう。

① バランスド・スコアカード（BSC）

　キャプランとノートンがハーバードビジネスレビュー誌にバランスド・スコアカードの手法を発表したのは1992年であった。財務諸表に偏りがちな業績管理手法へ，戦略・ビジョンを4つの視点で表現したものである。それらは，財務の視点，顧客の視点，業務プロセスの視点，学習と成長の視点の4つである。

　　財務の視点：株主や従業員などの利害関係者の期待に応えるため，企業業績
　　　　　　　　として財務的に成功する行動の指標を設定
　　顧客の視点：企業のビジョンを達成するために，顧客に対してどう行動すべ
　　　　　　　　きかの指標を設定
　　業務プロセスの視点：財務的目標の達成や顧客満足度の向上を得る，優れた
　　　　　　　　業務プロセスを構築するための指標を設定
　　学習と成長の視点：企業のビジョンを達成するために組織や個人として，ど
　　　　　　　　う変化（改善）し能力向上を図るかの指標を設定

　BSCの例を図表1－6に示す。
　BSCのもう1つの特徴は，戦略マップの作成である。図表1－7に掲げる戦略マップの作り方に沿って説明しよう。
　戦略マップは，視点ごとに戦略課題を挙げ，それらの関連を線で結ぶことで作成される。例えば，財務の視点で「企業価値を上げる」こととそのために「売上増大」としたとしよう。売上を増大するには，顧客の視点で，「品質向上」と「顧客満足度の向上」が必要である。これらの課題を解決するには，業務プロセスの視点で「納期短縮」や「コストダウン」を実現する必要がある。納期短縮の種は多数あるが，学習と成長の視点からは，「スキルアップ」とか「標準化」をあげてそれぞれ上位の課題と線で結ぶ。
　さらに，BSCにはその続きがある。各課題を実現することが最終的に一番トップで掲げた目標の実現になるが，どのような数字を管理すればそれが維持していけるかがわかるKPI（Key Performance Indicator）を指定する管理指標である。納期短縮といった場合には，納期順守率とか平均納期短縮率などの計数

図表1－6　BSCと戦略マップ（例）

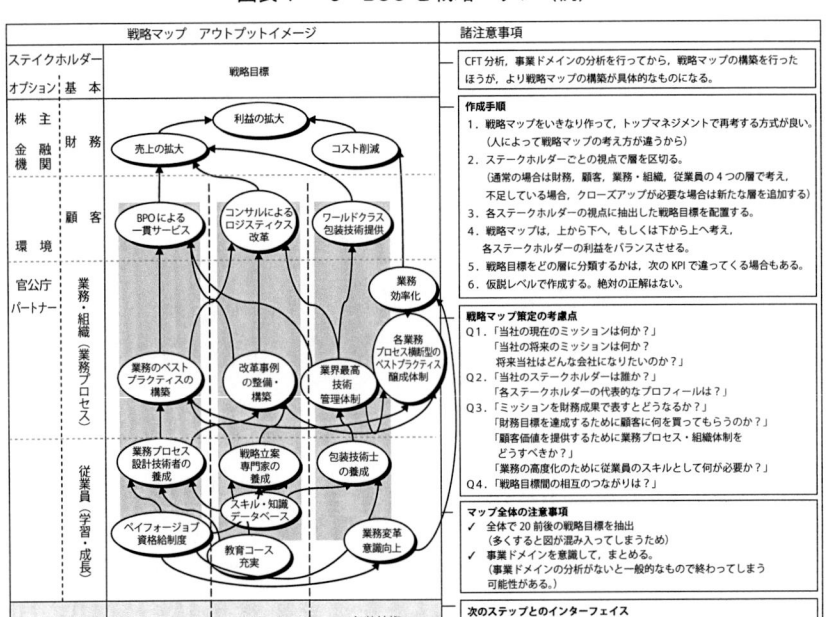

戦略マップ アウトプットイメージ

ステイクホルダー オプション	基本	戦略目標
株主 金融機関	財務	利益の拡大 ← 売上の拡大、コスト削減
環境	顧客	BPOによる一貫サービス、コンサルによるロジスティクス改革、ワールドクラス包装技術提供
官公庁 パートナー	業務・組織（業務プロセス）	業務効率化、業務のベストプラクティスの構築、改革事例の整備・構築、業界最高技術管理体制、各業務プロセス横断型のベストプラクティス醸成体制
	従業員（学習・成長）	業務プロセス設計技術者の養成、戦略立案専門家の養成、包装技術士の養成、ペイフォージョブ資格給制度、スキル・知識データベース、教育コース充実、業務変革意識向上
事業ドメイン		BPO　コンサルテーション　包装技術

諸注意事項

CFT分析、事業ドメインの分析を行ってから、戦略マップの構築を行ったほうが、より戦略マップの構築が具体的なものになる。

作成手順
1. 戦略マップをいきなり作って、トップマネジメントで再考する方式が良い。（人によって戦略マップの考え方が違うから）
2. ステークホルダーごとの視点で層を区切る。（通常の場合は財務、顧客、業務・組織、従業員の4つの層で考え、不足している場合、クローズアップが必要な場合は新たな層を追加する）
3. 各ステークホルダーの視点に抽出した戦略目標を配置する。
4. 戦略マップは、上から下へ、もしくは下から上へ考え、各ステークホルダーの利害をバランスさせる。
5. 戦略目標をどの層に分類するかは、次のKPIで違ってくる場合もある。
6. 仮説レベルで作成する。絶対の正解はない。

戦略マップ策定の考慮点
Q1.「当社の現在のミッションは何か？」
　　「当社の将来のミッションは何か？」
　　「将来当社はどんな会社になりたいのか？」
Q2.「当社のステークホルダーは誰か？」
　　「各ステークホルダーの代表的なプロフィールは？」
Q3.「ミッションを財務成果で表すとどうなるか？」
　　「財務目標を達成するために顧客に何を買ってもらうのか？」
　　「顧客価値を達成するために業務プロセス・組織体制をどうすべきか？」
　　「業務の高度化のために従業員のスキルとして何が必要か？」
Q4.「戦略目標の相互のつながりは？」

マップ全体の注意事項
✓ 全体で20前後の戦略目標を抽出（多くすると図が混み入ってしまうため）
✓ 事業ドメインを意識して、まとめる。（事業ドメインの分析がないと一般的なもので終わってしまう可能性がある。）

次のステップとのインターフェイス
✓ 各項目にKPIがあるか（KPIがないものは出す価値がない）

図表1－7　戦略Mapの作り方

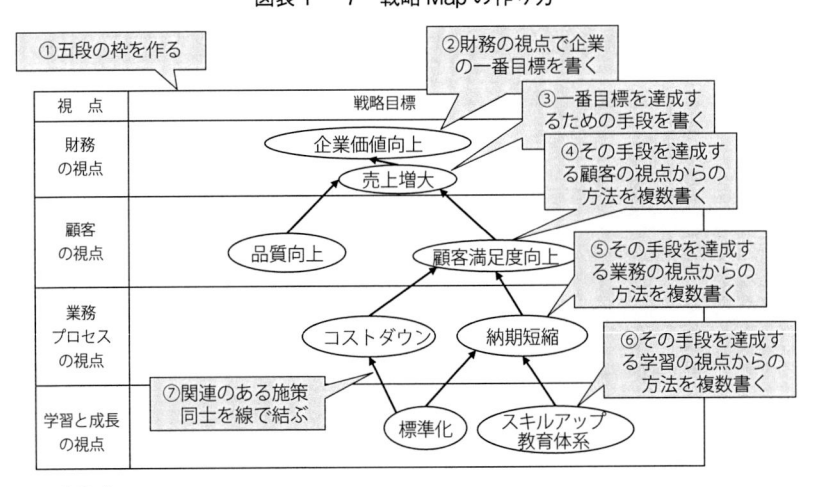

① 五段の枠を作る
② 財務の視点で企業の一番目標を書く
③ 一番目標を達成するための手段を書く
④ その手段を達成する顧客の視点からの方法を複数書く
⑤ その手段を達成する業務の視点からの方法を複数書く
⑥ その手段を達成する学習の視点からの方法を複数書く
⑦ 関連のある施策同士を線で結ぶ

視点	戦略目標
財務の視点	企業価値向上、売上増大
顧客の視点	品質向上、顧客満足度向上
業務プロセスの視点	コストダウン、納期短縮
学習と成長の視点	標準化、スキルアップ教育体系

<諸注意>
・戦略・方法などをひねり出すときには、そうなるためには何が必要かと自問する。
・1つの手段が複数の効果を得ることもあるが、同じ視点の戦略・方法同士でも階層関係があることがある。

的でかつ情報システムで自動的に採取できる数値から算出できる指標をその継続的なモニタリングに活用する。どの指標をその企業のKPIに設定しているかは，ライバル企業としては気になるところである。

② フレームワーク（ロジックツリー）

　フレームワークとは，物事を整理する枠組みのことである。経営戦略を立てるときには，この考え方が大変に有効である。企業を考えるときの3C（Company-Competitor-Customer）とかマーケティングを考えるときの4P（Product-Price-Place-Promotion）というフレームワークは有名である。このフレームワークを使えば漏れなくダブりなく（MECE[12]）全体像をつかみ，それぞれのカテゴリーについて戦略を考えることに役立つ。生産技術での治具のような役割を示す。

　そのフレームワークの1つであるロジックツリーは，左側の命題（経営課題を使う）に対して，どのような打ち手があるかを図示する。個々の打ち手にはさらにブレークダウンした打ち手がある，‥というように展開する。図表1－8に「どうしたら痩せることができるか」という命題を例にした展開を示す。ポイントは，命題を在庫管理問題と捉えると，在庫の削減には，流入を減らすか，

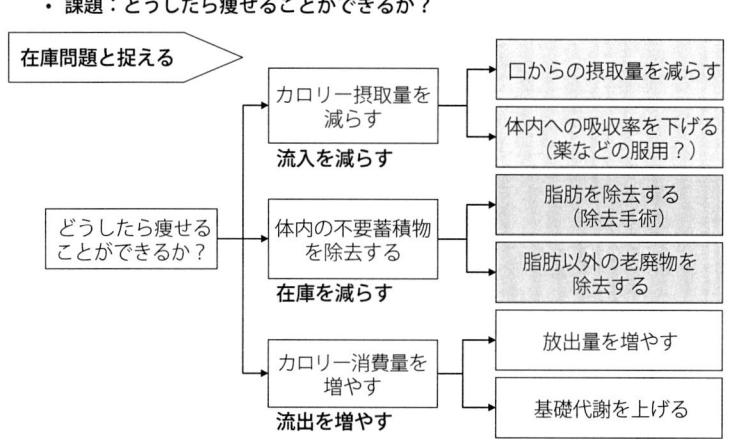

図表1－8　ロジックツリー

- 課題：どうしたら痩せることができるか？

流出を増やすか，在庫そのものを減らすかの3つしか手がない。まず，在庫削減，流入減，流出増についての打ち手を展開する。続いて，それぞれの打ち手について，可能性のある展開を考える。この方法で網羅的に打ち手の検討をすることができる。

　ここまで述べてきた経営戦略は一般的なものであり，特に情報の役割という観点はない。次節で，この経営戦略を巡って情報がどう絡んでくるかを見ていこう。

第3節　経営戦略実現と情報戦略

(1) 経営戦略への情報の活用

　企業が他社と差別化して生き残るには，独自の能力を保有する必要があることは多言を要しない。この独自の能力をコア・コンピタンス[14]と呼んでいる。わかりやすい例であれば，パテントなどに裏打ちされた特殊な技術が思い浮かぶであろう。それ以外にも圧倒的な資金力をもった金融機関，最新設備の生産・実験施設を保有するメーカー，優秀な技術陣を揃えている研究所，センス抜群なデザイナーを揃える建築設計事務所，ユニークな製品開発眼と新製品開発能力を保有するメーカー，人の流れの多いところに立地している商店などさまざまである。いずれにしても，人材，資金，機械・設備，技術という経営資源の優位性の現れである。

　しかし，コア・コンピタンスがないからと失望することはない。例えば，「注文の多いお米屋さん」という話がある。

　『街の普通のお米屋さんだが，注文が来てコメを顧客に届けたときに，毎回注文日，注文量，家族構成などを聞いてメモしていた。そうすると，その次にいつ頃注文が来るかが予測できるので，このお米屋さんは予測される注文日にいつもの注文量をもって顧客を訪ねた。顧客は「そうそう，今ちょうど注文しようと思っていた。気の利くお米屋さんだね」と重宝がって他の物も買ってくれるようになった。このようにこのお米屋さんは顧客と売上を増やしていった。』

という話である．なんの変哲もない，またどこにもあるような話である．重要なことは，このお米屋さんが扱った商品は，差別化要素がないお米であるということだ．コモディティを売るときでも，情報の価値を最大限活用して売上を上げる方法があるということである．現在の経営学で良く扱われるテーマとして「コモディティの罠からの脱却」というのがある．商品が普及し消費者の間で良く知られ，また供給者が多数出てきたというときに，価格でしか差別化ができなくなる．有名な事例がパソコンである．1980年代にパソコンが売り出されたときには，各社競って技術を磨いたものである．しかし，インテルインサイド，ウィンドウズ搭載が当たり前になり，つまりデファクトスタンダードが構築されてしまったら，あとは価格だけで勝負が決まるのである．アイビーエムなどは，早々にこのPC事業をレノボ社に売却してこの戦線から離脱してしまった．差別化ができない商品をどのように差別化して売るのかに対する答の1つが，実はこの「注文の多いお米屋さん」なのである．そのお米屋さんが使った差別化の要素は，情報であり，それを使った仕事のやり方，つまりビジネスプロセスである．取るに足らないと思われている顧客の家族構成のデータ，それを使って顧客ごとの売上予測をして，発注に先回りして商品を届けるというやり口が差別化へと導いたのである．

　差別化というのは，大変なことと思いこみがちであるが，ちょっとした発想の転換で得ることが可能であることをこの例は雄弁に示している．しかし，こういったアイデアは容易に模倣されることも覚悟しなければならない．つまり，簡単に築ける優位性は簡単に取って代わられる．そこで，簡単に取って代わられないには，システム化，特許化，ビジネスモデル化などの方策が必要となる．そこで，次項に挙げる情報戦略やビジネスモデルが必要になってくる．

（2）情報戦略とは何か

　情報戦略とは，情報のもつ価値を競争優位の確保に活用することにほかならない．では情報とは何か．情報には，InformationとIntelligenceの2つの英語が当てはまる．むしろ，日本語が曖昧なのである．情報戦略といったときの情報は，Intelligenceであり，情報システムといった時の情報は，Information

である。どう違うのだろうか。まず，Information は単なる事実の集合であると考える。A 工場には，社員が 200 人いてパートが 800 人いる。さらに，電子部品を年間 300 億円製造しているという話は，秘密かどうかは別にしてInformation である。ここから読めることはあまりない。80％のパートって多いかなと考えるだけで，だからどうしたと言われると黙ってしまうであろう。そこで，もしあなたが電子部品業界でのパートの活用率（例えば 50％だとして）を知っていると A 工場が平均と比べて 30％もパート活用率が高いと認識できる。そこで，もっと調査をして，平均よりも 30％活用率を高めるのは，地域からの要請で高齢者を雇っているのだとわかると実質的には生産性は望めないかなと判断できよう。一方，アジアの特定の地域から大量に労働者を雇っていると知ると人件費を下げることが狙いなのかとこの企業の本当の狙いにぶち当たる。

　Information をまとめて思惑を類推することで Intelligence が得られる。また，どんな Intelligence があるかを予測して，Information を集めて，その仮説を裏付けることもあろう。情報戦略とは，まさにこの Information からIntelligence を導き出すことと，想定される Intelligence の仮説を Informationで紡いだ結果である。

　情報戦略の事例について，アメリカン航空（AA）の情報システム（SABRE[15]）導入の話を下敷きに説明しよう。

　AA は，1980 年代に自社内の合理化を目指して，座席予約システム，運航スケジュール管理，乗務員管理等のシステムを構築した。その端末は，組織内のオフィスだけでなくて，空港のチェックイン・カウンター，チケット・カウンターから町の旅行代理店などに広くおかれるようになる。やがてこれらの端末から飛行機の座席予約・変更にとどまらず，全米のホテルの予約，レンタカーの予約なども 1 台の端末で行われるようになってくる。どの旅行代理店にもこの端末があることが要求されるようになる。当然，航空各社もこの種のシステムを開発しようとするが，後手に回った企業は，自ら開発するリスクとアメリカン航空のシステムを活用させてもらい使用料を支払うことの採算を考えて，開発を断念する。そうするとアメリカン航空の独壇場となり，他社との差別化を実現することになる。

このことで、旅行代理店側にも大きなメリットを与えたが、より大きかったのは、このことで旅行業界そのものの系列化が進んだ。ライバル航空会社は、自社で新しくネットワークを一から構築すれば、多大なコストがかかり、旅行代理店は航空会社ごとに端末をおくスペースがないので、AAに対しシステムの借り賃を払った方が得と考える。一方、この仕組みは巧妙に出来ていて、例えば、ルートが示されると、システムはまずアメリカン・エアラインに座席が空いているかどうかを聞きに行く。もしなければ他の航空会社を調べに行くような仕組みで、結局AAはいつも満席になる。つまり、胴元の一人勝ちというわけだ。

このSABREは戦略的に、他社との差別化を情報システムの開発で優位に導いたということで、当時ベストプラクティスと考えられた。さらに、SIS（戦略的情報システム＝後述）の奔りとしてあちこちで経営情報システムの成功事例にも紹介されたばかりか、情報システムの価値全体を高めた事例である。後に出てくるデータマイニングにおける「おむつと缶ビール」の前例でもある。

コラム　SABRE

　アメリカン航空のSABREは、アイビーエムのセールスマンがアメリカン航空の社長と飛行機で同席し、会話が弾んだことから始まったプロジェクトと言われている。1964年にすべての開発を終え、1972年には一番売れていたIBM System360上に移植された。当時アメリカン航空だけが使っていたが、その後ユーザが増え300万の旅行業者、400のエアライン、50のレンタカー会社、35,000のホテルや鉄道・海運会社ともつながっている。

　SISとして成功したシステムと説明したが、座席の予約では、常にアメリカン航空の便から埋まっていくことにユーザの批判があった。それに対して、アメリカン航空は「アルファベット順に検索する」という答であった。

　このAAも不況とLCC[16]の波を受けて2011年11月30日に経営破綻となった。

（3）情報戦略で優位に立てるのか

　ここで、情報システムがいかに経営戦略の実行に役立つかを示す具体例を掲げることにしよう。この例は、決して新しい事例ではない。しかし、情報や情

報システムの開発で他社との差別化を指向したわかりやすい事例ということで取り上げる。上述のAAと同年代の事例である。

[事 例] ゼネコンの差別化ツールとしての建築企画概算システム

① 時代背景

システム化した事例をここで取り上げよう。この話は1980年代の某大手建設会社（ゼネコン）での話である。時代的には古い事例であるが，手法や問題点は現在にも充分通じるものであることを断っておこう。

1980年，ちょうどバブルの前で，東京では開発ラッシュが始まる直前であった。大手ゼネコン[17]の間では，差別化によるシェア競争が激化していた。ところが，ゼネコン各社の設計・施工技術はほとんど差がなく，特定のゼネコンしか建設できないという特別な施設もなく，設計・施工技術で差が付きにくい状態であった。そこで，ゼネコン各社間の受注競争は，顧客への提案力で決まるとされた。

② T社の戦略

T社は，土地所有者にその土地の価値を最大化させる提案をもっていけば建設受注につながると考えていた。そこで，敷地が与えられたら，3日以内に5％以内の精度で建築企画と見積もりを出すシステムを1年で開発することで他社を出し抜けると考えた。このシステムを建築企画概算システムと呼ぶ。土地のオーナーにしてみれば，所有している土地が生み出してくれる価値を最大化したいので，どんな大きさのどんな用途の建物を建設すれば，建設費がいくらかかり，毎年いくらぐらいのリターンを得ることができるかを知りたい。正にこの点を顧客である地主に提案することで建設受注に結び付くことができると目論んだ。しかも，敷地図が出てから3日以内に誤差5％以内の精度の見積もりを付けた企画書を作成することを開発の目標に据えた。

③　建築企画概算システム

　通常の業務では，敷地が指定されたら，そこから建築仕様の打ち合わせに入り，設計図を起こし，日照図や日影図で建築基準法をクリアーしているかをチェックする。そこでは3カ月から半年ぐらいの期間と何度かの逆戻りが通常である。

　それらを3日以内でやるとなると，根本からやり方を変えなければできない。敷地を特定すると面積，道路付けと住所から，そこにどのぐらいのボリュームのどんな用途の建物を建設することができるかが，建築基準法などからわかる。さらに地盤の条件から地下の杭や山留め工事の概要やそれに基づく工数がわかる。用途と面積がわかれば，過去の施工実績から必要な設備，配管，建具，躯体の寸法（梁成，梁幅），配筋などが割り出せる。建設価格はどんな用途のどんなグレードの建物であるかで倍半分の違いを来たすが，最低限度，用途やグレード指定すると建設の意匠，構造，設備のコストがおおよそつかめる。

④　システム構築へのハードル

　このシステムの開発には技術的，組織的，システム的に多くのハードルが存在した。まずは，建築計画技術としては，通常とまったく違う方法での企画となるので，手法の確立からしなければならない。特に，逆日影といって日影チェックOKとなるような建物の外枠と敷地の外形線を与えることから計算するソフトウェアを開発しなければならない。また，概算を出すためにはコストデータの整備・蓄積が不可欠であり，また決済をコンピュータにやらせるわけにはいかないのである。

⑤　情報システム開発成功へのキー

　こういった問題のそれぞれに組織された技術陣が立ち向かったことは当然であるが，100人を超える開発メンバーを社内で集めるのも大変なパワーが要る。それを可能にしたのは，トップのリーダーシップである。開発の責任やこのシステムが算出した見積りの責任をプロジェクトオーナーの建築本部長がとると宣言することが，社内を動かすためには不可欠のことである。

この事例の含意は何かといえば、当時、情報システムの本質が企業経営に必要な数字を計算して出すという時代に、他社との差別化のために建築計画提案を作る情報システムの構築を目指した新しさである。

第4節　ビジネスモデルとは

(1) ビジネスモデル

　ビジネスモデルとは、ビジネスに高付加価値を与える仕組みであり、ビジネス戦略の具体化のために定義するものである。なぜこれが描かれるのかといえば、まずはそのビジネスに登場するプレーヤーを列挙しそれぞれのプレーヤーの役割を確認することである。そして、その商品・サービス提供活動に伴って発生するお金の流れを明確にすることである。キャッシュがきちっと流れてくれないと、儲かっていても黒字倒産に至ることもある。

　では、図表1－9をベースにビジネスモデルを考えていこう。最初に答えることは「顧客は誰か」で、以降「どのような価値を提供するのか」「価値創造の連鎖をどのように組み立てられるのか」‥とつながる。毎日ビジネスをして

図表1－9　ビジネスモデルの基本フォーマット[18]

基本フォーマット	基本フォーマット(1)
顧客は誰か	・市場／顧客は誰か、誰にフォーカスするか ・顧客に提供できる価値／ベネフィットはなにか
どのような価値を提供するか	
価値創造の連鎖をどのように組み立てるか	・ビジネス概念図 ・ビジネスの特徴
顧客やパートナーとどのようなリレーションをとるか	・価値連鎖
どのような形で顧客に提供するか	基本フォーマット(2)
収益構造をどう設定するか	・価値連鎖におけるコスト構成比
どのような経営資源でどう活用するか	・経営資源の活用

出典：加瀬一朗『ビジネスプロセス分析技法』共立出版, 2003年, pp.69-70。

いる人に向かって,「あなたの顧客はだれですか」と聞いたら,「そんなのわかりきっているさ」と返答が返ってくるのが通常であろう。しかし,問題は本当にそうなっているかである。例えば,自動車部品を製造しているメーカーでは「顧客は自動車メーカーです」となる。「自動車のドライバーです」という答もある。どちらが本当であろうか？ 実はこの辺りの話は,企業のビジネスの仕方の問題になるのである。直接の顧客に依頼されたものを作るが,その顧客の仕様が必ずしも完全なものであるとは限らない。そこで,依頼内容に問題点を指摘できるかどうか,さらに指摘で終わらせずに改善提案ができるかどうか。ここから企業の姿勢,企業理念などが顔を出すのである。それが「どのような価値を提供するのか」を答えることで明確になってくる。自社の提供する価値を明確にいえることは,意外に簡単なことではない。しかし,価値を明確にできないとコストの評価もできないであろうし,経営資源の配分根拠も明確にならない。

市場・顧客とベネフィットが整理できたら図表1-10にあるビジネスモデルの概念図を描くことになる。ビジネスに登場するプレーヤーとその役割を確

図表1-10 ビジネスモデル概念図[19]

市場/顧客	市場/顧客は誰か,誰にフォーカスするか	顧客に提供できる価値/ベネフィットはなにか
	□ 市場の定義 　X製品市場 　Y製品市場 　予想市場規模 　：□□ 億円 □ 顧客の定義 　・販売店 　・エンドユーザ 　・店舗数 　：□□ 千店	□ 安い　　　　□ 信頼・安全 □ 早い　　　　□ 品質・機能 □ ワンストップ　□ 学習・技能向上 □ いつでもどこでもだれとでも

ビジネスモデル概念図	ビジネスモデルの特徴
(販売店・本社SCMセンタ・拠点A・拠点B・拠点C・物流センタα・物流センタβ・エンドユーザ の関係図)	□ 主な特徴 　・SCMセンター新設(一元化) 　・物流センター新設(集約化) 　→ 既存流通プロセスの抜本改革 □ 期待効果 　・在庫最適化によるコスト競争力保持 　・顧客とのコラボレーション

出典:加瀬一朗『ビジネスプロセス分析技法』共立出版,2003年,pp.74-75。

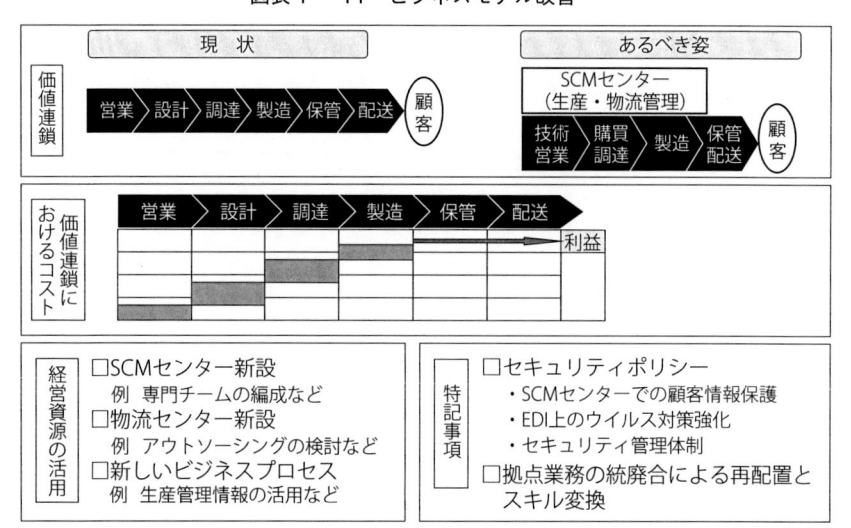

図表1-11　ビジネスモデル改善[20]

価値連鎖	現状						あるべき姿			
	営業	設計	調達	製造	保管	配送 → 顧客	SCMセンター（生産・物流管理）			
							技術営業	購買調達	製造	保管配送 → 顧客

価値連鎖におけるコスト	営業	設計	調達	製造	保管	配送
						利益

経営資源の活用	□SCMセンター新設 　例　専門チームの編成など □物流センター新設 　例　アウトソーシングの検討など □新しいビジネスプロセス 　例　生産管理情報の活用など
特記事項	□セキュリティポリシー 　・SCMセンターでの顧客情報保護 　・EDI上のウイルス対策強化 　・セキュリティ管理体制 □拠点業務の統廃合による再配置とスキル変換

出典：加瀬一朗『ビジネスプロセス分析技法』共立出版, 2003年, p.75。

認することである。そして，次に，商品・サービスとお金の流れを図にする。図ができれば終わりではなくて，あるべき姿を議論しなければならない。図表1-11に，あるビジネスシステムの現状とあるべき姿を描く。合理的なビジネスの仕組みを構築することは，顧客へのパフォーマンスの向上であり，相対的なコスト低減にもなり，最終的には高い企業価値へとつながるのである。

単に現状を表現するだけではなくて，競争環境下でどのようにしてビジネスの優位性を築くかを考案するフレームワークとしてビジネスモデルを考える。

閉塞した現状を打ち破り新しい市場を創造するようなビジネスモデルの構築が望まれる。

（2）デル・モデル

　デルコンピュータは，現在でもパソコンの売上1位を占めるが，それはデルの価格競争力が高いことと PC 直販方式が消費者に受けたことが原因とされている。パソコンがコモディティとなり，多くのコンピュータメーカーがそのビジネスモデルを見直すなか，デル・モデルというビジネスモデルを作り，世界

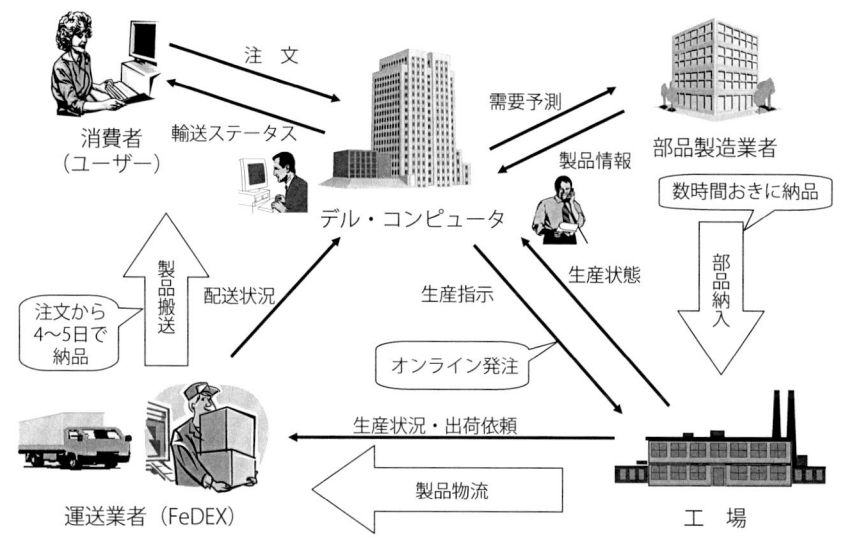

図表1－12　デルのビジネスモデル

出典：藤川裕晃『サプライチェーンマネジメントとロジスティクス管理入門』日刊工業新聞社，2008年，p.29より引用。

に先駆けてビジネスモデルの優位性で市場を席巻した先進事例としての価値は評価すべきものである。

　このデルのビジネスモデルを図表1－12に掲げる。

　デルのビジネスは，ネットベースである。一般消費者は，デルのホームページから欲しいPCの仕様を指定して申し込む。デルでは今までの需要予測をサプライヤーに示し，部品の生産を準備してもらっており，販売が決まれば当該工場へ速やかに納品される（このプロセスは後にVMI[21]となる）。確定注文は，届け先の顧客によって担当する工場へ割り振られる。製造過程は本社に伝えられており，注文者が番号を検索したら状況が検索できる。完成した製品は，Fedexに頼んで顧客へ輸送する。

（3）ビジネスモデル分析

　ビジネスモデルを分析することで，その企業が伸びるかどうかがわかる。その企業のオペレーションが利益を産み出す構造になっているかどうかがわかる。

図表 1 − 13　SNS ビジネスモデルの比較[22]

■ SNS 単体　　　　　　　　　　　　　　　　　　　　　　　　　（単位：千人，百万円）

	会員数 （千人）	広告売上 （百万円）	会員売上 （百万円）	売上計 （百万円）	広告ARPU （円）	会員ARPU （円）	ARPU （円）
mixi [*1]	17,920	10,949	914	11,863	51	4	55
GREE [*1]	15,120	4,406	15,927	20,333	24	88	112
モバゲー [*1]	15,100	9,176	8,950	18,126	51	49	100
Facebook [*2]	350,000	42,750	6,750	49,500	10	2	12

＊1：2008/10−2009/9 売上実績　＊2：＄1 ＝￥90 換算，2009 年予測　＊3：ARPU ＝月売上／会員
出典：http://blogs.itmedia.co.jp/saito/2010/01/facebook-mixigr.html　より引用。

　ソーシャルネットワークサービス（SNS）の企業の収益構造を図表 1 − 13 に比較してみよう。

　収入源としては，会員 1 人当たりの売上と広告売上がある。横浜ベイスターズを買収したモバゲーは，広告，会員ともに安定的に稼いでいるが，Gree は広告売上に苦戦している。一方，Mixi，FaceBook は，まだまだである。といったことが明らかになれば，ライバルとの課金戦略やマーケット戦略が導出されることになろう。

第 5 節　オペレーションとビジネスプロセスの管理

（1）オペレーションの構築

　前節までに経営戦略の重要性をさまざまな事例を含めて述べてきた。個々の企業ではその戦略を実現すべく日々業務をこなしている。業務すなわちオペレーションをどう進めるかが，どう戦略を実現するかと同じことである。顧客から注文が入ったときに，営業部門の人間が電話で応対する企業もあるし，ウェブの画面が受付場所になっている企業もある。各社各様であり，正解があるわけではない。唯一存在するのは，冗長なオペレーションは何も産まないという経済合理性である。

　オペレーションは，正確で迅速で無駄なく網羅的で，しかも証跡が残ることが必要なのである。これらの条件を満たす方法論は，オペレーションが情報システムに支援してもらうものしかない。注文の連絡が来たら，即座にコンピ

ュータに入力する。入力されたデータは即座に関連部門に伝達される。関連部門では，それぞれの必要な処理を行って，関連部署に報告しデータベースに書き込む。具体的には，製造業の場合，受注情報は工場に送られて生産計画に組み込まれ，必要部材の調達量が算出されて，調達部門へ依頼が行く。経理には，売上見込みデータとして登録したり勘定コードを新設したり，調達部門からの部材購入情報の支払い処理をする。営業部門としても顧客情報を更新し，注文請書を作成して顧客へ返送する‥。と一連の業務が部門を超えて流れていく。これらの整合性をとって，あるスピードで進捗するにはどうしたってICTの助けを借りなければならない。

　そういうわけで現在の企業では，業務を遂行するのに情報システムが不可欠である。その情報システムは，どのようなオペレーションをするかで内容が決まる。

（2）ビジネスプロセスとは何か

　オペレーションをつなげたものがビジネスプロセスである。ビジネスプロセスを定義するとすれば，「ビジネスの実行者が，依頼者からの製品やサービスに対する要求を入力し，必要な資源を使って成果物を出力するために，日常繰返し行う独自の仕事のやり方」ということにでもなろうか。ビジネスプロセスの違いが，製品を提供する際の納期，価格，品質などを決めるので，慎重に決めることが要求される。

　ビジネスプロセスという言葉が世間に広まったのは，実はそんなに前ではない。1990年代にハマーとチャンピーによって出版された本[23]にBPRとして登場したのがその端緒である。当時は，伝統的な企業組織が高度に専門化され，プロセスが分断されることになり，企業の成長でかえって組織が硬直して効率性に問題があった。その分業型組織に対して批判の矛先が向いていた。職能別の古典的なビジネス構造を全面的に否定し，プロセス志向の新たな組織構造・価値観・評価システムをゼロから作り出すことを勧め，抜本的な変化を起こすための一連の手順を提案した。そのやり方を「ビジネスプロセス・リエンジニアリング」と呼んだ。その進め方を図表1-14に示す。

図表 1 − 14　ビジネスプロセス・リエンジニアリングの手順

```
業務プロセスの目標を定義
      ↓
リエンジニアするプロセスの定義
      ↓
既存プロセスの分析・評価
      ↓
ICT ツールを特定する
      ↓
プロトタイプの創造・システム実装
```

出典：http://www.slideshare.net/arnoldindia/five-step-methodology-to-implement-bpr をもとに作成。

　BPR を 1 回だけの起爆剤としないで，確立された手順に記述しようと安田氏が BPE としてまとめた。一方，BPR 後の企業は，フラットな組織，知識重視，エンパワーメント志向となり，IT は情報共有や意思決定，プロセスの可視化などの面で重要な役割を果たす。この点で BPR を推進した企業において，分業型プロセスを自動化するためのものとは決定的に異なる設計の情報システムが求められることになる。しかし，プロセス志向に方向転換できた企業においては，さらに最適なビジネスプロセスへの関心として，そのプロセスに柔軟に対応できる組織構造をどのように構築するかという問題に向かっていった。2002 年ごろからは，"継続的な BPR" を支援するツールとして，BPM が登場する。これらの系譜を図表 1 − 15 にまとめた。なお，BPR については，3 章で詳述する。

図表 1 − 15　BPR → BPE → BPM の系譜[24]

名称	内容	定義
BPR	コスト，品質，サービス，スピードのような重要なパフォーマンス指標を劇的に改善するために抜本的にビジネスプロセスを見直すこと	90 年代初頭にハマーとチャンピが提唱
BPE	BPR を整理したもの。モデルの作成，評価・分析，改善の 3 つからなる	2001 年，東北大・安田氏が定義（提案）
BPM	BPE が 1 回のモデリング，分析，改善プロセスを表すのに対して，より恒常的なサイクルとしてモデルの作成，分析・評価，改善を実施する	90 年代後半より提唱されており，EAI や SOA などシステム間連結を想定したビジネスプロセス管理で出てくる

出典：大川敏彦『改訂 業務分析・設計手法』ソフトリサーチ・センタ，2008 年，p.40。

第 1 章　経営戦略と情報システム　27

（3）ビジネスプロセス管理の概要

　ビジネスプロセス管理（BPM = Business Process Management）は，BPR からの流れとして説明してきた。

　BPM とは，継続的業務改革である。"ビジネスプロセス"に「分析」「設計」「実行」「モニタリング」「改善・再構築」というマネジメントサイクルを適応し，継続的なプロセス改善を遂行しようという経営・業務改善コンセプトである。図表 1 - 16 にマネジメントサイクルとしての BPM を示した。既存のシステム（As-is モデル）を評価して，プロセスを再設計する。その結果を ICT へ実装して乗せ換えて実行する。実行結果をモニタリングして，定期的に評価を行う。一度ではなくて継続的にやることが大事なのであり，それがマネジメントなのである。

図表 1 - 16　ビジネスプロセスマネジメントサイクル[25]

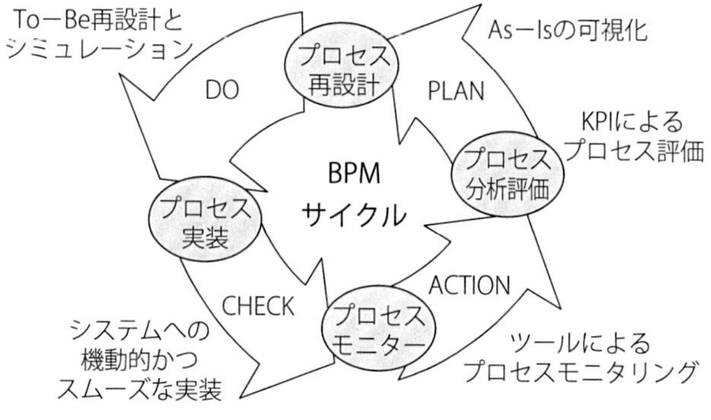

出典：日沖博道『BPM がビジネスを変える』日経 BP 企画，2006 年，p.70 より引用。

　この BPM も ICT 用語としては，前述のコンセプトを実行するために複数の業務プロセスや業務システムを統合・制御・自動化し，業務フロー全体を最適化するための技術やツールをいう。プロセスを俯瞰的に制御するためには可視化できることが必要となる。この意味で 1980 年代から"ビジネスプロセス"を中心に据え，そのモデル化手法（メソッド），モデル，ツールを一まとめにし

たコンセプトを提唱してきたモデリングツールもある。意思決定支援や業務分析支援の系統に属するツールは"モデリング"や"シミュレーション"の機能がある。このシステムは，人間が実施する業務や承認，意思決定を含めたビジネスプロセスを管理・自動化する機能と，システム同士を接続・連動させる機能に分類される。前者は，ワークフロー[26]，後者はEAIツール[27]から発展してきたものが多い。

【注】

1) ブルウィップ現象と呼び，カウボーイが鞭を振るうときに，手元を少し動かしたらその先が大きくしなる現象から，最終需要のわずかな動きが需要の源流での大きなねりとなることを指す。1950年代にMITのフォレスター教授が報告した。当時はフォレスター効果と呼ばれていた。
2) 参考文献［1］のpp.91-95参照のこと。
3) 参考文献［2］のp.113参照のこと。
4) 参考文献［3］のp.5より引用。
5) 参考文献［4］のpp.37-39を参考に記述。
6) 参考文献［4］を指す。
7) 参考文献［5］のp.2を参考に記述。
8) 参考文献［6］のp.2を参考に記述。
9) PEST = Political（政治的）Economic（経済的）Social（社会的）Technical（技術的）のそれぞれの頭文字を取ったもので，マクロ環境を網羅的に見ていくためのフレームワークである。
10) プロダクトポートフォリオマネジメント。ボストンコンサルティンググループが最初に使った2次元のマトリクスで，縦軸に業界での強さを，横軸に成長率をとり，各製品がどのポジションにあるかで製品ごとの戦略が決まるフレームワーク。
11) 参考文献［7］のp.28より引用。
12) MECE = Mutually Exclusive and Collectively Exhaustive の略で，相互に排他的なものによる完全な全体集合の意味で，漏れもダブりもない集合。
13) 参考文献［7］のp.30より引用。
14) Core Competence：中核能力という訳語になっている。これを企業の中心に据えて，コアにない部分を外注して，コアに経営資源を集中するコア・コンピタンス経営という経営のやり方が多くの企業で取り入れられている。
15) SABRE = Semi-Automatic Business Environment Research。アイビーエムとアメリカン航空が共同で開発した座席予約システム。実際には1953年から開発が開始

された。
16) LCC = Low Cost Carrier 格安航空会社。座席の増加，機体の統一，サービスの削減・有料化などの効率化で航空運賃を安く設定した航空会社。
17) ゼネラルコントラクター：総合建設業。事務所ビル，マンション，工場から空港や橋梁までほとんどの建物や構築物（橋・鉄道・サイロ・プラントなど）を企画・設計・施工する能力を有する企業。
18) 参考文献［8］の pp.69-70 より引用。
19) 参考文献［8］の pp.74-75 より引用。
20) 参考文献［8］の p.75 より引用。
21) Vendor Managed Inventory ベンダー管理の在庫のことで，組立メーカーのラインサイドまたは指定の倉庫にベンダーが在庫を保有し，メーカーがそれを使ったときに売上となる。
22) 参考文献［9］より引用。
23) 参考文献［10］を指す。
24) 参考文献［11］の p.40 より引用。
25) 参考文献［4］の p.70 より引用。
26) ワークフローについては，第4章第3節を参照のこと。
27) Enterprise Application Integration とは，企業内で業務に使用される既存の複数の情報システムを有機的に連携させ，データやプロセスの効率的な統合をはかること。また，それを支援するソフトウェア群のことを指す。

[問 題]

問1 経営戦略を実現するものの1つとして情報戦略が位置づけられているが，事例を挙げて，どのような情報戦略でその企業のどんな競争優位にもっていったのかを整理して述べよ。

問2 デル・モデルの本質は何か。ビジネスプロセス管理の側面から端的に述べよ。

問3 バランスド・スコアカードが経営戦略の管理・維持に有効である原因として考えられることは何であるか。

【参考文献】

［1］ダイヤモンドハーバードビジネス編集部編『サプライチェーンの経営学』ダイヤモンド社，2006年。
［2］大前研一・船川淳志『グローバルリーダーの条件』PHP 研究所，2008年。
［3］松井正之・藤川裕晃・石井信明『需給マネジメント』朝倉書店，2009年。
［4］日沖博道『BPM がビジネスを変える』日経 BP 企画，2006年。

［5］小林　隆『ビジネスプロセスのモデリングと設計』コロナ社，2005 年。
［6］高梨智弘・万年　勲『プロセスマネジメント入門』生産性出版，2003 年。
［7］大場允晶・藤川裕晃『生産マネジメント概論　戦略編』文眞堂，2010 年。
［8］加瀬一朗『ビジネスプロセス分析技法』共立出版，2003 年。
［9］http://blogs.itmedia.co.jp/saito/2010/01/facebook-mixigr.html
［10］ハマー・チャンピー『リエンジニアリング革命』日本経済新聞社，1993 年。
［11］大川敏彦『改訂　業務分析・設計手法』ソフトリサーチ・センタ，2008 年。

第2章　経営計画と情報システム

> **ポイント**
> ◎経営計画が情報システムを通して作成されていることを理解する。
> ◎経営計画の実践に情報システムがどのように役立ってきたかを理解する。
> ◎情報システムの分類としての情報系と基幹系について理解する。
> ◎基幹系，情報系のそれぞれのパッケージ・ソフトウェアなどについて理解する。

第1節　経営における情報システムの貢献

　コンピュータ利用が企業で本格的に始まったのは1960年代からである。当時のコンピュータは，現在のパソコン並みの能力しかなかったにもかかわらず，巨大で1年中エアコンディショナーの効いた部屋で，何人ものオペレータによって稼働する状態であった。外部記憶装置として磁気テープ装置が主に使われており，入出力の際にはコンソールディスプレイに表示された番号の磁気テープを磁気テープ読み取り装置にかけたり，出力されたラインプリンターからジョブごとに出力された用紙を切り離したりと非常に労働集約的な状態で稼働していた。

　コンピュータ上で動くアプリケーション・ソフトウェアは，計算目的別にFORTRAN，COBOL，PL/1などの高級言語で記述されていた。計算目的として，当時から需要があり経営的に効果があったのは，給与計算に代表される事務計算と部材の強度計算や建築構造計算などの科学技術計算であった。経営への貢献という視点からは，給与計算を一番に挙げなければならないであろ

う。このアプリケーションができることで，給与の支給が現金支給から銀行口座への振り込みに変わった。1万人も社員がいる大企業では給料日に1万人の社員のそれぞれに月一度，1円の単位までお金を揃えるという大変な作業の必要がなくなった。これは大変な人件費の低減効果をもたらした。

　また，科学技術計算でも同様の人件費の低減をもたらしている。自動車のシャーシのサイズを決めるのに，さまざまな可動条件から部材の肉厚を算出するのには，多くの計算を要する。計算するために何人もの技術者を雇い，徹夜で計算しなければならないとすれば，技術部門でも，技術計算ソフトウェアが開発されて実用に供してきたことで人件費の低減が図れることになる。このハードウェアとソフトウェアを合わせて情報システムと呼んでいる。この意味するところは，ハードウェアだけでも，ソフトウェアだけでも役に立たず，両方が相俟って所与の目的を完遂できることからこれらを統合して，1980年代ぐらいから情報システムと呼ぶようになった。この情報システムの開発と活用によって，給与計算や構造計算などで大変な経営効率の向上を達成してきたという認識をまずもつべきである。

　情報システムの企業での活用はその後拡がり，現在では多岐に及んでいる。

　情報システムの経営管理での役割は，経営戦略を実現するためのもの，経営計画の策定に関するものとその経営計画実行を支援するものの3つに大きく分類される。図表2-1では，それぞれについてもう一段階具体的な機能を記述した。本章の目的としての経営計画を実行する第一歩としては，経営指標の分析と需要予測が基礎となる。また，こういった分析から出てきたデータをもとに経営戦略の構築や見直しに活用する。その過程は第1章に詳述した。このような経営意思決定に活用される情報システムのことを特に「経営情報システム」と呼んでいる。この命名には，経営には情報が必要であるというメッセージだけではなくて，情報システム部門がユーザ部門の意向でシステム開発をしてきたことによる社内の地位の低さを挽回しようという意図も含まれていたと推測される。

　次節で，この経営情報システムとその歴史的展開をたどることにする。

図表2−1　製造業経営における情報システムの活用[1]

- **経営戦略の実現**
  - 経営戦略に基づく付加価値創造活動の支援
  - 情報活用のビジネスモデルの実現…例：デルモデル
- **経営計画作成手段**
  - 基幹システムのデータ分析
  - 中長期計画・部門計画立案
  - 売上目標〜予算配分〜予算実績管理〜財務計画
  - 需要予測〜市場調査〜データマイニング〜製品計画
- **オペレーション実行支援手段**
  - 生産計画，スケジューリング（設備・作業者割当）
  - 調達発注〜受取・検品〜支払い処理（経理処理）
  - 受注〜在庫管理〜販売〜配送指示〜請求処理
  - 生産計画・作業標準の現場への配信・指令〜進捗状態把握〜対応指示〜生産状況の記録と監視

出典：山本孝・井上秀次郎編『生産マネジメント』世界思想社，2007年，p.216を参考に加筆修正。

第2節　経営情報システムとその系譜

(1) 経営情報システムの意味するところ

　経営情報システムは，経営体の情報活動すなわち下記の各項目，
① 情報の収集と検証
② 情報の生産と加工
③ 情報の保管と取り出し
④ 情報の伝達と共有
⑤ 情報の発信
⑥ 情報の活用

を支援するものである。それはまた，情報活動に従事する人，人が用いる紙やペン，電卓，PC，電話などの物理的手段とともに，人が物的手段を用いて情報活動を行うための方法などで構成されている。

　そもそも経営情報システムと命名された目的には，ICT革命以降の情報力の強化が挙げられる。時代背景からは，コンピュータが発展・普及したことで膨大な量の数値計算を迅速に行えるようになったこと。また，それにより，最適な経営意思決定が導けるようになったことが大きい。一方，インターネット

が普及したことで，いつでもどこでも情報が手に入るようになり，適切な意思決定を必要とされる場が出現した。例えば，お土産品のお饅頭を販売している企業は，情報化が進んでいない状態では，各観光地の店舗Aでお饅頭が売り切れても，売れ残っていても，遠く離れた工場や倉庫では知ることもできない。情報化が進んで，リアルタイムに店舗Aでの店頭のお饅頭が減っていく状態がわかれば，店舗Aへ補充の必要があることがわかる。減り方が時系列的につかめれば，品切れ時期が計算可能である。また，同時に倉庫の在庫がわかれば，工場でお饅頭をいつ生産開始するか，またどのくらい生産・補充すれば店舗で品切れが起きないかを即座に決定できる。ここまでいけば，情報システムを活用して効率的な経営が実践できることが理解されよう。

（2）経営情報システムの特徴

下記に経営情報システムの特徴を列挙した。
① 従業員1人に1台パソコンが配置され，EUCが展開されている。
    - システム部門は，システムのメンテナンスやシステム改善，従業員の教育などのサポートを行う部門となる。
② 電子化される情報の範囲は拡大され，共有される。
    - 製品別・販売地域別売上や顧客情報，クレーム情報など，日々の経営活動に関する情報が共有・活用される。
③ 電子化された情報は1つのデータベースに格納されて，その管理と利用を効率化する方向が目指される。
④ 情報の加工や書類の作成，LAN上での情報の流通自動化が進展する。
⑤ 経営管理部と各部門での情報参照やシミュレーションデータの作成により意思決定が支援される。
⑥ コンピュータはネットワークを経由して接続されていて，情報処理と通信が統合されている。
⑦ 関連企業の情報システムともインターネットで接続される。
⑧ ホームページの利用により，企業の情報発信力は高まり，顧客への販売（BtoC）や企業取引（BtoB）や投資家への財務情報提供に役立てる。

（3）経営情報システムの系譜

1960年代以降，どのような経営情報システムのコンセプトが発展を遂げてきたかを見ていこう。情報システムの系譜を図表2－2に示した。

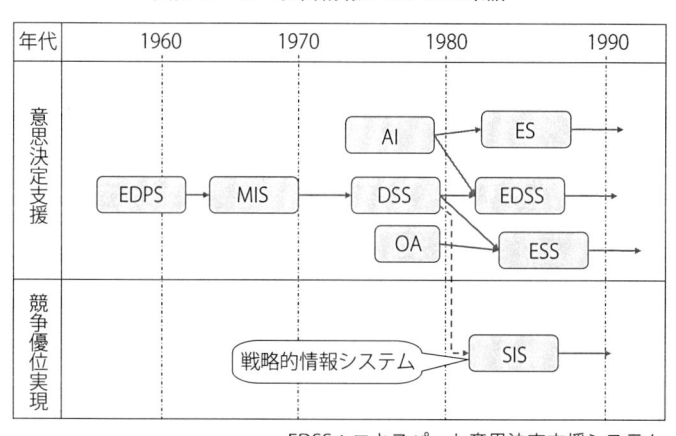

図表2－2　経営情報システムの系譜[2]

年代	1960	1970	1980	1990
意思決定支援	EDPS → MIS →	AI / DSS / OA →	ES / EDSS / ESS →	
競争優位実現		戦略的情報システム →	SIS →	

EDSS：エキスパート意思決定支援システム
ESS：経営者支援システム

出典：遠山・村田・岸『経営情報論』有斐閣，2003年，p.70を一部変更。

1960年代には電算処理またはEDPS（Electric Data Processing）と言われていたが，IBMから発表されたMIS（Management Information System）から経営を担うというコンセプトが展開されてきた。情報を活用して経営をうまく進めようという考え方である。競ってコンピュータを導入して給与計算に使ったという段階から一歩進んで，経営判断に情報を大いに活用することを志向した。ただし，このMISはコンセプトの良さにもかかわらず実現しなかった。コンピュータのハードウェアやソフトウェアに，そのコンセプトを実現できるほどの能力が備わっていなかったからである。また，事務所にも現場にもデータが整備されていなかったこともその一因である。その反省から，事務所のデータを効率的にまたシステム的に収集することを狙ってOA（Office Automation）を志向する。一方，意思決定はそのロジックを模索することになる。そこでDSS

(Decision Support System) として展開していくことになる。ロジックといえば，人の考え方や経験をこういった意思決定の流れで表現しようと AI（Artificial Intelligence）や ES（Expert System）を使ったシステムが考案された。AI は人工知能とも呼ばれ，人間の過去の経験の記述データを知識として保存して，それらの知識を組み合わせて結論を導くものである。病気，採掘地層，機器の故障などさまざまな診断に適応されている。

一方，MIS の失敗に懲りず，戦略的情報システム＝SIS（Strategic Information System）が登場する。これは，情報システムを構築して実用に供することで，他社と差別化する経営戦略を実現しようとするものであった。これには，1 章で説明した成功事例を思い起こしていただきたい。それは，アメリカン航空の旅行代理店向けシステム[3] の SABRE である。

アメリカン航空は，自社で開発した SABRE が航空業界のデファクトスタンダードとなり，顧客を囲い込んだとして SIS の成功例となった。この SIS の最大の欠点は模倣である。一時的にライバルと差別化がなされても，ライバルが真似をすれば差がすぐになくなる。「情報技術への投資から競争優位を得ていると感じる企業はほとんどいない」[4] という発言がされるように，ICT で差別化効果があるという妄想はすでに消え失せてしまったようである。

企業の情報システムへの関心は，もっと現実的に業務の効率化・標準化とプロセスの可視化へと定まっていった。その根底には，コア・コンピタンス経営の流れから ICT の開発や運用をアウトソースしようという方針がある。非コア業務の外注化といって真っ先に思い浮かぶ非コア業務は，物流と ICT というのが多くの企業での出やすい結論であろう。

ICT の外部委託のメリットは下記である。

・最適な ICT ベンダーやインテグレータを選択でき，最新かつコストパフォーマンスのよいシステムを導入できる。
・過去のシステム化の柵やタブーなどの非合理性を指摘してくれたり，ベスト・プラクティスをもちこんでくれる。

また，システム内製化のメリットは，下記である。

・検討の漏れによる仕様変更や後戻りにより追加料金が発生しやすい企業の場合には，コストダウンにつながる。
・社内メンバによる開発なので，専門用語や社内言語の理解が速く開発スピードアップにつながる可能性がある。
・情報システムは事業活動のほとんどに関連していて，事業活動の効率化が達成されるのならば，競争力の向上に寄与することがある。
・オペレーションの改訂やシステム開発ノウハウが社内に残らず，外部に漏れてしまったり，ノウハウが社外の特定のベンダーに握られてしまうことがない。

だからどちらが良いというのではなくて，流行のように外注化と内製化のトレンドが交互に訪れるようである。1990年代に外注化に振れたが，昨今，長期景気悪化の影響や経費節減の動きを受けて，再度内製化の流れになってきた[5]。

第3節　基幹系システムと情報系システム

　図表2-2以降の情報システムの展開としては，MISの流れを汲んだ情報システムがあり，これらを基幹系システムと呼ぶ。これらは販売事務，経理事務などの日常の企業活動を支える基本的な業務の処理を行うものである。また，こういった機能は，ERPのなかに取り込まれていて広く企業に導入されている。基幹系システムの一番の狙いは，企業内に存在する多くのデータを一元管理して経営意思決定に役立てることである。

　もう1つの情報システムの分類として，情報系システムと分類されるものがある。それはインターネットの流れで，関係業者間での電子商取引，社内用のホームページに製品・部品情報や売上状況など企業情報が掲載され，広報・販売や製造活動に役立てるものである。基幹系システムの集めた情報を使って企業としての付加価値のある業務に改訂するためにさまざまな分析を行う。

　具体的な例を使って説明しよう。例えば，A社の営業部門では毎月の売上をERPで報告するとともに，エクセルに移し，次週の営業会議に向けて帳票に編集して出力・分析する。そこで，ここ3カ月である商品の売上が落ち込んだ

ことに気づいた課員は，さらに地域ごと，顧客ごと，担当者ごとに分類して問題を見つけようとする。ある顧客（B社）の売上が落ちていることがわかったとしよう。すると，次にはCRMからB社への訪問履歴データを抽出する。そこから，A社のB社への担当者が，顧客にほとんど何の提案もしていないことがわかり，次月のA社の営業方針が出てくる。このように，蓄積した情報を業務に役立てる活動が活発に行えるようになった。このような活動をEUC（エンドユーザコンピューティング）と呼び，ユーザ部門の情報加工・活用を指す言葉が出てきた。1950年代にコンピュータ利用が始まった頃は，特殊な専門家だけがコンピュータを使っていた。EUCになり，やっとコンピュータやデータがユーザのものになったともいえる。

　つまり，情報系システムは基幹系と相俟って企業活動を支える両輪であることは言うまでもないことである。

　さらに，これらの情報システムの基盤ともいえるオフィスワーク系システムと社外対応のシステムがある。これは，社内での情報共有・交換システムとしてのグループウェアやメールシステムと社外とのコミュニケーションを支える仕組みである。イントラネットというインターネット技術を使って，企業内の情報伝達や共有を効率的に行うコミュニケーションの仕組みがある。また，企業間取引の仕組みとしてEDI，QR，ECRなどは，共通のプロトコルでセキュリティを保ちながら企業間の受発注，支払い処理などが迅速にできる仕組みもある。これらは，6章で詳述する。

第4節　ERPとパッケージ・ソフトウェア

（1）ERPの概要

　前項で述べた基幹系システムの代表選手はERP（Enterprise Resource Planning）である。ERPは，MRP（Material Requirement Planning）から発展したもので，販売・生産・購買・人事・経理に至るまでの全業務をサポートする統合経営情報システムである。全業務間でリアルタイムに情報を共有できる。つまり，部門を横断したビジネスプロセスを実現できるのである。多国籍企業を中心とし

て日本の大企業の多くで導入されているが，このソフトウェアはパッケージ・ソフトウェアであり下記の特徴がある。
① 標準的な業務プロセスを想定している。
　⑴ 通常の情報システム開発は，既存のあるいは改善する予定の業務プロセスを前提にシステム化するが，ERP の開発では逆である。
　⑵ ERP を導入することで業務プロセスはその ERP のものになる。
② データ一元管理のコンセプトから統合データベースをもつ。
　⑴ 統合 D/B へのリアルタイムなデータアクセスが主機能である。
　⑵ 社内からデータを否応なく吸い上げ，指示を押し付ける。
　⑶ 決裁や報告などの業務がワークフロー機能により電子承認される。
　⑷ 自動的にセキュリティチェックや監査証跡を残す。
③ どんな状況にあるかを報告してくれるが，どうしなければならないかは教えてくれない。データ収集システムと解釈すべきである。
　⑴ 意思決定に必要なデータは参照できるが，そのデータの信憑性まではわからない。
　⑵ シミュレーション機能はもっていないので，他のシステムに頼らなければならない。

ERP の概要を図表2－3にまとめた。

（2）ERP の機能

　ERP というカテゴリーに入るソフトウェアには，SAP/R3, Oracle Application, ‥ など多くの製品が存在する。開発されたパッケージごとに保有機能が詳細では違っている。その保有機能を SAP Business Suite を例に図表2－4に示す。
　これらの機能は，基幹系システムの範囲をカバーしている。

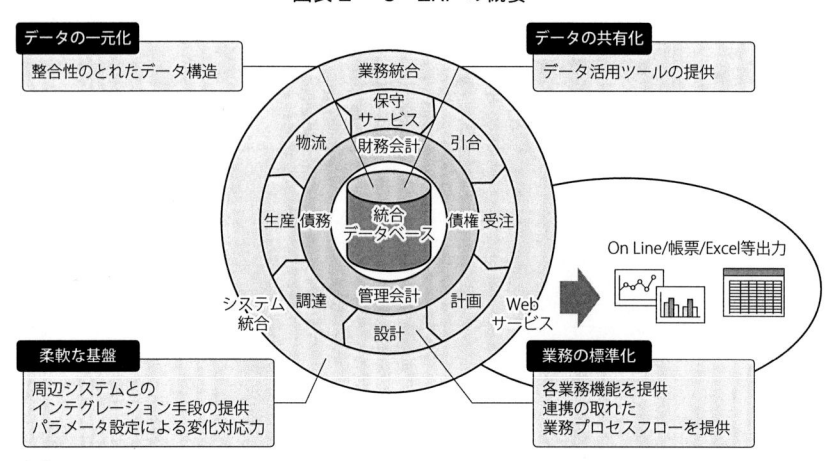

図表２－３　ERP の概要[6]

データの一元化
整合性のとれたデータ構造

データの共有化
データ活用ツールの提供

（中央図：統合データベースを中心に、業務統合／保守サービス・引合・財務会計・物流・生産・債務・債権・受注・システム統合・調達・管理会計・計画・設計・Webサービス）

On Line/帳票/Excel等出力

柔軟な基盤
周辺システムとの
インテグレーション手段の提供
パラメータ設定による変化対応力

業務の標準化
各業務機能を提供
連携の取れた
業務プロセスフローを提供

出典：http://www.keyman.or.jp/3w/prd/24/30002424/?vos=nkeyadww320119841049

（３）パッケージ・ソフトウェアの台頭

　1960 年代〜 1980 年代にかけての時代にあっては，ソフトウェアは社内開発が常識の時代であった。当時，業種に関係なく大手企業には情報システム部があり，何人もの専門スタッフが在籍していた。SE やプログラマーの不足が指摘され，どうやって不足するソフトウェアエンジニアを調達するかが情報システム部門の課題であった。そこに，コア・コンピタンス経営，キャッシュフロー，BPR などの動きが出てきた。情報システムをコアとしない企業は，情報システム構築や維持管理業務を外部へアウトソーシングすることで，経営資源の集中，コスト削減を図ることなどが潮流となった。

　そこで登場したのが，ERP であった。「社長さん，あなたの企業の戦略は大丈夫ですか？」という当時の ERP ベンダーのコピーは経営陣の琴線に触れた。大手企業は競うように ERP を導入して，情報を駆使した一段上の経営を目指した。その経緯は別の場所で述べるとして，ここで説明することはソフトウェアのパッケージ化の流れが加速したことである。

　1960 年代〜 1980 年代には手作りが当然であった社内システムが，購入が当然へと切り替わるのである。社内に開発能力や技術をもたないことのデメリッ

図表2－4　SAP Business Suite の機能[7]

財務：効率的で法令を遵守した財務会計と財務報告を行い，財務業務を合理化し，債務と債権を適切に管理することにより，卓越した財務管理を実現します。財務管理と資金管理の機能を統合，サポートします。
製造：各拠点の生産計画および実行と連携したグローバルな製造プロセスを実現します。製造現場のさまざまなシステムとの統合によって全社レベルで各拠点の状況を可視化し，各拠点の製造施設の最適運用や，統合的な外注製造管理，そしてリーン生産の実現を促進します。
購買・調達：購買・調達から支払いに至るプロセスを合理化，集中管理化することにより，持続的なコスト削減を実現します。契約に対する包括的な遵守を強化することにより，リスクを最小化します。また，仕入先との関係や業務パフォーマンスに対する可視性を高めることにより，コスト削減を促進します。合理化されたプロセスと高い可視性は，IT 投資から受けるメリットをより短期間で現実化するのに役立ちます。短期間で成果が現れ，それが収益にも反映されます。
製品開発：需要に応じて，高品質で革新的な製品を迅速に供給します。革新的な新製品の開発を促進し，パートナーと協業して実際に収益を上げるまでの時間を短縮します。また，安全な製品を供給します。
マーケティング：顧客とのあらゆる接点を通じて，優れたインサイト（洞察）を獲得します。このインサイトを活用して，優良顧客を獲得，維持し，長期にわたる収益を伴う顧客関係を育て上げるという目的に合わせて，マーケティング／販売活動を行います。
販売：成長と収益性の促進という販売戦略を実践するためのリソースに焦点を合わせます。関連情報を使って，最も収益性の高い顧客を獲得するチャンスに販売労力の焦点を合わせます。販売チームの効率性を高め，販売サイクルを加速します。また，適切な価格設定，正確な需要計画，収益予測により，収益性の成長を実現します。
サービス：優れた顧客サービスを提供しつつ，サービスデリバリーのコストを厳密に管理します。顧客の問題を迅速に解決することは，顧客満足度と顧客ロイヤルティーの向上につながります。サービスに投入可能なリソースの稼働を最適化し，既存の顧客に対するクロスセリングやアップセリングによってサービス収益を向上させます。
人材管理：ワークフォース（人的戦力）を多角的に効率よく管理し，コストを制限します。幹部候補生を見極め，その能力開発を計画・実行し，必要なときにその人材が役割を果たせるよう態勢を整えます。また，自動化された人材管理（HR）プロセスを導入します。このプロセスでは，人事部門の担当者が雑務から解放されて戦略的な職務に集中できるようになるため，人材管理の効率性と生産性が向上します。
サプライチェーン管理：グローバルネットワークにおける供給と需要の変動を察知し，適切に対応します。供給と需要を同調させ，グローバルな製造ネットワークでパートナーと協調し，物流とフルフィルメント（受注履行）のプロセスを統合します。
IT 管理：IT を使って革新を実現し，企業の競争力を強化します。IT 資産の総所有コスト（TCO）をできるだけ低く抑え，インストールしたソフトウェアに対するユーザーの満足度を向上させ，IT をフル活用して変化するビジネスニーズに対応します。

出典：http://www.sap.com/japan/solutions/business-suite/features-functions/index.epx

トはそれなりに大きいが，リストラと経営資源の有効活用を声高に叫ぶ経営陣の方針で情報システム部門は縮小を強いられ，パッケージ購入でのシステム化が進められた。ERP だけでなくて，SFA, CRM, APS, MES, SCP, WMS, TMS, OMS, SCADA, ‥など多くの3英文字のパッケージ・ソフトウェア

が世に出回った。これらについては6章にて詳しく述べる。

　ERPに代表されるように，市販のソフトウェアは1つのカテゴリーでも何種類も存在し，どのパッケージを選択するかという問題が新たに生まれた。保有機能，価格（取得費，ライセンス料，アドオン費，保守費），品質（使い勝手，バグの少なさ，ドキュメント量），実績（導入サイト数，評判），メンテナンス性，など多面的な評価が求められる。

【注】

1) 参考文献［1］のp.216を参考に加筆修正。
2) 参考文献［2］のp.70を一部変更。
3) 参考文献［3］を参考に記述。
4) 参考文献［4］を参考に記述。
5) 参考文献［5］の第5章を参考に記述。
6) 参考文献［6］をもとに修正。
7) 参考文献［7］から引用。

問題

問1　経営情報システムとは，何を狙ったどのようなものなのかを整理して述べよ。
問2　MISが失敗した原因と現在の状況について述べよ。
問3　基幹系システムと情報系システムの違いを説明せよ。
問4　ソフトウェアがパッケージ化される理由と導入する企業のメリットとデメリットを箇条書きで整理せよ。

【参考文献】

［1］山本　孝・井上秀次郎編『生産マネジメント』世界思想社，2007年。
［2］遠山・村田・岸『経営情報論』有斐閣，2003年。
［3］http://www.newport.jp/jp/case/publicity/08.html
［4］Davenport, *Process Innovation*, Ernst & Young, 1993.
［5］伊丹敬之編著『いまこそ出番　日本型技術経営』日本経済新聞出版社，2011年。
［6］http://www.keyman.or.jp/3w/prd/24/30002424/?vos=nkeyadww320119841049
［7］http://www.sap.com/japan/solutions/business-suite/features-functions/index.epx

第3章　オペレーションと情報システム

> **ポイント**
> ◎オペレーションの改善でBPRの果たした役割について理解する。
> ◎ビジネスプロセス分析手法について理解する。
> ◎ビジネスプロセスモデリング手法について理解する。
> ◎オブジェクト指向について理解する。

第1節　BPR

(1) リストラクチャリング

　企業が深刻な状態（例えば，大得意先を喪失，ビジネスモデルの崩壊，長期売上低迷，など）に陥ったときに，根本的に企業を作り変えて再出発することがある。再構築つまりリストラクチャリングを行うわけである。このリストラクチャリングには，大きく分けて3つパターンがある。

　1つ目が，ファイナンシャル・リストラというバランスシート上のリストラである。企業価値の見直しでキャッシュフローの改善を行うもので，具体的には，既存の借入金の洗い替え，遊休および不良資産の売却，不採算店舗や非効率な工場の閉鎖など貸借対照表の固定負債を減らし，流動資産を増やすような改善である。

　2つ目は，ポートフォリオ・リストラといい，多角化した事業や成熟期を迎えた事業そのものへの資産配分を見直すことで，具体的には不振事業からの撤退やPPMなどを用いて既存の製品・サービスや事業を絞り込むなどの損益計算書の売上高の増加や費用の減少などを狙った改善のことである。

　そして3つ目が，ビジネスプロセス・リストラで，高収益体質への変革や市

場対応力の強化のために仕事のやり方や組織の役割などを再構築することで，これをリエンジニアリング（BPR）という。リストラクチャリングを外科手術とすれば，リエンジニアリングは漢方薬治療とでもいえるだろうか。

　日本でよく使われるリストラクチャリングという言葉は，部門撤退による従業員の解雇のことを指して言うことが多く，「リストラ＝首」ということになっている。本来のリストラクチャリングの意味は，事業の再構築であり，従業員の解雇ではない。

（２）BPR（リエンジニアリング＝ Business Process Re-engineering）
　日本経済の失われた20年間の始まった頃に流行ったのが，BPRと言われている経営革新の手法である。1993年にハマーとチャンピーによって発表された[1] BPRは，バブル崩壊後の日本企業の救世主のようにもてはやされた。企業がやっていることは，製品またはサービスを顧客に提供することで対価を得ることである。この製品またはサービスを提供することをオペレーションといい，このオペレーションの品質（Q = Quality）・価格（C = Cost）・納期（D = Delivery）がその企業の成績を左右することになる。したがって，オペレーションをどう設計して実行するかは，経営活動そのものともいえる。このオペレーションは，社員や協力企業を含めて多数の人々によって日々遂行されているが，企業が何年もオペレーションを継続して，企業規模を大きくして，組織を拡大するうちに大企業病が起き，オペレーションの重複，処理内容のばらつき，処理手順の不連続化などが発生してくる。90年代のバブル崩壊後，自信を失った日本企業は，このBPRに再生の夢を託したわけである。

① BPRとは何か
　BPRを語る前にビジネスプロセス（BP = Business Process）を定義しよう。BPとは，「ビジネスの実行者が依頼者から得た製品やサービスに対する要求を入力とし，必要な経営資源を活用して成果物（その製品やサービス）を出力するために，日々繰返し行う独自の仕事のやり方」である。つまり，この仕事のやり方によって，製品・サービスの品質・納期・価格が変わることになる。

ここでBPRとは，QCD，柔軟性，スピードのような，重大で現代的なパフォーマンスを劇的に改善するために，ビジネスプロセスを根本的に考え直し，抜本的にそれをデザインし直すことである。90年代にハマーとチャンピーによって提唱されたものであるが，その原点は伝統的な企業組織——高度に専門化され，プロセスが分断された分業型組織に対する反省にある。こうした職能別の古典的なビジネス構造を全面的に否定し，プロセス志向の新たな組織構造・価値観・評価システムをゼロから作り出すことを勧め，抜本的な変化を起こすための一連の手順のことを「ビジネス・プロセス・リエンジニアリング」と呼んだ。ここでいうプロセスは「最終顧客に対する価値を生み出す一連の活動」と定義されており，BPRは本質的に顧客志向である。企業はフラットな組織，知識の活用，エンパワーメント志向となるため，ICTは情報共有や意思決定，プロセスの可視化などの面で重要な役割を果たす。BPRを推進した企業において，分業型プロセスを自動化するためのものとは決定的に異なる設計の情報システムが求められる。しかし，プロセス志向に方向転換できた企業においては，さらに最適なビジネスプロセス——そしてそのプロセスに柔軟に対応できる組織構造をどのように構築するかという点に関心が向けられている。2002年ごろからは，"継続的なBPR"を支援するツールとして，BPMが登場する。

② BPRの特徴
　BPRというアイデアには，次の5つの特徴・コンセプトがある。
(1) 顧客指向：BPRを必要とする企業の特徴は，企業の規模拡大などにより部門の壁ができたことで，顧客第一が次第に部門第一（社内優先）になってしまっているケースが多い。あくまでこれが改革の原点である。
　　原点という意味は，BPRが顧客価値の定義から始まることとも符合している。顧客への価値は，製品・サービス，事業領域，デリバリーのどこかに見出す。つまり，新製品，高付加価値製品などと技術開発成果を製品・サービスに結実させる場合，企業の取り扱い範囲を拡げて顧客への貢献度を上げる場合，リードタイムの短納期化やコンサルティングサービスなどの顧客サービスを上げる場合が考えられる。

(2) 全体最適化：部門の利益を優先すると全社の利益と必ずしも同じではなくなることがある。この点への警鐘が全体最適化を狙う考え方である。そのためには，業務全体の流れと業務機能の同期化を図り（連結），企業間の壁を越えてデリバリー機能を1つにして無駄を省き（統合），資源の共有化を図り相互作用でパワーアップを図る（共同化）ことにより進める。

(3) プロセスの徹底的革新：BPRと既存の改善との違いは，ゼロベースか否かである。改善には，現在のオペレーションには悪い点（改善すべき点）が含まれているという前提がある。改善は，効率化を阻害している点を見つけて，それを除去する。一方，BPRでは，オペレーション・プロセス全体をゼロベースで見直して，作り直すことを行う。改善に比べて抜本的かつ徹底的な改革である。もっと大規模な変革も存在する。それは発明というものである。蒸気機関や電話の発明で我々の生活を根本的に変革した。コアプロセスの変更や業界再編まで引き起こす力をもっている。BPRは，発明ほどのインパクトはないが，部門の壁を越えて業界のトップクラスへ引き上げるほどの力を与えることもある。

(4) 意識革命を並行で進める：抜本的に改革を進めていかないとそう簡単に達成できるものではない。部門の壁に悩む企業においては，改革の担い手である従業員の意識改革が重要である。企業がその気にならないと推進力は出てこない。あるべき姿を描き（エンビジョン），実行者となる人たちはどうしなければならないかを示し（エンパワー），アクションプログラムを作る（エンネーブル）という3つのステップを経て進める。

(5) 基盤がICTシステムである：現在の企業のオペレーションは，ICTシステムの支援なくしては考えられない。作り直したオペレーション・プロセスも当然ICTシステムに乗せられることになる。ネットワーク，データベース，ノレッジなどをプロセスに組み込んで有機的に活用ができる環境を構築して，その情報環境をプラットフォームとして改革したシステムを実装する。

（3）BPRの事例

BPRが成功したという報告は，実はあまり多くないし，匿名で語られるこ

とが多い。それは公表することで株価の値上がりを期待したい半面，各社の真似されたくないという思惑もあるであろうし，顧客から「コストダウンが成功したのなら当方への納入価格を下げて貢献してほしい」という要求から逃れる意味もあるのかもしれない。

　ある文献[2]に紹介されていた生産材メーカーのX社のケースを簡単に整理しよう。顧客は，自動車，電機，機械メーカーであり，近年は売上・利益が低迷し，新規顧客開拓もうまくいかずトップがすっかり自信を喪失している状況であった。こういう企業がリエンジニアリングに期待しがちな企業といえる。狙いは，顧客バリューの追求であった。顧客のニーズを整理してみたら，技術・商品情報の提供が上位を占めていた。一方，テスト・試作については満足度が高いとわかった。ここでコンサルティング営業の必要性を認識したので，電機メーカーを対象として，顧客訪問のプロセスを描いてみた。新商品の企画段階から加わったケースでは，製品デザイン，試作・テスト，生産，フォローと続くが，現状では色々な事業部門が，必要になった時点で，入れ替わり立ち替わりやってきて顧客対応をしていた。いわばノウハウ伝授型を取っていたが，それに加えてセット化営業型と言って，プロジェクトの初期段階からすべての事業部門が投入されさまざまな部門ノウハウをセットで提供する方式を企画した。営業活動において，全部の部門が情報の共有と情報交換を整然と進めていくことで付加価値の高いサービスを提供するプロセスへと改革した。

　こういった事例は，詳細に記述されていないことが多いが，意図するところは読み取れよう。改善のポイントは部門の壁の積極的破壊と情報の共有化である。リエンジニアリングの目指すところはまさにそこである。歴史が長い → 大企業病 → 部門の高い壁 → 顧客への対応の悪化 → 営業成績低迷 → リエンジニアリングというパターンである。

（4）日本企業でBPRが必ずしも成功しなかった理由

　BPRでは，現状を否定してゼロベースでビジネスプロセスを考え直すことを主張しているので，その主張は日本企業には大変期待をもって受け入れられた。前項の事例でも説明したように，当時の日本企業では分業が浸透（生産性

向上目的）しており，部門ごとに業務が分断していた。個々のビジネスプロセスをいじってもできることには限界があり，何かブレークスルーの方法はないかというときにこの BPR は渡りに船であった。ブームとなり，ほとんどの企業で実践したが，期待されたほどの成果はなかったと言われている。

その原因は，1つにはあまりにも急激な改革のため現場の理解が得られなかったことが挙げられる。主張は正しいし，そうすれば改革できることは，現場もトップもわかるのであるが，やはり，まだマインドセットがそこまではいかなかったので，実際に改革に動くまでのモチベーションの盛り上がりとはならなかった。2つ目には，改革の梃子（leverage）となる情報技術の発達が不十分で，餅を絵に描いたものになってしまっていたことも普及へのハードルとなってしまった。簡単に言えば，コンセプトだけだった。結局 MIS と同じ失敗の繰り返しだったのである。

実際に，BPR 後，各社は ERP やワークフロー管理の導入へとは動いたし，なかには EAI へ展開した企業もあった。本当は，情報システムは BPR の結果を実装化する手段に過ぎないが，どうも改革の結果がわかりづらいと改革した気分にならないのかもしれない。あるべき姿の議論だったはずが，いつのまにかシステム導入問題へとすり替えられていた。日本の政治論争と同じで，ビジョンの話であったものが，いつのまにか人事問題（つまり，政局）にすり替えられてしまうのに似ている。

（5）BPR から BPM への展開

その後 BPR を整理し，2001 年，東北大・安田氏が BPE（Business Process Engineering）を定義した。これは工学的アプローチで，モデルの作成，評価・分析，改善の3つから構成される。この BPE の大まかな手順を図表3－1に，詳細内容を図表3－2に示す。

図表3－1 ビジネスプロセス・エンジニアリング手順[3]

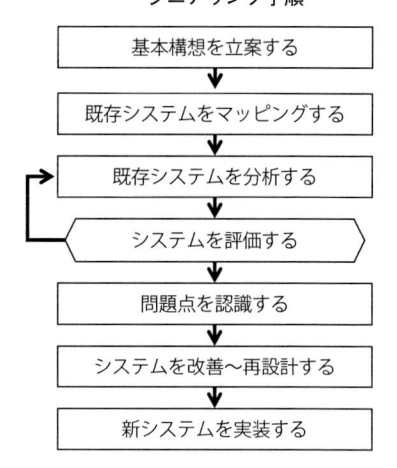

```
基本構想を立案する
      ↓
既存システムをマッピングする
      ↓
既存システムを分析する
      ↓
システムを評価する
      ↓
問題点を認識する
      ↓
システムを改善〜再設計する
      ↓
新システムを実装する
```

図表3-2　BPEの詳細手順

① 基本構想を立案する	③ 既存システムを分析する
①-1 事業環境を立案する	③-1 ギャップ分析をする
①-2 顧客ニーズを分析する	③-2 因果・リスク分析をする
①-3 経営トップによる変革のコミットメントを取り付ける	④ 問題点を認識する
	⑤ システムを再設計する
①-4 戦略プラン，ビジネスシステムプラン，ビジネスプランを立案する	⑤-1 新システムのコンセプトを定義し，分析する
	⑤-2 人事構造を分析・設計する
①-5 エンジニアリングの可能性を探索する	⑤-3 情報システムを分析・設計する
①-6 業務改革の梃子となるITを識別する	⑥ 新システムを評価する
①-7 BPEチームを結成する	⑥-1 シミュレーションおよび最適化をする
①-8 BPEの計画を立案する	⑥-2 新システムのプロトタイピングをする
①-9 パフォーマンス・ゴールを設定する	⑥-3 ベンチマーキングをする
② 既存システムをマッピングする	⑦ 新システムを実装する
②-1 自社の業務プロセスを把握する	⑦-1 実装計画を立てる
②-2 コア・プロセスを分析する	⑦-2 再組織化をする
②-3 エンジニアリングの対象とするプロセスを選択する	⑦-3 情報システムを実装する
	⑦-4 ユーザを新システムに移行する
②-4 マッピングの目的，範囲を設定する	⑦-5 旧システムを切り離す
②-5 マッピングの視点を設定する	⑧ 新システムを改善する
②-6 現行のプロセスをマッピングする	⑧-1 新システムのパフォーマンスを評価する
	⑧-2 継続的改善活動をする

出典：http://www.scmresearch.com/scmsolution/scmsolmethod/scmsolmethodF1014.html

　さらに，BPEが1回のモデリング，分析，改善プロセスを表すのに対して，より恒常的なサイクルとしてモデルの作成，分析・評価，改善を実施するBPM（Business Process Management）へとつながっていった[4]。

　BPMでは，ビジネスプロセスに「分析」「設計」「実行」「モニタリング」「改善・再構築」というマネジメントサイクルを回し，継続的に経営・業務改善プロセスを行う。ICTのツールという面からみれば，前述のコンセプトを実行するために複数の業務プロセスや業務システムを統合・制御・自動化し，業務フロー全体を最適化するための技術やツールである。プロセスを俯瞰的に制御するための可視化という意味でビジネスプロセスを中心に据え，そのモデル化手法（メソッド），モデル，ツールを包括したモデリングツール「ARIS[5]」がある。意思決定支援や業務分析支援の系統に属するツールは"モデリング"や"シミュレーション"の機能がある。

(6) BPM と BI

　前項で述べた経緯で展開してたどり着いた BPM は，ビジネスプロセスを常に外部環境の変化に合わせて最適なものに調整する機能ともいえる。そのために PDCA のマネジメントサイクルを回すことを含んでいる。そこで，環境変化を察知する機能が必要になってくる。その機能を分担するのが，BI (Business Intelligent：経営情報分析システム) である。

　BI とは，実務家が ICT の専門家に頼ることなく，自らの力でデータベースからデータを分析して意思決定を行うことである。POS システムのデータを解析して売れ筋商品を探ることや，各地のデポの在庫を調べて商品の出荷傾向を調べることなどで SCM に活かされている。そこでの手法を下記に2つ紹介しよう。

① データマイニング

　大量のデータのなかから傾向を探ることである。データベースに蓄積された大量のデータから，頻繁に同時に生起する事象間に相互に関連のある傾向，すなわち相関関係を抽出する技術。POS や E コマースの取引ログに含まれる購買履歴を利用したバスケット解析が著名である。初期の成功例として有名なのが「ビールとおむつ」という話（コラム参照）である。幼児のいるサラリーマンが帰宅途中に缶ビールを買って家に向かう途中で，奥さんから紙おむつも買ってきてほしいとコールを受けて一緒に買うという生活スタイルがイメージできよう。こういった傾向を探るのは，データウエアハウスに保存されている膨大な POS データの解析をして，多くの切り口のなかから有意な相関関係を見つけ出すのである。データは雄弁に語るということであろう。

② 多次元分析 (OLAP：On Line Analytical Processing)

　保存されている膨大な POS データは宝の山である。データも多くのカテゴリーに分類されている。売上データを取ってみても，時期，地区，商品，チャネル，などごとにデータが整備されており，分析の軸を指定することで色々な断面での分析が可能となる。さまざまな分析軸に対して仮説を立てて，それら

のデータを解析することで仮説が検証されていく。OLAP ツールには，多次元データベースエンジンが準備され，元データと集計値の両方をもつ次元軸の集まりとして必要なスキーマを作成する機能を有する。

> **コラム**　「ビールとおむつ」本当か？[6]
>
> そもそもこの話は，1992 年 12 月 23 日の「ウォールストリートジャーナル」に掲載された「Supercomputer Manage Holiday Stock」という記事が発端だとされている。この記事では「米国中西部の都市で，ある人が午後 5 時に紙おむつを買ったとすると，次にビールを半ダース買う可能性が大きいことを発見した」と報じていたが，伝えられるうちに店の名前がウォルマートになったり，セブン - イレブンになったり，あるいは日時が木曜日になったり，週末になったりといろいろなバリエーションが登場した。このため，実際にあった事例かどうか疑問視されるようになり，しばしば"伝説"と呼ばれていた。
>
> 2002 年に，コンサルティング会社 Mind Meld の CEO のトーマス・A・ブリスコックが語ったところによると，同氏が NCR のビジネスコンサルティング担当の副社長だった 1992 年ごろ，Osco Drugs という小売ストア・チェーンの 25 店舗のレジスタからトランザクションデータ（120 万以上のデータ）を得て分析を行ったのがオリジナルだという。この結果，「午後 5 時から 7 時の間，消費者がおむつとビールを買うということを発見した」という。これは一度も検討されたことがない知見を得られたという意味でデータマイニングの最初の事例だといえるが，この知見に基づいて Osco が同じ売り場におむつとビールを並べたといった事実はないという。
>
> ブリスコックらの活動はアソシエーション分析の最初のアルゴリズムが実用化される以前の話で，実際の分析では SQL 技術者がトランザクションデータ内に存在するかもしれないと思われる"相性"を定義してクエリーを作成したという。
>
> この研究では同時に「ジュースとせき止め薬」「化粧品とグリーティングガード」「キャンディとグリーティングカード」など，30 の異なる組み合わせを検証したという。ただし，このときにおむつとビールの相関は実はサポートされなかったとする説もある。
>
> 1990 年代前半にまったく理解されていなかったデータマイニングの意義と可能性について，うまく説明している優れた"伝説"だったといえる。
>
> 出典：http://www.atmarkit.co.jp/aig/04biz/diapersandbeer.html より一部引用。

第2節　ビジネスプロセスの分析手法

(1) ビジネスプロセスの分析手順

　ビジネスプロセスの分析をする方法論について述べよう。企業が売上高や利益を得るために，どのようなプロセスを用意するかが，分析対象である。実際のオペレーションやドキュメント作成はモデリング手法の項（この後の第3節）で述べることになる。モデリング対象を決めるという意味もある。

　分析手順を図表3-3に示す。いくつかの分析手法を使って新しいビジネスプロセス設計の要件を見つけることである。企業として，あるいは部門としてどんな機能が求められるか，また，そのためにどんな仕組みが必要とされるかを描くことである。

　手順にある各手法のうち，まだ述べていない手法について以下に簡単に説明する。すでに述べた手法，SWOT分析（1章2節），バランスドスコアカード（1章2節），ビジネスモデル分析（1章4節）については，それぞれの場所を参照願いたい。

図表3-3　ビジネスプロセス分析技法[7]

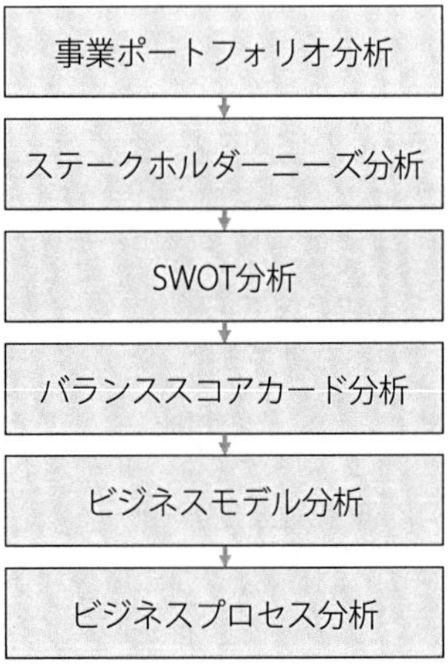

```
┌─────────────────────┐
│　事業ポートフォリオ分析　│
└─────────────────────┘
　　　　　　↓
┌─────────────────────┐
│　ステークホルダーニーズ分析　│
└─────────────────────┘
　　　　　　↓
┌─────────────────────┐
│　　　　SWOT分析　　　　│
└─────────────────────┘
　　　　　　↓
┌─────────────────────┐
│　バランススコアカード分析　│
└─────────────────────┘
　　　　　　↓
┌─────────────────────┐
│　　ビジネスモデル分析　　│
└─────────────────────┘
　　　　　　↓
┌─────────────────────┐
│　ビジネスプロセス分析　　│
└─────────────────────┘
```

出典：加瀬一朗『ビジネスプロセス分析技法』共立出版，2003年，pp.48-49を参考に記述。

（2）事業ポートフォリオ分析

　ボストンコンサルティンググループがGEの戦略策定をしていたときに，考案した手法として有名なものである。ベースとなる考え方は2つあり，1つは，経験することでコストが下がるという経験曲線効果とプロダクトライフサイクル論である。事業を分類するために2つの軸を設ける。縦軸は市場成長率，横軸には相対的マーケットシェアを取り，当該企業の考察対象の事業をプロットする。2つの軸が作る4つの象限のどこにその事業が属するかで，図表3－4にあるように戦略が決まる。事業セグメントの戦略的位置づけを4つに分類して，問題児には市場シェア拡大または撤退，花形には優位死守・市場シェア拡大，金のなる木には市場シェア維持・収穫，負け犬には撤退という戦略をあてはめる。

図表3－4　事業ポートフォリオ分析[8]

	高　　　相対的マーケットシェア　　　低
高 ↑ 市場成長率 ↓ 低	☆ Star 花形 ＜戦略＞ ・優位死守，市場シェア拡大 ・規模の経済性追求 ・市場成長率を上回る先行投資 ／ 問題児 Wild Cat ？ ＜戦略＞ ・シェア拡大 ・撤退 ＜戦略＞ ・市場シェア維持 ・収穫戦略 $ Cash Cow 金のなる木 ／ ＜戦略＞ ・撤　退 ・シェア維持による持久戦略 ・ロス・損失の最小化 　　　　　　負け犬 Dog ×

　出典：折橋靖介『経営学要論』白桃書房，2003年，p.250。

　この分析は事業にも製品にも使えるが，限界も指摘されている。それは，この分析の基本である経験曲線からくる限界として，経験曲線通りにコストが下がる製品ばかりではないことが挙げられる。例えば，差別化戦略を志向する企業では経験効果は小さいことがあるし，属人的熟練度，専門能力に頼る事業，低資本集約度産業においては必ずしもこの分析の通りにはいかないことが考え

られる。また，ライフサイクルからくる限界としては，製品のライフサイクルのパターンは戦略で変わることもあるが，それらを含んでいないし，ライフサイクルの現在位置を推定できないこともある。さらに，ポートフォリオ・アプローチからくる限界としては，既存製品は有効であるが，新事業セグメント創出の位置づけが難しいことと，事業セグメント間のシナジー効果の評価が困難なことが挙げられる。

（3）ステークホルダー分析

　企業の意思決定に影響を及ぼす人々，株主，顧客，金融機関，ベンダー・協力会社，従業員，監督官庁，地方公共団体などの個人や団体を利害関係者（ステークホルダー）という。そのステークホルダーが，企業に対してどのような要望をもっているのかを分析して，どんなニーズには応えていて，どんなニーズには応えていないのかを把握することがステークホルダー分析である。一般的には，図表3－5の表にまとめるニーズをもっていると考えられる。

　これらのニーズにウエイト付けをし，それぞれの充実度から今後優先して強

図表3－5　ステークホルダーニーズ[9]

ステークホルダー	ステークホルダーのニーズ
顧　客	・付加価値の高い商品・サービス ・迅速かつタイムリーな商品・サービス提供 ・充実した技術サポート
取引先	・計画精度向上とサポート強化 ・パートナーシップ評価技術の明確化 ・情報，知識共有と情報システム提携
社　員	・イノベーション指向組織 ・業務評価技術の明確化と公平な評価 ・業務遂行能力・インテリジェンスの向上
株　主	・収益基盤の安定確保 ・差別化・オンリーワンの追求 ・イノベーションに向けたアライアンス強化
地域社会	・社会的責任の徹底 ・積極的な情報公開 ・教育・学習等の地域サービス支援

出典：加瀬一朗『ビジネスプロセス分析技法』共立出版，2003年，p.63。

化すべきニーズを洗い出す。行動の方向としては，次のようなものである。
① 顧客が何を望んでいるかを知り，分析する手段をもつこと。
② 顧客が何にどれだけ満足しているかを知り，分析する手段をもつこと。
③ 世のなかの競合状況を知り，分析する手段をもつこと。
④ 自社の強み（コア・コンピタンス）を見極め，伸ばすこと。
⑤ 何から何まで自前で開発しようとする思考をやめること。

（4）ベンチマーキング

　ベンチマーキングとは，社内外のベストプラクティスと言われるビジネスプロセスと比較することである。もともとは，コンピュータの性能を比較するテストのことを指していたが，現在では，自社のビジネスプロセスの評価をすることを目的とした，リエンジニアリングをより確実に実行するための経営変革手法という意味合いで使われる。

　ベンチマーキングによるプロセス変革のキーポイントを，下記に列挙する。
① 経営環境変化の認識～SWOT分析で弱みとなるプロセスの強化が目的。
② 部門横断的なシステム思考～部門最適化ではなくて全体最適化を目指す。
③ 顧客の価値の創造。
④ 外部のベストプラクティスに学ぶ。
⑤ システム思考による問題発生の根本原因を分析・把握する。
⑥ 現プロセスをベストプラクティスと評価し，的確に改善する。

　ベンチマーキングの結果が図表3－6のようになったとしよう。どちらの企業が望ましいのであろうか。答は，A社である。B社はどこといって優れたところがないが，A社は1点だけだが他社に抜きんでた点がある。その良い点を別の点へも適用することでより良い企業へとなれる可能性があるといえる。

　ベンチマークをすることで期待されることは，下記である。
① 収益・効果の改善・改革につながる。
② 変革のマネジメントができ，変革を加速できる。
③ 目標を設定し，業績向上に寄与できる。
④ 現状打破・変革が実現できる。

図表3－6　ベンチマーキング例[10]

どちらが良い会社か？

	A社（工場）	B社（工場）
製造部門	10	4
マーケティング部門	3	4
営業部門	3	4
調達部門	3	4
研究開発部門	3	4
物流部門	3	4
管理部門	3	4
生産高	28	28

社内ベンチマークで 28 → 70 に上げられる

	A社（工場）		B社（工場）
製造部門	10	10	4
マーケティング部門	3	10	4
営業部門	3	10	4
調達部門	3	10	4
研究開発部門	3	10	4
物流部門	3	10	4
管理部門	3	10	4
生産高	28	70	28

出典：高梨・万年『プロセスマネジメント入門』生産性出版，2003年，pp.100-101。

⑤ 緊急であるという意識や改善モチベーションを作り出す。
⑥ 自己満足または思いあがりの克服ができる。
⑦ 「箱の外」を見ることで自分がわかる～井のなかの蛙大海を知らず。
⑧ ワールドクラスの活動成果を理解できる。

ベンチマークの導入手順は下記のように実施される。
① ベンチマーク対象を決める。
② ベンチマーキングの推進チームを編成し，リーダーを決める。
③ ベンチマーキングプロジェクトの計画をする。
④ ベンチマーキング対象プロセスの絞り込みと現状分析。
⑤ 対象プロセスに関係して公開されているベストプラクティス情報を収集

し，ベンチマーキング対象として可能な企業をリストアップする。
⑥　ベンチマーク対象企業とベストプラクティス企業を選定し，訪問・調査し，ベストプラクティス企業の情報を収集する。
⑦　ベストプラクティス情報とそのエネイブラー（実現促進要因）の分析をする。
⑧　自社の企業文化を考慮したベンチマーキング実行計画書を作成する。
⑨　対象プロセスの変革を導入・実行する。
⑩　変革のモニタリングを行う。

第3節　ビジネスモデリング技法

（1）ビジネスモデリングへのアプローチ

　企業が他社と差別化して生き残れるには，独自の能力を保有する必要があることは多言を要しない。時々の経済情勢に合わせて，ビジネスのモデリング様式も変わってきた。その変遷をたどってみよう。

　最初に現れたアプローチは，F. テイラーの科学的管理法である。これは，物資プロセスアプローチといい，原資材・製品の流れに着目したモデル化である。はじまりは，1900年代の自動車の量産モデルで，その後，1970年代まで家電，化学製品，鉄鋼などの需要増大に合わせた効率重視のオートメーションによる大量生産をモデル化する必要があった。モノの移動量・過剰・不足・遅延・故障などを問題として，人での作業の低減，機械化などの改善策を考案する。それらがIEすなわち，動作・作業研究，時間研究～標準時間作成，運搬分析～レイアウト分析などとなって現代の経営工学の技術として結実した。また，トヨタのJITは，多品種少量生産への対応で売れるものを売れたときに生産する，いわゆる後工程引取り方式を確立した。

　次に出てきたのは情報プロセスアプローチである。1980年代には，製品の品質を重視し，需要の多様化が進展したために，少品種多量生産から多品種少量生産へと移行していった。企業は，売れるものを作り，組織も階層型でプロジェクト型組織が中心となる。一方，情報の役割が向上し，単なる物資プロセ

スよりも情報プロセスが重要になり，同時にコンピュータの技術も進みダウンサイジング化が進んだ。そこでは，構造化分析や IDEF などの手法が現れた。

その後，ビジネスプロセスアプローチが主となる。1990 年代に，マーケティング主導の傾向が高まり，サービスの時代に入る。製品は顧客満足を得るためのサービスの一環という考え方で，モノや情報の流れよりも顧客と企業間のやり取りがうまくいっているかが問題となった。ここでは，人や組織の協調関係を示すビジネスプロセスが中心で，CN モデルのように人間系が主体となるビジネスプロセスのための方法論や，BPR，ユースケース図などがモデリング手法として使われるようになった。

（2）構造化分析手法

構造化分析とは，開発すべき対象の機能をトップダウンにモジュール階層を構成しながら分析する設計の考え方である。図表3－7にそのコンセプトを示す図が示されている。現行システムを物理モデルとして構築し，その現行論理モデルから新規論理モデルを作り出し，それを新規物理モデルとして構築する方法である。この方法の流れとして，デ・マルコの方法がある。これは，デ・マルコが1970年代後半にソフトウェアの要求分析でデータの流れに着目して現状分析を行ったときに，①データフロー図，②プロセス仕様書，③データデ

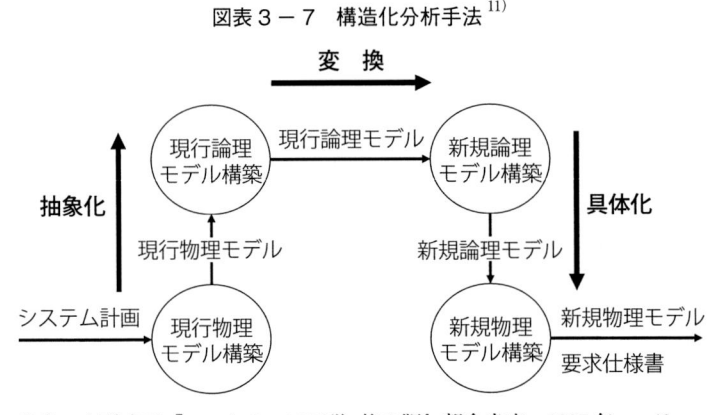

図表3－7　構造化分析手法[11]

出典：中所武司『ソフトウエア工学　第2版』朝倉書店，1997年，p.40。

第3章 オペレーションと情報システム 59

イクショナリーの3つの道具を使い開発するシステムに要求される仕様を分析したことから始まる。

　デ・マルコの構造化分析手法での具体的な進め方について，具体例をもとに説明する。まず，DFD（Data Flow Diagram）とは，データの流れを中心にして処理を記述する方法論であり，米国のコンサルタント，ヨードンとデ・マルコによって考案された。図表3-8にDFDの書き方を，図表3-9に販売会社の

図表3-8　DFDの書き方[12]

出典：大木幹雄・小峯嘉『情報システムの分析設計と開発』
日本理工出版会，2006年，p.112。

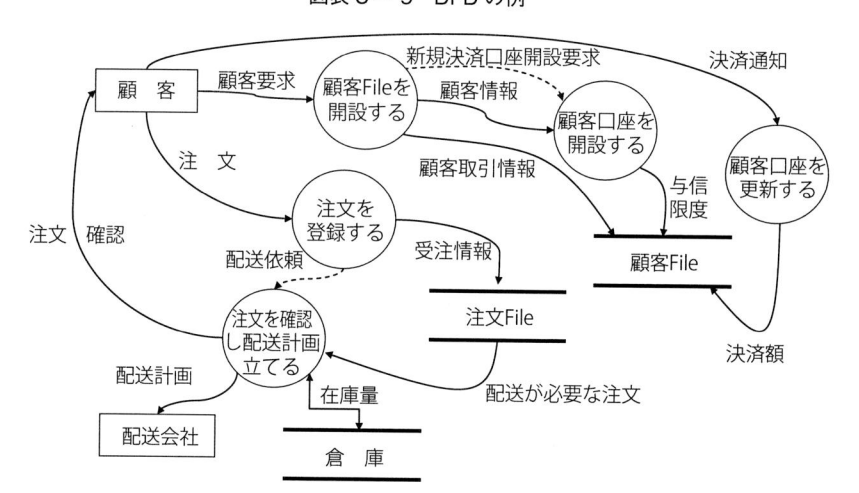

図表3-9　DFDの例[13]

出典：大木幹雄・小峯嘉明『情報システムの分析設計と開発』日本理工出版会，2006年，p.113。

配送処理業務について記述したDFDの例を示す。外部エンティティには，行為者・依頼者（組織）を入れる。プロセス名には，作業内容を動詞表現で書く。ストアは，帳票やファイルなどの情報を保管する場所だけでなく，倉庫などの物理的な物を保管する場所としても使う。

DFD作成上の注意事項を下記に示す。
① 条件分岐や繰り返し等の制御はもち込まない。
② プロセス名は具体的な処理内容を表すものとする。
③ プロセスを通過し変換されたデータは，異なる名称をもつようにする。
④ データストアのデータの一部を入出力するときには，データ名を明記する。
⑤ 異なるレベル間の入出力関係は一致させる。

仕様書はDFDの内容をさらに詳しく説明したもので，図表3－10にある形式がある。データディクショナリーとは，実際に使われている帳票やファイルの項目を洗い出し，どんなデータが使われているかを明確に記録するものであり，その例を図表3－11に示す。

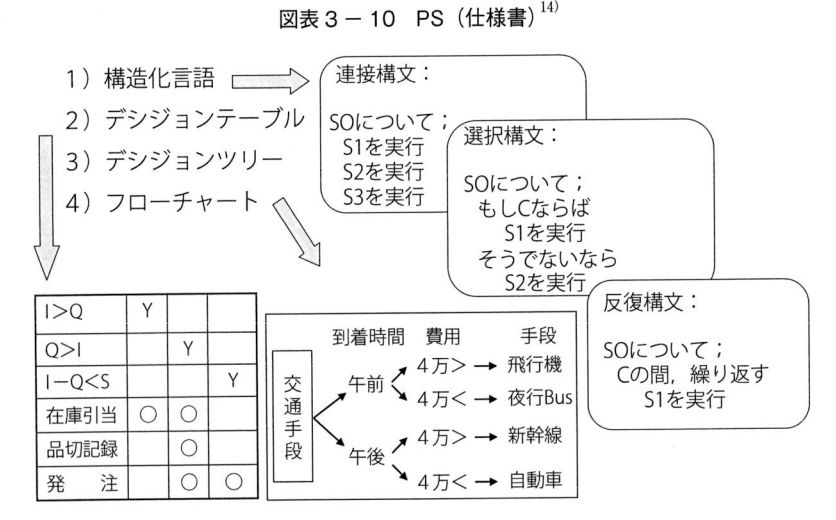

図表3－10　PS（仕様書）[14]

出典：Mint編『図解でわかるソフトウエア開発のすべて』日本実業出版社，2000年，pp.123-125。

図表3－11　DD（データ辞書）[15]

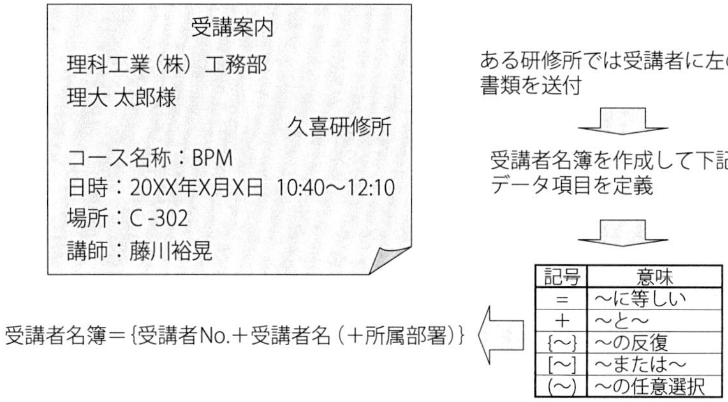

受講案内
理科工業（株）工務部
理大 太郎様
　　　　　　　久喜研修所

コース名称：BPM
日時：20XX年X月X日　10:40～12:10
場所：C-302
講師：藤川裕晃

ある研修所では受講者に左の書類を送付

受講者名簿を作成して下記のデータ項目を定義

受講者名簿＝{受講者No.＋受講者名（＋所属部署）}

記号	意味
＝	～に等しい
＋	～と～
{～}	～の反復
[～]	～または～
(～)	～の任意選択

出典：Mint編『図解でわかるソフトウエア開発のすべて』日本実業出版社，2000年，p.122。

（3）IDEF（Integration DEfinition for Function modeling）

　IDEFは，統合化定義方法論と訳されているが，基本的には記号を線でつないで対象の構造をダイヤグラムで記述するプロセス指向の図式表現ツールで，複数の情報タイプを扱うことで，さまざまな特性をもつ対象を異なる視点から表現することができる。ダイヤグラムは，ボックスとアローで成り立っていて，対象システムの範囲と視点が明らかになる。このボックスに処理名を動詞で記述し，その上下左右からアロー（矢印）が入っている。左から入ってくるものは，インプットつまりアクティビティによって変換されるもの，右から入ってくるものはアウトプット，インプットがアクティビティによって変換された結果得られるもの，上から入ってくるものは，コントロールつまりアクティビティによる変換を制御するもの，下から入ってくるものは，メカニズムつまりアクティビティを実現するための資源（場所，人等）を表す。図表3－12に書き方を，記述例を図表3－13に示す。

　構造化分析をより大規模・複雑なシステムへ対応させるべく開発されたシステム分析技法，アクティビティとデータに焦点を当てたモデルである。

図表3－12　IDEF 記述法[16]

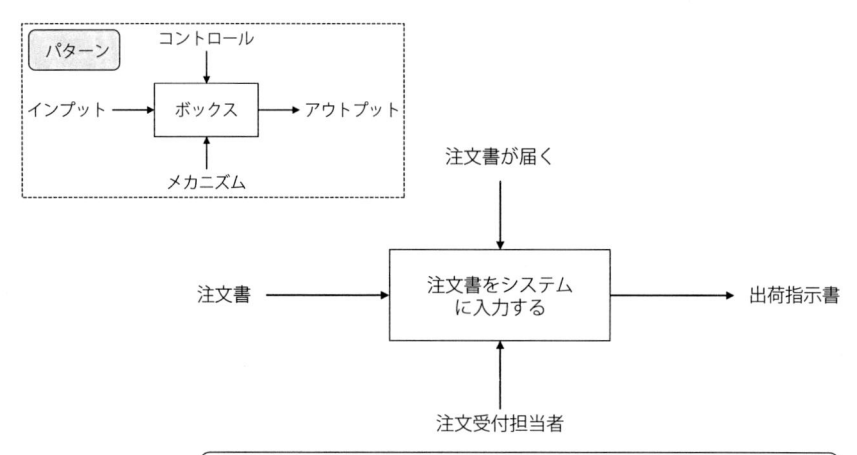

注文書のシステムへの入力は，注文書が届くことによって注文受付担当者が受け入れ，システムは出荷指示書を出力する

出典：中央職業能力開発協会編『経営情報システム（情報化企画）』社会保険研究所，2007年，p.141。

図表3－13　IDEF ダイヤグラム[17]

出典：大木幹雄・小峯嘉明『情報システムの分析設計と開発』日本理工出版会，2006年，p.107。

（4）CN 図（Commitment Network Model）

　CN 図は，ビジネスプロセスで実施する一連の行為を，顧客とサービス実行者の間の会話とみなしてモデル化するビジネスプロセスモデリング技法である。1990年代前半，フェルナンド・フローレスとテリー・ウイルグラードによって提案された。

　顧客とサービス実行者の間の会話の拡がりを CN（Commitment Network）と呼ぶ。カスタマとパフォーマが登場し，4つのフェーズ（準備・交渉・実行・合意）の遷移に従って進行する。この業務イベントは図表3－14を参照のこと。そして，各フェーズで6つのアクト（要求・同意・代替提案・完了報告・満足・受入れ拒否）のどれかを実行する。また，CN 図の事例を図表3－15に示す。

図表3－14　業務イベント[18]

- 業務イベント：ビジネスプロセスを構成するさまざまな活動群の実行制御を行う。業務イベントの発生に伴って，ビジネスプロセスの状態はさまざまに変化し，各状態に属した活動が実行される

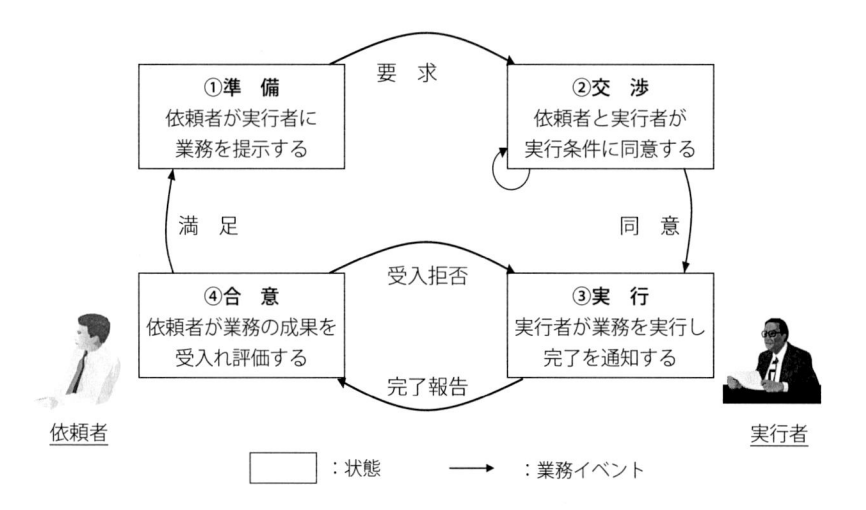

```
          要　求
①準　備  ─────→  ②交　渉
依頼者が実行者に      依頼者と実行者が
業務を提示する       実行条件に同意する
  ↑                       │
  │満足          同意      ↓
  │          受入拒否
④合　意  ←─────  ③実　行
依頼者が業務の成果を   実行者が業務を実行し
受入れ評価する       完了を通知する
          完了報告

依頼者                         実行者
```

　　　　　□：状態　　　→：業務イベント

出典：小林隆『ビジネスプロセスのモデリングと設計』コロナ社，2005年，pp.37-38。

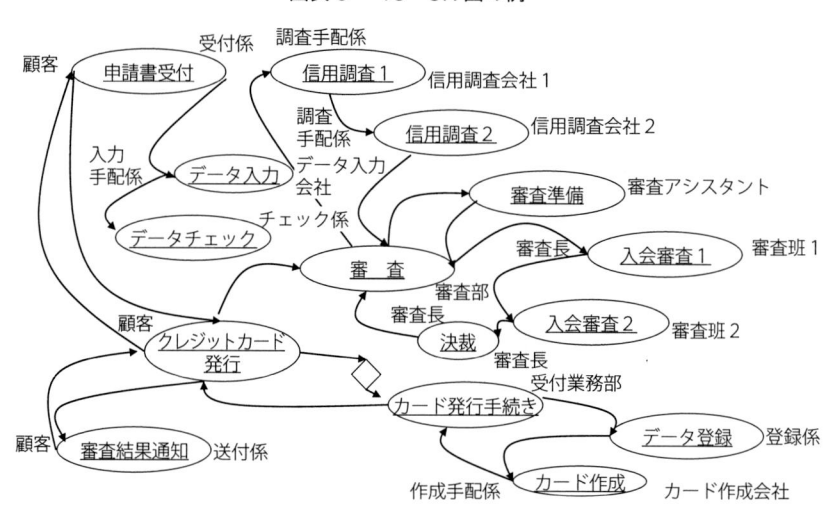

図表3－15　CN図の例[19]

出典：小林隆『ビジネスプロセスのモデリングと設計』コロナ社，2005年，p.23。

（5）ユースケース図

　UMLの9つのダイヤグラムの1つのオブジェクト指向（次節参照）のシステム分析手法で，1990年代前半ヤコブソンによって提案された。オブジェクト指向をビジネスプロセスの分析に適用したものである。システムを外部から利用する（use）という意味からこの名前が付いた。アクターとは，対象システムの外部環境を記述するもので，システムと何らかの相互作用を行うさまざまな実体の役割を示す。

　登場するものは，アクター，ユースケースとシナリオである。

　アクターは，システムに対して何らかの処理を依頼して結果を受け取る主アクター，システムから何らかの処理を依頼されて実行する支援アクターからなる。

　ユースケースは，内部環境を記述し，個々のアクターにとっての価値を生み出すようなシステムの一連の活動を示す。

　シナリオは，各ユースケースがその機能を達成するために実行するアクティビティ系列を示す。図書館管理システムについてのユースケース図の例を図表3－16に示す。その内容の記述例を図表3－17に示す。

第3章 オペレーションと情報システム　65

図表3－16　ユースケース図の例[20]

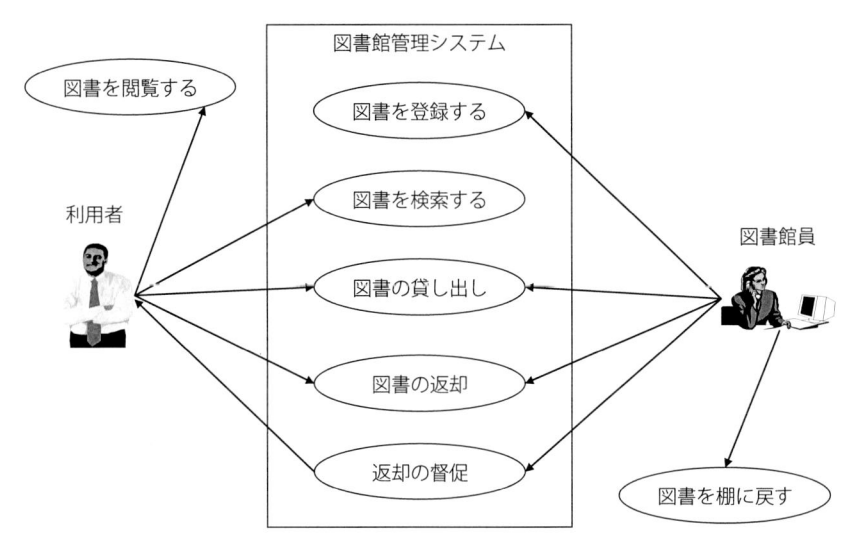

（図書館管理システムのユースケース図：利用者は「図書を閲覧する」「図書を検索する」「図書の貸し出し」「図書の返却」「返却の督促」に関与し、図書館員は「図書を登録する」「図書を検索する」「図書の貸し出し」「図書の返却」「返却の督促」「図書を棚に戻す」に関与する）

出典：布広永示・今城哲二・大場みち子・中原俊政『システム設計論』コロナ社，2007年，p.78。

図表3－17　ユースケース記述例[21]

ユースケース名	図書を登録する
概　要	図書館員がシステムに新規図書情報を登録する
アクター	図書館員
事前条件	登録すべき図書がある
メインフロー	（1）図書情報の発行日付を設定する （2）以下の図書情報を登録する：タイトル，著者，訳者，出版社，出版日，ISBN番号，備考，キーワード （3）同一のISBN番号の図書が登録済みのときは代替フロー（3.1）へ （4）内容確認のため，図書情報を表示する （5）図書情報が正しいことを確認したら，システムに登録を指示する （6）システムは図書IDを割当て，図書情報を図書目録に登録する
事後条件	図書目録に図書情報を登録する
代替フロー	（3.1）二重登録の可能性がないかチェックし二重登録しない （3.2）二重登録でない場合は，メインフロー（4）から続ける

出典：布広永示・今城哲二・大場みち子・中原俊政『システム設計論』コロナ社，2007年，p.78。

第4節　オブジェクト指向

(1) オブジェクト指向って何

　オブジェクト指向の説明の前に，オブジェクトの概念を説明しよう。オブジェクトとは，実世界にあるシステム化したい領域に存在するもののことを指す。コンピュータ上の「オブジェクト」と捉える。オブジェクトは名詞的な表現ができるものである。クラス：さまざまのオブジェクトに共通する性質，インスタンス：クラスの具体的な取り得る値。図形というクラスのインスタンスとして円があり，円を抽象化すると図形になる。クラス（研修）のインスタンスとして，講座 A，B，C …がある。講座 A，B，C …を抽象化すると研修ということになる。クラス：同じ性質やメソッドをもつインスタンスの集まり，クラス自身も個々のインスタンスと同じプロパティとメソッドをもっている。オブジェクトは，クラスとインスタンスの両方をまとめて使われる。下の図表3－18にこの概念を示した。
　さらに，オブジェクトは「状態（変化の過程）」をもっている。例えば，

　『受講』→ 申込み，キャンセル待ち，受講可能，出席，欠席　など
　『研修』→ 企画，開催可能，受付中，満員締切り，終了　など

　また，状態をもたないものはオブジェクトになり得ない。オブジェクトは「プロパティ（中身）」をもっている。例えば，

　『研修』→ コース番号，コース名，講師名，開催日，定員，費用　など

　また，オブジェクトはプロパティを自分のなかに隠しもっていて公開せず，外部からの問い合わせに対して反応する。さらに，オブジェクトは「メソッド（反応の仕組み）」をもっている。図表3－18の上の図に概念を示した。
　カプセル化によって情報が隠蔽される＝オブジェクトはブラックボックスとして機能する。オブジェクトをカプセル化するとデータと処理が閉じ込められる。C言語でプログラムを関数化することと同じである。メッセージパッシン

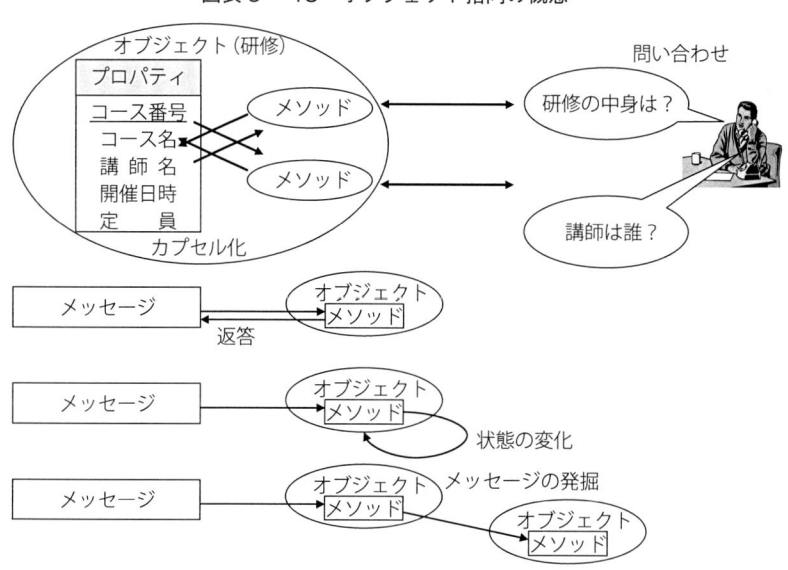

図表 3 - 18　オブジェクト指向の概念[22]

出典：Mint 編『ソフトウエア開発のすべて』日本実業出版社，2000 年，p.165。

グ：自立したオブジェクトに対してメソッドを動かそうとメッセージを送ることである。例えば，

『研修』→ コース番号，コース名，講師名，開催日，定員，費用　など

また，オブジェクト間の関係を，図表 3 - 19 と図表 3 - 20 に示す。

（2）ER 図

ER 図は Entity-Relationship Diagram のことで，基本データ〜実体間の関連を表現するものである。実体とは，顧客や製品のように，意味的にまとまりのある属性をもった独立している「個別のもの（インスタンス）」である。この実体間の結びつき，つまり関連を表すのが，ER 図である。ここの実体の集合体が表す概念を表現する実体型と，実体間の集合体を表す関連型がある。この関連型の ER 図を図表 3 - 21 に示す。

個々の実体を一意に識別しうる属性をキー属性という。図表 3 - 22 にある

図表 3－19　オブジェクト間の関係 (1)[23]

・オブジェクト間の関係は動詞で表現

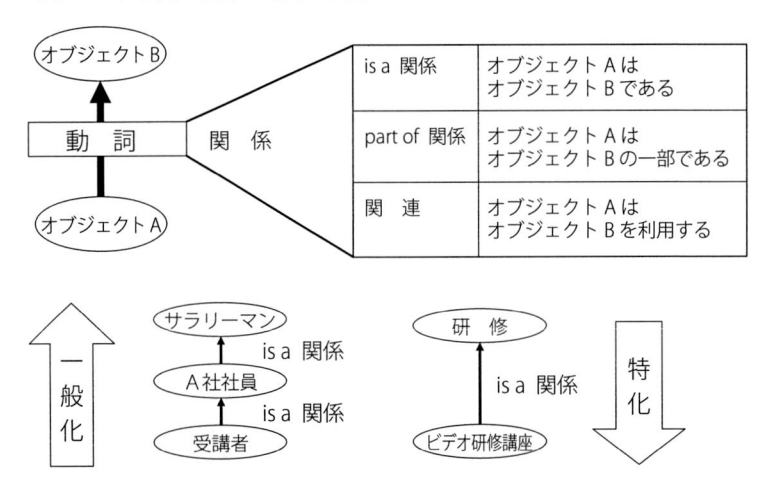

	is a 関係	オブジェクト A は オブジェクト B である
	part of 関係	オブジェクト A は オブジェクト B の一部である
	関　連	オブジェクト A は オブジェクト B を利用する

出典：Mint 編『ソフトウエア開発のすべて』日本実業出版社，2000 年, p.169。

図表 3－20　オブジェクト間の関係 (2)[24]

出典：Mint 編『ソフトウエア開発のすべて』日本実業出版社，2000 年, p.170。

図表 3 − 21　実体関連型の概念[25]

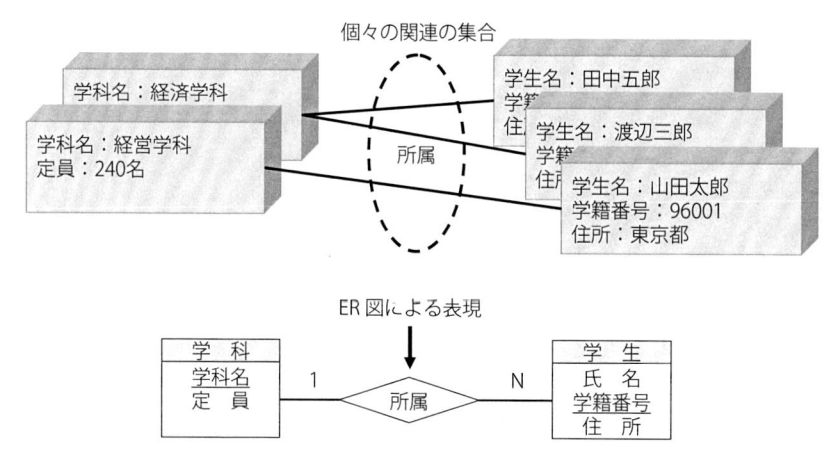

個々の関連の集合

学科名：経済学科

学科名：経営学科
定員：240名

所属

学生名：田中五郎
学籍
住所

学生名：渡辺三郎
学籍
住所

学生名：山田太郎
学籍番号：96001
住所：東京都

ER 図による表現

学　科			学　生
学科名 定　員	1 ─ 所属 ─ N		氏　名 学籍番号 住　所

出典：大木幹雄・小峯嘉明『情報システムの分析設計と開発』日本理工出版会，2006 年，p.128。

図表 3 − 22　関連基数の表現[26]

・1 対 1 関連

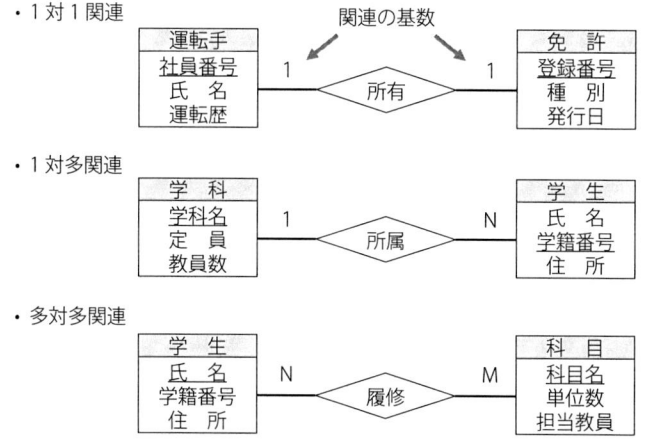

関連の基数

運転手			免　許
社員番号 氏　名 運転歴	1 ─ 所有 ─ 1		登録番号 種　別 発行日

・1 対多関連

学　科			学　生
学科名 定　員 教員数	1 ─ 所属 ─ N		氏　名 学籍番号 住　所

・多対多関連

学　生			科　目
氏　名 学籍番号 住　所	N ─ 履修 ─ M		科目名 単位数 担当教員

出典：大木幹雄・小峯嘉明『情報システムの分析設計と開発』日本理工出版会，2006 年，p.129。

　運転手には，企業に勤めていることを前提とすると，社員番号というユニークな番号がある。それぞれの運転手は，運転免許を保持していなければならない。つまり，運転手と免許という 2 つの実体が 1 対 1 の関係で所有という関係で成

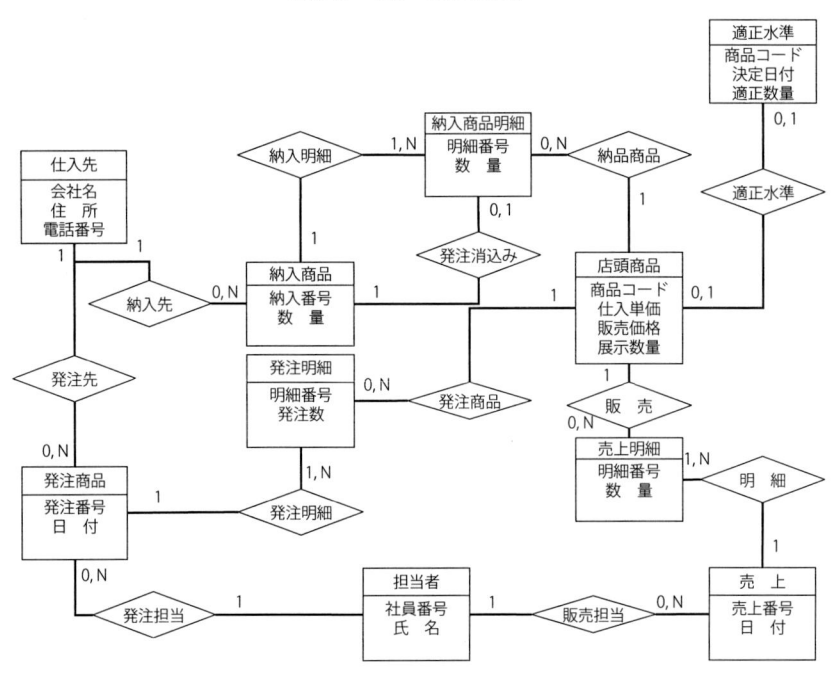

図表3-23 ER図の例[27]

出典：大木幹雄・小峯嘉明『情報システムの分析設計と開発』日本理工出版会, 2006年, p.140。

り立っている。この1と1が基数である。同様に，学科と学生との所属という関係では，つまり1対Nの関係である。同じ大学でも学生はいくつかの科目を取得するので，科目と学生との関係はN対Mである。

(3) 拡張 UML

拡張 UML とは，UML[28]をビジネスモデリングのために拡張したものである。2000年にハンス・エリクソンとマグヌス・ペンカーによって提案された標準的 UML に対するビジネス拡張である。ビジネスシステムは4つの基本概念で構成される。

① リソース（資源）：人，材料，製品などの，ビジネスで使用され生産されるオブジェクト。

② プロセス：ビジネスで遂行される活動であり，それによってリソースの状態が変化する。
③ ゴール（目標）：ビジネスが達成しようとする目標。サブゴールに分割される。
④ ルール：ビジネスを定義あるいは制約する。プロセスがどのように実行されるか，リソースがどのように構造化されるかを決定。

　ビジネスモデリング方法としては，ビジネスビジョンやビジネスプロセスビューを用いてビジネスシステムをモデリングする。ビジネスビジョンは，ビジネス全体のゴールを定義し，他のビューをモデル化するための指針を与えるもの。ビジネスのゴール達成に関わる問題をゴール／問題図で表現する。ゴール／問題図は，多くのゴールオブジェクトの関係を示すUMLのオブジェクト図では，ゴールとサブゴールが完全ならば，ゴールはすべてのサブゴールがAND条件で初めて達成される。そうでない，不完全な場合もある。

　ビジネスプロセスビューは，ビジネスで遂行されるべき活動を，そのプロセスに参加しているリソース（情報，もの，人，など）との関係で示すもので，プロセスと相互作用しているオブジェクトをプロセス図で示す。ある情報サービス会社の販売プロセスを図表3－24に示す。

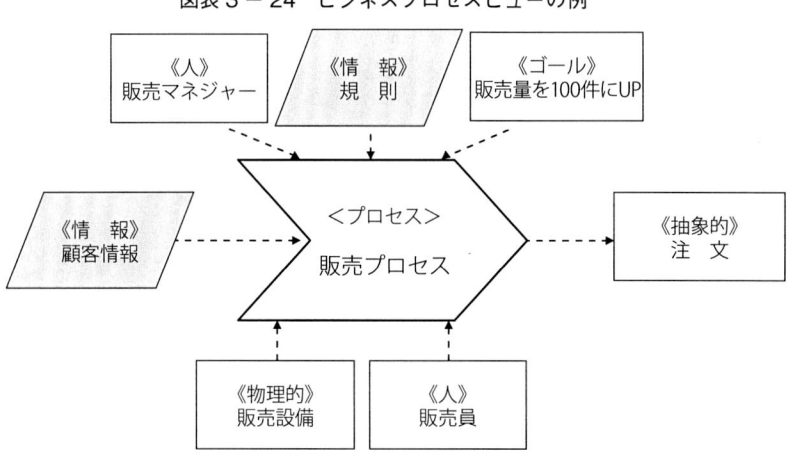

図表3－24　ビジネスプロセスビューの例[29]

出典：小林隆『ビジネスプロセスのモデリングと設計』コロナ社，2005年，p.68。

ビジネスプロセスを記述するオブジェクトは下記の5つである。
① ゴールオブジェクト：ビジネスプロセスが達成すべきであると定められ，割り当てられた目標。プロセスの上に置く。
② 入力オブジェクト：ビジネスプロセスの内で消費され，あるいは生成される経営資源（リソース）。プロセスの左に置く。
③ 出力オブジェクト：ビジネスプロセスにより産出され，あるいは生成される商品・サービスあるいは資源（リソース）。プロセスの右に置く。
④ 供給オブジェクト：ビジネスプロセスの稼働に参加するが，消費されたり生成されたりしない資源（リソース）。プロセスの下に置く。
⑤ 制御オブジェクト：ビジネスプロセスを管理・制御・制約するオブジェクト。プロセスの上に置く。

ある情報サービス会社の販売プロセスの目標を展開したビジネスビジョンビューの例を図表3－25に示す。ゴールとサブゴールの関係を記述し，それらを達成するための課題を見出し，記述する手段である。

図表3－25　ビジネスビジョンビューの例[30]

ある情報サービス会社の販売プロセスの目標

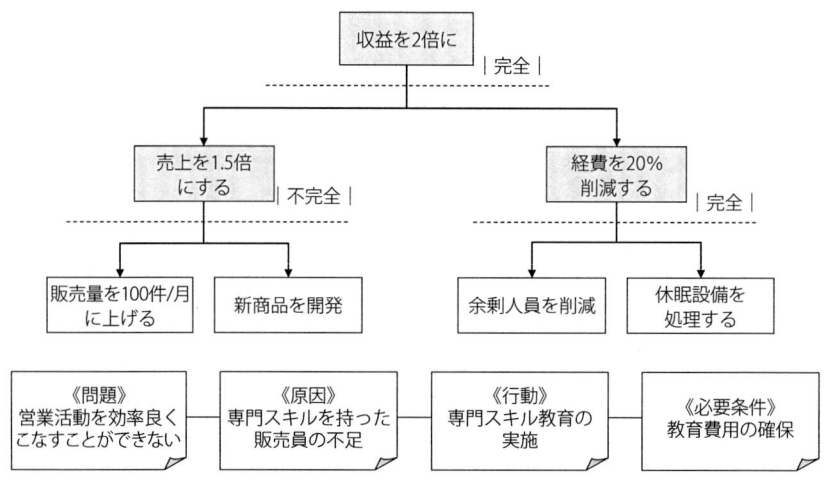

```
                    収益を2倍に
                  ┌──────┴──────┐| 完全 |
                  │                │
              売上を1.5倍        経費を20%
                にする  | 不完全 |  削減する  | 完全 |
              ┌────┴────┐      ┌────┴────┐
          販売量を100件/月  新商品を開発  余剰人員を削減  休眠設備を
            に上げる                              処理する

    《問題》        《原因》         《行動》       《必要条件》
  営業活動を効率良く 専門スキルを持った 専門スキル教育の  教育費用の確保
  こなすことができない 販売員の不足       実施
```

出典：小林隆『ビジネスプロセスのモデリングと設計』コロナ社，2005年，p.69。

（4）アクティビティ図

　アクティビティ図は，フローチャートのような形で作業処理の流れを表現した図である。1つのアクティビティはいくつかの子アクティビティに分解できる。実際の作業状態に応じて，分岐，統合，並行処理作業などの表現が可能である。複数のアクティビティをつないで業務の流れを表す。

　1つのアクティビティの流れの末尾の終了状態は◎で示し，開始状態は●で示す。また，単一のアクティビティから複数のアクティビティのなかの1つに排他的に遷移する。複数アクティビティが並行処理される場合にはフォークを挿入する。また複数のアクティビティの完了により新しいアクティビティが発火するときジョインを挿入する。複数のアクティビティが統合される場合をマージで示す。スイムレーンとは，各アクティビティの実行に誰が責任をもつかを示す。オブジェクトフローとは，オブジェクトがどのようなアクティビティに関わるかを示す。図表3－26にアクティビティ図の例を示す。

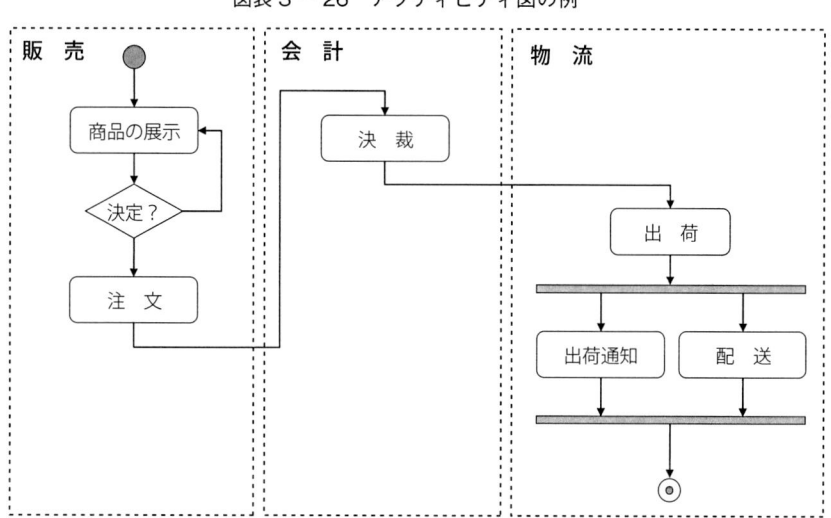

図表3－26　アクティビティ図の例[31]

出典：小林隆『ビジネスプロセスのモデリングと設計』コロナ社，2005年，p.48。

【注】

1) 参考文献［1］による。
2) 参考文献［2］のことを指す。
3) 参考文献［3］を参考に記述。
4) 参考文献［4］のp.40を参考に記述。
5) ARIS = Architecture of Integrated Information System ドイツ IDS Scheer 社開発のプロセス・モデリング・ツール・ソフト。
6) 参考文献［5］より一部引用。
7) 参考文献［6］のpp.48-49を参考に記述。
8) 参考文献［7］のp.250を参考に記述。
9) 参考文献［6］のp.63をもとに修正。
10) 参考文献［8］のpp.100-101より引用。
11) 参考文献［9］のp.40より引用。
12) 参考文献［10］のp.112より引用。
13) 参考文献［10］のp.113を参考に修正。
14) 参考文献［11］のpp.123-125を参考に修正。
15) 参考文献［11］のp.122を参考に修正。
16) 参考文献［12］のp.141より引用。
17) 参考文献［10］のp.107より引用。
18) 参考文献［13］のpp.37-38より引用。
19) 参考文献［13］のp.23より引用。
20) 参考文献［14］のp.78より引用。
21) 参考文献［14］のp.78より引用。
22) 参考文献［11］のp.165より引用。
23) 参考文献［11］のp.169より引用。
24) 参考文献［11］のp.170より引用。
25) 参考文献［10］のp.128を修正。
26) 参考文献［10］のp.129より引用。
27) 参考文献［10］のp.140より引用。
28) UML = Unified Modeling Language オブジェクトのモデリングのために標準化された仕様記述言語。1997年にUML1.0ができた。
29) 参考文献［13］のp.68より引用。
30) 参考文献［13］のp.69より引用。
31) 参考文献［13］のp.48より引用。

問　題

問 1　BPR と BPM の出てきた経緯，とられる手法，その考え方などについて 2 つの違いを簡単に述べよ。

問 2　あなたが働いている（アルバイトを含む）職場での仕事または大学のクラブなどでのオペレーションを 1 つ想定して DFD で表現してみよう。

問 3　オブジェクト指向でのシステム開発の特徴と利点を列挙せよ。

【参考文献】

[1] ハーバードビジネスレビュー誌 1994 年 1 月号「情報技術を活用した業務再構築の 6 原則」。
[2] 村山　徹・程　近智『リエンジニアリング』東洋経済新報社，1994 年。
[3] http://www.scmresearch.com/scmsolution/scmsolmethod/scmsolmethodF1014.html
[4] 大川敏彦『改訂　業務分析・設計手法』ソフトリサーチ・センタ，2008 年。
[5] http://www.atmarkit.co.jp/aig/04biz/diapersandbeer.html
[6] 加瀬一朗『ビジネスプロセス分析技法』共立出版，2003 年。
[7] 折橋靖介『経営学要論』白桃書房，2003 年。
[8] 高梨智弘・万年　勲『プロセスマネジメント入門』生産性出版，2003 年。
[9] 中所武司『ソフトウエア工学　第 2 版』朝倉書店，1997 年。
[10] 大木幹雄・小峯嘉明『情報システムの分析設計と開発』日本理工出版会，2006 年。
[11] Mint 編『図解でわかるソフトウエア開発のすべて』日本実業出版社，2000 年。
[12] 中央職業能力開発協会編『経営情報システム（情報化企画）』社会保険研究所，2007 年。
[13] 小林　隆『ビジネスプロセスのモデリングと設計』コロナ社，2005 年。
[14] 布広永示・今城哲二・大場みち子・中原俊政『システム設計論』コロナ社，2007 年。

第4章 ビジネスプロセスの設計

> **ポイント**
> ◎ビジネスプロセス設計手順について理解する。
> ◎新しいビジネスプロセスの発想法について理解する。
> ◎ ERP およびワークフローについて理解する。
> ◎ BPM の適用事例について理解する。

第1節 ビジネスプロセス設計の手順

(1) ビジネスプロセスの設計

前項までに学んださまざまな表現方法を使ってビジネスプロセスの設計を行う。まず，ビジネスプロセス設計とは，ある業務上の目標を達成するための最適な業務のやり方を工学的に構築することである。現在では，ビジネスが情報システムの助けなしでは円滑に遂行できなくなっていると言っても過言ではない。

これまでの章で述べてきたように，ビジネスプロセスの良否でその企業のパフォーマンスが変わる。企業にとっては，1つの情報システムを開発するという意味合いだけではない重さがある。したがって，ビジネスプロセスの設計のためには，多くのコンサルタント，SE，現場担当者などを投入する。そこでは，プロセスに関する情報を共有し，問題点を議論し，戦略との整合性を確認し，オペレーションの実行可能性を検討する必要がある。

ビジネスプロセスの設計を開始するときには，多くの場合は既存の業務プロセスが動いていて，その上での設計となるので当然，業務改善のミッションを含んだものである。何もないところからの新たな設計とこの改善アプローチに

よる設計の違いは大きい。前者は，過去の柵がない分，迅速に進捗する可能性があるが，後者は柵を糧としてより良いモノを目指すために制約が多いことは容易に想像がつくことであろう。しかし，一方，前者は実行経験のないぶん問題を含んでいることを知るすべがない。かといってモデリングツールが問題を明確に照らしてくれることもない。モデリングツールは，目に見えにくいオペレーションなるものを客観的に見える形にしてくれるツールであり，それだけである。実行することで起こってくる問題を予知する術は，人間の経験に頼るしかないのである。また，経営環境の変化でオペレーションを変えるとそれに呼応してビジネスプロセスも繰り返し見直しがされる特性から，メンテナンス性にも配慮したものとなる必要がある。

ビジネスプロセス設計手順としては，参考文献［1］で示されている方法を次項に説明する。ただ，この通り進めれば自動的にできるというようなものではないのである。設計手順に従ってビジネスプロセスの設計を進めていくときに，各フェーズでの問題の発見と改善策提案を実践していくことで初めて実効性のあるビジネスプロセスができるという認識をもっていただきたいのである。

（2）ビジネスプロセス設計手順[1)]

まず，ビジネスプロセスの設計手順を図表4－1に示した。

目標展開 → プロセス改善 → プロセス記述の3つのステップからなっている。それぞれについて説明しよう。

1．ステップ1：目標展開

経営ニーズなど設計に必要な与件をインプットとして，そのビジネスプロセスの目標を導き出す。経営目標から順次ブレークダウンして具体的なプロセス目標を設定する。ここで，トップマネジメントの視点からの順方向展開とボトムアップの視点での逆方向展開がある。PC販売会社の目標展開の例を図表4－2に示す。

第4章 ビジネスプロセスの設計　79

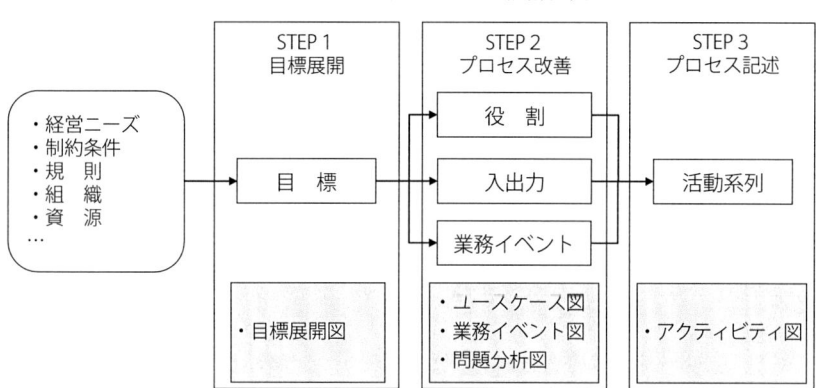

図表4-1　ビジネスプロセス設計技法[1]

- 経営ニーズ
- 制約条件
- 規　則
- 組　織
- 資　源
- …

STEP 1 目標展開
目標
・目標展開図

STEP 2 プロセス改善
役割
入出力
業務イベント
・ユースケース図
・業務イベント図
・問題分析図

STEP 3 プロセス記述
活動系列
・アクティビティ図

出典：小林隆『ビジネスプロセスのモデリングと設計』コロナ社，2005年，p.89。

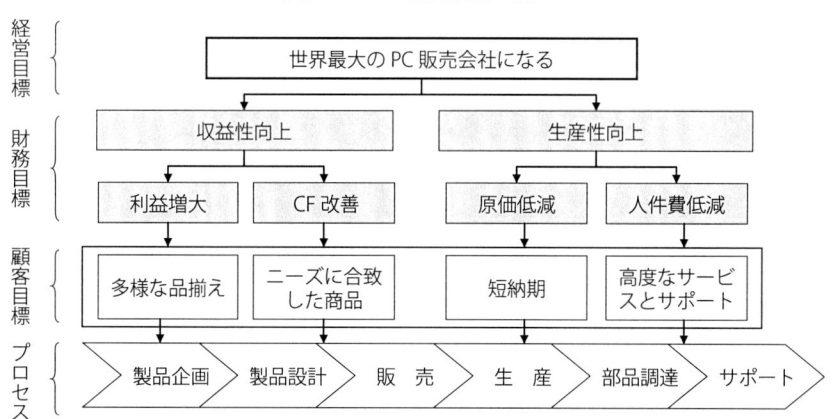

図表4-2　目標展開の例[2]

経営目標：世界最大のPC販売会社になる

財務目標：収益性向上／生産性向上
　利益増大　CF改善　原価低減　人件費低減

顧客目標：多様な品揃え　ニーズに合致した商品　短納期　高度なサービスとサポート

プロセス：製品企画 ＞ 製品設計 ＞ 販売 ＞ 生産 ＞ 部品調達 ＞ サポート

出典：小林隆『ビジネスプロセスのモデリングと設計』コロナ社，2005年，p.91。

2．ステップ2：プロセス改善

プロセス改善とは，プロセスと外部環境とのコミュニケーション方法を改善することと考える。3つのステップがある。

① 現行プロセスの理解
② 問題の分析
③ プロセス改善策の考案

それぞれのステップは，次のようにブレークダウンされる。
① 現行プロセスの理解
　1. プロセスごとの目標を明らかにする。
　2. 対象とするビジネスプロセスの範囲と機能を理解する。
　➤ プロセスの役割を明らかにする…現行ユースケース図作成
　　→ プロセスの範囲定義
　➤ プロセスの入出力を明らかにする…現行ユースケース図作成
　　→ 個々の活動機能の理解
　➤ プロセスの状態遷移を明らかにする…現行業務イベント図作成
　　→ 活動系列の概要の理解
② 問題の分析
　1. 与えられたプロセス目標達成を阻害する問題を洗い出す…目標の逆方向展開
　　→ 目標と現行プロセスのギャップ理解
　2. 洗い出された問題群の因果関係を分析して，一連の問題を引き起こしている原因を究明する…問題分析図作成
　　→ 目標実現阻害の根本的原因の明確化
　3. 根本原因の裏返しを解決すべき課題として設定する…プロセス目標展開図作成
　　→ 解決課題の定義
　4. 問題分析で明らかになった解決課題に基づいて，与えられたプロセス目標を達成するための下位の目標を設定する…プロセス目標展開図作成
　　→ サブ目標の定義
③ プロセス改善策の考案
　ビジネスプロセスの解決課題は4つの状態「準備」「交渉」「実行」「同意」のどれか，または複数で達成できるものである。解決課題の内容は，「アクセス性」「マッチング」「実行力」「信頼感」のいずれかに該当する。
　1. 改善テーマと解決策を分類整理して技術者間で共有して改善策を考案
　2. 出てきた改善策によって新プロセスの状態遷移を描く…新業務イベント図

→ プロセス改善対象の明確化
  3. 出てきた改善策によって新プロセスの役割と入出力を描く…新ユースケース図
　　→ 役割と入出力の変更点の明確化

③　ステップ3：プロセス記述

プロセス記述では，考案されたプロセス改善策を実現するためにプロセス内部の具体的な活動系列を設計するのである。

  1. メインプロセス設計

オリジナルの依頼者と実行者の取引を示すものである。前ステップで作成した業務イベント図の状態遷移をそのまま記述し，各状態内に割り当てられた活動はなるべく並列的に実行されるように順序づけ記述する。

  2. サブプロセス設計

ビジネスプロセスのオリジナルな依頼者または実行者から第三者に委託される取引を示すものである。メインプロセスを構成する各活動の詳細を示し，前ステップで考案された改善策に基づいてビジネスプロセスを作成する。組織の変更や情報技術の進展による変更の影響を受けやすいので，メインプロセスと明確に分離して作成する。

(3) To-beモデル作成上への視点[3]

新プロセスを考案するには，いくつかの視点で考えなければならない。以下に，列挙する。図表4-3にAs-is（現状モデル）とTo-be（改善後モデル）の比較の例を示す。

新しくデザインしたプロセス（To-be）において考えられておかなければならないことを下記に列挙する。

＜経営幹部のリーダーシップ＞
  1. 改革方針や新たに構築した業務改革ビジョンに対して，経営者自らが果たす役割を明確に示し，顧客・社員・ビジネスパートナー・地域社会などのステークホルダーと，そのビジョンに関するコミュニケーションを

図表4－3　As-is と To-be の比較例 [4]

全 体

項　目	As-is	To-be
顧　客	オフィス（10人以上）	オフィス（すべて）
販　売	代理店	本社ネット受注
発　送	本社発送部	物流業者
在　庫	代理店在庫	本社在庫（物流業者）
配　達	代理店	物流業者
回　収	代理店	代理店
製品企画	本社企画部	本社企画部
配達日	標準品翌日	全品翌日
価　格	他社並み	安　価

受注部門

項　目	As-is	To-be
責　任	代理店管理	顧客満足の窓口
受　注	代理店に目標付与	ネット注文窓口
納　期	―	在庫確認責任あり
商品発注	代理店補充伝票の処理	欠品緊急発注（通常時は物流管理部門責任）
請　求	（代理店より請求）	ネット請求
回　収	（本社回収管理部門→代理店）	（本社回収管理部門→代理店）

発送部門

項　目	As-is	To-be
責　任	発　送	顧客満足（翌日配達）
発送要求	代理店の在庫補充対応	ネット注文
発送期間	順次発送（土日休）	翌日配達
発送単位	代理店ごと1カ月分	顧客ごと発注ごと
在庫責任	代理店	発注点管理責任
欠品責任	なし（待ってもらう）	有　り
在　庫	代理店	自社（商品は物流業者拠点に）

出典：堀内正博・田中正郎・則包直樹・榎本博康『ビジネスプロセスマネジメント』センゲージ・ラーニング，2008年，pp.51-52。

　　行う仕組みがあるか
2. 透明性が高く，公正な意思決定プロセスになっているか。

＜経営における社会的責任＞
1. 環境への対応（ペーパーレス，省エネ，CO_2排出削減など）について，基本的な考え方はあるか。
2. 戦略目標と連動した社会貢献活動のあり方について，基本的な考え方はあるか。

<顧客・市場の理解と対応>
1. 戦略段階で捉えた顧客と顧客ニーズに対して，その変化をいち早く理解し，また将来性や潜在顧客を把握しているか。
2. 顧客との接点がある部署の場合，明確な顧客対応基準を設け，関係部門に展開し，その遵守状況を把握する仕組みはあるか。

<戦略の策定と展開>
1. 主要な戦略課題の内容として，顧客，人材，プロセスに関することが示され，各達成目標とスケジュールが体系的に展開されているか（例えば，BSCによる戦略目標の展開，方針管理など）。
2. 戦略の実行計画において，重要なビジネスパートナーの計画と整合を取り，計画の実行度を高めているか。

<個人と組織の能力向上>
1. 部門を越えたコミュニケーションや協力関係強化，効果的な「知」の共有がなされる仕組みがあるか。
2. 社員の教育・訓練が必要な場合，能力開発プログラムなどの仕組みはあるか。

<価値創造のプロセス>
1. 達成目標や客観的な評価指標を定め，定期的に活動状況を測定し，目標達成の管理を行う仕組みはあるか。
2. 顧客に対する価値を議論して明確に示しているか。
3. 顧客に提供したい価値をビジネスパートナーに伝え，パートナーを選定する仕組みはあるか，またパートナーの関係するプロセスを明示し要求要件を明確に伝えているか。

<情報マネジメント>
1. 組織全体の業務能力を表す情報・データを，組織の戦略的目標と一貫性をもって収集し，分析し，意思決定する仕組みがあるか。
2. 競合他社とのベンチマークや，業界別のベストプラクティスに基づいて，自社の仕組みを客観的に評価しているか。

＜活動の結果＞
1. 上述の「リーダーシップと社会的責任」「個人と組織の能力向上の結果」「プロセスの結果」「財務の結果」「顧客満足の結果」における重点指標について，適切なデータで結果を示すことができるか。

第2節　新ビジネスプロセスの創造

(1) 問題の発見

　大学生の頃，ある先生から習ったのが問題認識の極意であった。先生はこう言った「君は若尾文子を見たか?!」。先生がある座談会で女優の若尾文子さんと対談して，その美しさのオーラに感動したのである。先生は続けて「普段は特にまずい顔でもないと思っていた自分のかみさんが，若尾文子に会った瞬間にまずい顔であったと認識した。」と自虐的な話をされた。この話が説明したいことは，真の問題点は，普段は気づかないが，理想を見た瞬間に現状と理想のギャップに現状の問題を認識するということである。

　問い合わせに対してあちこち電話をかけまくって対応している現状があったとして，問い合わせに PC を叩くことで，たちどころに返事が出せる様子を見たら，現状がなんと立ち遅れているかを思い知らされるのである（図表4 - 4参照）。

図表4 - 4　問題とは何か？

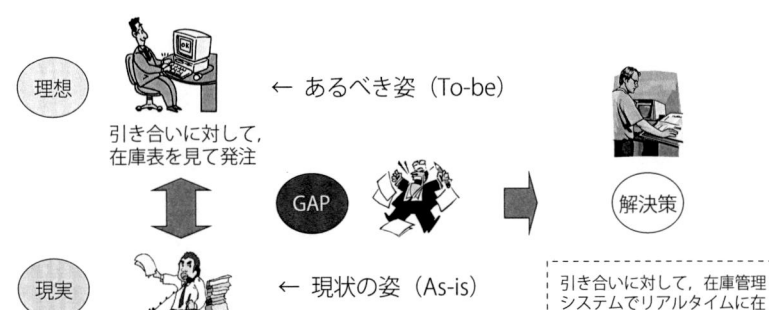

理想　　← あるべき姿（To-be）
引き合いに対して，在庫表を見て発注

GAP

現実　　← 現状の姿（As-is）
引き合いに対して，電話をかけまくり発注

解決策：引き合いに対して，在庫管理システムでリアルタイムに在庫を参照して返答する

・理想：「あるべき姿」と現実とのギャップ

この現状の姿（As-is）とあるべき姿（To-be）間のギャップが問題であり，そのギャップをどう埋めるかが課題ということになる。また，ビジネスプロセスの設計の使命は，ビジネス戦略を実現するための To-be のビジネスプロセスをつむぎ出すことである。

（2）To-be ビジネスプロセス設計

To-be のビジネスプロセスをどのような手順で設計するのであろうか。それは，As-is のビジネスプロセスから前項で示した問題点の把握・分析から始めることになる。問題点はその企業あるいは組織ごとに違うと思われがちだが，実はかなり同じパターンが見られる。

① 問題を把握する視点

理想の姿は，ベストプラクティスの模倣でも得られる。現状をある観点から眺めれば自然に浮き上がってくるものである。ここで，そのいくつかの視点とヒントを列挙してみよう。

(1) 戦略策定と展開…定量的・定性的な分析のもとで戦略が策定され，戦術へと展開されているか。
(2) トップのリーダーシップ…トップが自ら業務改革のビジョンを企画・策定し自ら発表しているか。
(3) 企業の社会的責任…環境報告書など社会への影響を示す社内データを，積極的に外部へ正確に発信しているか。
(4) 顧客や市場の理解と対応…顧客特性やクレームが，常に製品改革や業務改善の検討のテーマに包含されているか。
(5) 業績と人材の評価…業績評価や人事考課について公平かつ公正な決定がなされているか，また，その評価尺度を公表しているか。
(6) 個人と組織の能力向上…小集団活動・提案制度・研修制度などは明確に設定され，公平に機会を与え，常に再評価されているか。
(7) 価値創造のプロセス…営業部門や技術部門が集って，それぞれの情報を共有して新しい商品・サービスを創造しているか。

⑻　情報マネジメント…ICTのセキュリティに問題がないか，あるいは長期ビジョンで情報システムが構築・運用されているか。
⑼　命令遂行への責任と権限…個々の業務ごとに責任と権限が設定されているか。
⑽　その他…告発者が不利とならない内部告発の仕組みが存在するか。

　次に，その問題や解決策を探し出すための手法または発想法をいくつか紹介しよう。

② 発想法
　視点はわかっても，普段から慣れ親しんでいる業務プロセスを客観的に見て改変するのは心理的にも抵抗感をもつものである。そこで，業務プロセス改革には，現在その業務に携わっている人々に参画してもらうことが望ましいといえる。なぜなら，彼らが既存システムの利点・欠点を一番知りうる可能性が大きいからである。また，改変後に新しいビジネスプロセスを担うためにも参画しておくことが必要である。
　さて，問題や解決策などを自由に思いつく発想の方法論をいくつか紹介しよう。

⑴　ブレーンストーミング
　1938年頃，アメリカの広告代理店の副社長をしていたオズボーンが考案した創造性開発のための手法。何人かが集まり，あるテーマをめぐって，既成概念にとらわれず，自由奔放にアイデアを出し合う会議形式の一種。名前は，ブレーン（頭脳）で問題にストーム（突撃）すること。自由奔放に，批判をしないで，質よりも量，結合改善の4つの原則がある。

⑵　ブレーンライティング
　ブレーンストーミングは何人かが集まって議論形式で進めていくが，ブレーンライティングはそれとは違って，話すのではなくて，テーマについてアイデ

アを紙に書いていく。口頭と比べて人前で話すことの恐怖心や恥じらいがないのが特徴。

(3) オズボーンのチェックリスト

何かを発想するときに新しい視点を探す糸口となるチェックリスト。下記のようなものがある。
- * 他に転用ができないか
- * 他から応用ができないか
- * 変更ができないか
- * 拡大ができないか
- * 縮小ができないか
- * 代用ができないか
- * 再配列ができないか
- * 逆転ができないか
- * 結合ができないか

(4) KJ法

文化人類学者川喜田二郎氏（元東京工業大学教授）が考案した創造性開発（または創造的問題解決）の技法。氏の名前の頭文字をとって"KJ法"と名づけられた。進め方は，
- ブレーンストーミングなどで出されたアイデアや意見，または各種の調査の現場から収集された雑多な情報を1枚ずつ小さなカード（紙キレ）に書き込み
- それらのカードのなかから近い感じのするもの同士を2，3枚ずつ集めてグループ化
- それらを小グループから中グループ，大グループへと編成して図解

こうした作業のなかから，テーマの解決に役立つヒントやひらめきを生み出していく。

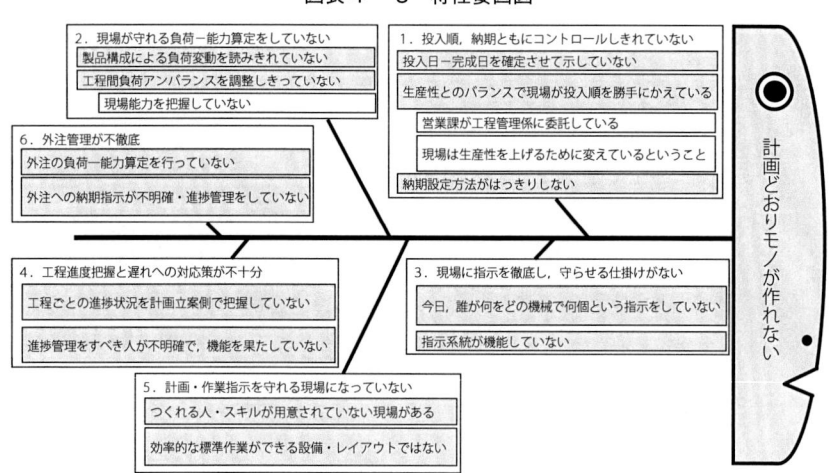

図表 4 - 5　特性要因図

[特性要因図（フィッシュボーン・チャート）：「計画どおりモノが作れない」を特性とし、以下の6つの要因に分類して整理した図]

1. 投入順，納期ともにコントロールしきれていない
   - 投入日―完成日を確定させて示していない
   - 生産性とのバランスで現場が投入順を勝手にかえている
   - 営業課が工程管理係に委託している
   - 現場は生産性を上げるために変えているということ
   - 納期設定方法がはっきりしない

2. 現場が守れる負荷―能力算定をしていない
   - 製品構成による負荷変動を読みきれていない
   - 工程間負荷アンバランスを調整しきっていない
   - 現場能力を把握していない

3. 現場に指示を徹底し，守らせる仕掛けがない
   - 今日，誰が何をどの機械で何個という指示をしていない
   - 指示系統が機能していない

4. 工程進度把握と遅れへの対応策が不十分
   - 工程ごとの進捗状況を計画立案側で把握していない
   - 進捗管理をすべき人が不明確で，機能を果していない

5. 計画・作業指示を守れる現場になっていない
   - つくれる人・スキルが用意されていない現場がある
   - 効率的な標準作業ができる設備・レイアウトではない

6. 外注管理が不徹底
   - 外注の負荷―能力算定を行っていない
   - 外注への納期指示が不明確・進捗管理をしていない

(5)　特性要因図（因果関係整理法）

　問題の特性と要因の関係を系統的に線で結んで（魚の骨のように）表した図のことで，フィッシュボーン・チャートとか魚の骨とも呼ばれる。図の右側に記述された問題の原因を要因別に分類して整理する。図表4－5に生産現場で問題抽出をした場合の例を示す。

(6)　ロジックツリー

　1章2節を参照のこと。

(7)　ワークデザイン

　ワークデザインとは，理想システムの構築手順で，1960年代初めに米国のナドラー博士が提案したシステム設計の方法論である。現在は，「ブレークスルー思考法」と呼ばれている。適応範囲，目的展開，システム設計，‥と広い。現状のシステムを少しずつ改善して理想とするシステムへ近づけていく方法論を帰納的手法というが，この方法は，現状のシステムにこだわらずに，始めから理想的なシステムを設計する演繹的手法である。

　全体の手順は以下の3段階である。

第4章　ビジネスプロセスの設計

1. 設計すべきシステムのアウトプットをまず明確にする。
2. そのアウトプットを出すために必要なインプットを探索または決定する。
3. インプットからアウトプットへの理想的な変換案を案出する～この案が理想システムとなる。

このワークデザインの特徴は下記である。

- ワークデザインに沿ってシステム設計を進めていき，そのアウトプットが設計したワークフロー図となる。
- 演繹的な手法としては唯一のものといえる。
- 頭のなかにある潜在モデルを顕在モデルとする。
- Ｉ／Ｏで挟み込むことでビジネスプロセス案を考え出す～ICT システム向きの手法。

(8) 5回のなぜ

なぜを繰り返す～トヨタ式「なぜなぜ5回」。「なぜ」を繰り返し，原因を深く掘り下げることで真の原因を追究する。図表4－6にあるように，どこまでなぜを掘り下げるかで対処方法が異なることがわかる。対処療法で終わるか，根本的な対策を打てるかの違いがこの掘り下げ方による。

図表4－6　5回のなぜ[5]

	なぜなぜ分析	対処する処置
間違った原稿が掲載された		
第1回	担当オペレータが確認をしなかった	担当者を叱責する
第2回	確認したつもりになっていた	つもりを戒める
第3回	確認のチェックを記憶に頼っていた	チェックを記憶に頼らないようにする
第4回	作業が標準化されていなかった	全体の作業を標準化する
第5回	管理手順が引き継がれなかった	管理手順を引き継ぐようにする
第6回	管理手順を引き継ごうとしなかった	引き継ぎマニュアルを作る
第7回	管理手順構築を誰も評価しなかった	管理手順構築業務を評価する

出典：開米瑞浩『SEの思考術』日経BP社，2005年，pp.93-95。

第3節 ERPと業務テンプレート

(1) ERPの導入

本書でこれまでBPMの事例としてERPのことを何度か取り上げてきた。それは図表4－7に示すERPの一般モデルで記述されているように、狭義のERPでは、データベースと個々の機能を実現するソフトウェアの上に業務プロセスがある。

また、ERPを導入するときには、図表4－8にあるように、要件定義の後で、フィットギャップ分析を行う。これはERPなどのパッケージソフトウェアを導入する際、事前に導入企業のビジネスプロセスやシステム化要求とパッケージソフトが提供する機能性が、どれだけフィット（適合）し、どれだけギャッ

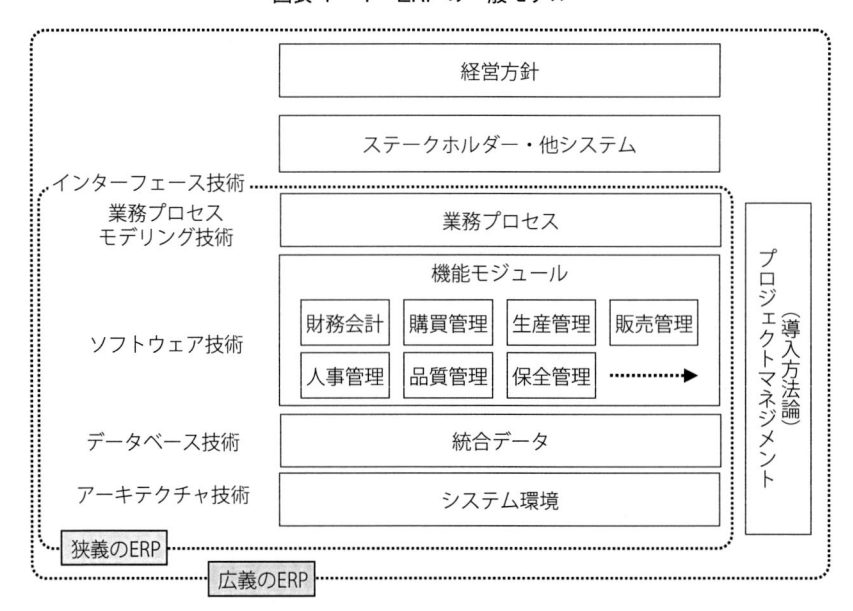

図表4－7　ERPの一般モデル[6]

出典：松井・藤川・石井『需給マネジメント』朝倉書店，2009年，p.77。

第 4 章 ビジネスプロセスの設計 91

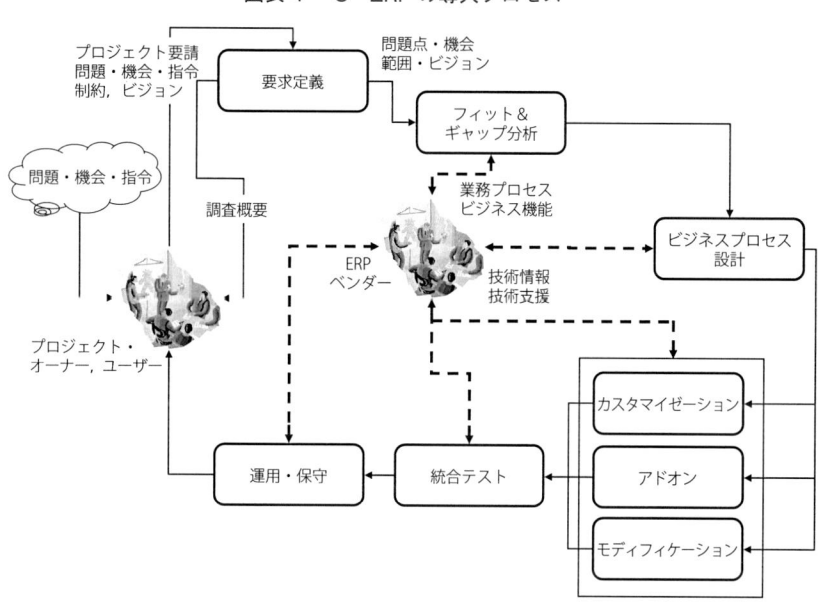

図表 4 - 8 ERP の導入プロセス[7]

出典：松井・藤川・石井『需給マネジメント』朝倉書店，2009 年，p.78。

プ（ズレ）があるかを調査・分析・評価することである。パッケージソフトウェアを導入するかの意思決定，また導入プロジェクトのなかで業務プロセスの変更やカスタマイズの必要性などを検討するために用いられる。ギャップが大きいほど対応しなければならない範囲が大きくてコスト的に時間的に不利であるので，一番ギャップの少ない ERP の選定が必要である。図表 4 - 9 にフィットギャップ分析表の例を掲げる。

（2）ERP とテンプレート

多くの企業が実際にビジネスプロセスの再構築を行う場面は，ERP の導入の機会に訪れることが多いようである。大企業から中小企業まで，実にたくさんの企業が ERP を導入している。これと BPM の浸透は実は別のことなのである。

1960 年代にコンピュータを導入した企業は，当時自分たちで開発するしか

図表4－9　フィットギャップ分析表の例

項目	分類	項目	ギャップ	オペレーション	インパクト アドオン	工数[人月]
1	受注管理	顧客入力	新規顧客コード入力困難	マニュアル配布	必須から除外	0.2
2	受注管理	金額集計計算	新規項目時計算停止	事前入力	迂回処理	0.3
3	受注管理	金額集計計算	集計項目の差	手計算	表の変更	0.7
4	受注管理	信用限度額チェック	限度超の処理	受注はする	迂回サインオン	0
5	輸送管理	輸送指示確認	業者確認まで入力不可能	確認後入力	―	0
6	輸送管理	輸送実績入力	携帯電話取り込み	―	TMSと接続	2.3
7	注文管理	決裁者不在時の承認	機能なし	決裁時の延期	Webから決裁	1.5
8	人事管理	人事台帳データベース	年齢データは自動計算	―	既存データ使わない	0
9	人事管理	従業員コード	コード体系と文字数字	IDカード作り直し	文字型へ変更	1.2
10	人事管理	兼務	兼務の概念がない	―	兼務コード新設	1.4
					合計	15.5

- 現状とどう違うのか？
- 現状で対応するとすればどうすれば良いか
- パッケージで対応するとすればどうすれば良いか
- 対応工数概算

なかったアプリケーションで初めてパッケージとして出てきたMRPの登場に驚いた。これで資材発注をすることで，コンピュータ導入の有効性を実感したものであった。MRPはその後，会計業務へ広がりMRP Ⅱ[8]として発展して，90年代のERPへとつながる。このERPは，様々な業務に必要とされるデータを業務進捗と共に収集し，一元管理するソフトウェア群である。標準化された仕事の進め方に従って粛々と業務を遂行するには，マニュアルが必要であることは想像に難くないであろう。ERPにおいて，そのマニュアルに該当するものがテンプレートである。

（3）業務テンプレート

多くのERPに用意されている業務プロセスの雛形を業務テンプレートと呼ぶ。業務プロセスには，業務，業種や業界により独自の遵守すべき法律，商習慣，処理データ，処理フローや処理ノウハウがある。ERPを導入する企業は，当然そういった基本的な部分は導入後も踏襲したいと考える。通常ERPには，さまざまな業務テンプレートが用意されている。会計・経理，生産，在庫，調達，物流などの基本業務の機能があるのは当然である。それ以外に特殊業務の機能が業界ごとに用意されている。具体的に，加工組立型製造業，素材業界，ロジスティクス業界，食品業界，化学業界，アパレル業界，出版業界，プラン

ト建設業界，などの特徴のある処理が取り込まれている。どれだけの業界に導入されているかが，ERP の実績である。また各 ERP の得意分野の勢力地図でもある。また，SAP[9]は会計が得意，People's Soft[10]は人事関係が得意といったようにパッケージごとに業務の得手不得手もあるようである。

ワークフローも 1 つの業務テンプレートである。電子承認システムと基幹系システムの連携を図り，日常業務において多く求められる承認作業をシームレスにするとか，勤怠申請の給与管理システムへの取り込みや，小口・仮払い・旅費の会計管理システムへの仕訳情報自動生成，稟議書ワークフローと予算管理を連携し，稟議発生時に予算残を確認する機能なども保持している。

(4) ワークフロー

業務テンプレートの 1 つがワークフローである。ワークフローは，ビジネスプロセスを自動化するためのソフトウェア・ツールで，これを使えばシステム構築の工数の低減が可能になる。ワークフローには，業務ごとのビジネスプロセスと情報の標準仕様がある。標準仕様は，ERP のモデルとなった企業でのプロセスやデータのことである。導入する企業とほぼ一致するであろうが完璧に合うことはないと考えた方が普通である。例えば，半導体製造業は，どこも同じような製品を製造するので，これを活用することで，人や組織に潜んでいて文書化されていないビジネスプロセスの全貌を早期に把握できる。長年にわたる運用で局所的に改善や変更が与えられてきたビジネスプロセスについて，その矛盾・冗長・不足などの見直しができる。また，ビジネスプロセス設計に慣れていない人でも簡単に使え，さらにシミュレーションなどの機能もある。

第 4 節　ビジネスプロセスの評価法としての SCOR

(1) SCM の展開

ビジネスプロセスとして現在スポットライトがあたっているのは，SCM である。図表 4 - 10 に示すようなビジネスシステムである。商品が市場調査から消費者の手元まで届くには，製造業だけでなくて，原材料や部品の製造企業，

図表 4 - 10　SCM のビジネスシステム[11]

- 顧客が出発点
- 経営戦略と連動
- サプライチェーン全体の再構築
- ICT（情報技術）の最大活用

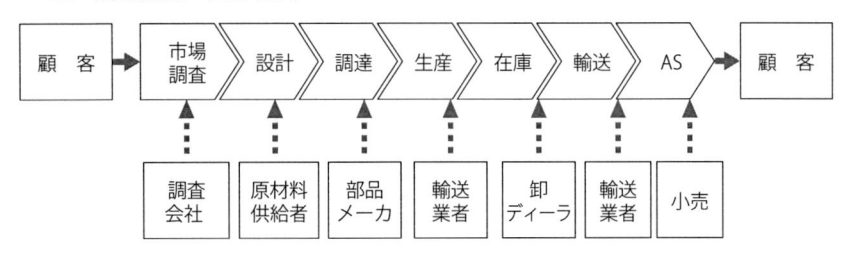

顧客 → 市場調査 → 設計 → 調達 → 生産 → 在庫 → 輸送 → AS → 顧客

市場調査 ← 調査会社
設計 ← 原材料供給者
調達 ← 部品メーカー
生産 ← 輸送業者
在庫 ← 卸ディーラ
輸送 ← 輸送業者
AS ← 小売

出典：藤川裕晃『サプライチェーンとロジスティクス管理入門』日刊工業新聞社，2008 年，p.8。

商品販売を担う流通業，それらの間の輸送を担当する運輸業などさまざまな業者で協力が必要となる。高度成長期にはお約束であった自前主義の時代が姿を消し，各社は自社の得意技と不得意な業務をベンチマークにより充分認識している。自社のコア・コンピタンスに経営資源を集中させて非コア業務はアウトソーシングされる。

　一方，ビジネスの拡大を指向する企業のビジネスプロセスは，企業の壁と国境を超えて拡がっている。広く伸びたサプライチェーンのビジネス環境の変化に対応するには，常に現状把握をしてちょっとした変化にも敏感に対応する仕組みが不可欠となろう。しかし，サプライヤーや輸配送業者はもちろんのこと，いくつかの工程もアウトソーシングし，部品供給に VMI を依頼するといったように，製品のサプライチェーンの多くの部分で図表 4 - 10 のように他社の助けを借りなければならなくなっている最終製品メーカーでは，現状を認識するための情報をサプライチェーンのパートナーからもらわなければ意思決定ができないのである。例えば，自社製品で売れ筋は何か，死に筋は何かを把握していないとブルウィップの罠に落ちて在庫を抱え込んだり，売れ筋を売り逃してライバル企業の後塵を拝する結果になってしまう。

　こういったことに現実的な意思決定をしやすい欧米の企業は，互助会のような組織を立ち上げた。米国の調査会社 AMR Research とコンサルティング会

社 PRTM が中心となって，欧米の有力企業約 70 社とサプライチェーン・カウンシル（SCC）を結成した。SCC はベンダニュートラルな非営利団体で，製造・物流・流通業などの SCM 実践企業が主体的に活動した。そこで，サプライチェーン管理のために 70 社のビジネスプロセスからそれらの標準プロセスの定義を行い，1996 年末に SCOR 1.0 として公表した。SCOR（Supply Chain Operation Reference model）は，SCC メンバー企業が実際に SCM 活動のなかで実践した結果をフィードバックする形で開発し，その後も SCOR は頻繁にバージョンアップを繰り返している。なお，SCOR モデルの利用は，SCC メンバーに限定されている。

次項でこの SCOR の内容について述べる。

(2) SCOR

SCOR は，サプライチェーン全体の業務プロセスを次の 3 段階で詳細化している。

レベル 1：トップレベル
レベル 2：コンフィギュレーションレベル
レベル 3：エレメントレベル

レベル 4 以下にプロセスをさらに詳細にしたタスクやアクティビティも想定されているが，これは SCM 実践各社が実現するものであり，SCOR の範囲外としている。

レベル 1 は，自社（組織）の対象領域やプロセスの構成を定義している。それらは，Plan（計画），Source（資源・調達），Make（製造），Deliver（配送），Return（返品）の 5 つの主要マネジメントプロセスで構成される。

レベル 2 では，レベル 1 のそれぞれを詳細化した。「プロセスカテゴリー」と呼ばれる 3 つのプロセスタイプ―計画（Planning），実行（Execution），管理（Enable）―によってプロセスを詳細に記述している。

レベル 3 では，さらにレベル 2 を掘り下げ，その「プロセスエレメント」（活動要素）を定義し，「入力 → 要素 → 出力」といった形で，具体的なワークフ

図表4－11　SCORレベル1パフォーマンス測定基準[12]

評価項目	測定規準	単位
サプライチェーンの信頼性	納期遵守率	パーセント
	受注充足リードタイム	日数
	充足率	パーセント
	受注納期達成度	パーセント
柔軟性と反応度	サプライチェーンの応答時間	日数
	上位生産の柔軟性	日数
費用	サプライチェーンの管理費用	パーセント
	売上に対する製品保証費用の比率	パーセント
	従業員1人当りの付加価値	金額
資産／利用度	在庫日数	日数
	現金化サイクルタイム	日数
	純資産回転	回転

出典：スミチ・レビら『サプライチェインの設計と管理』朝倉書店，2002年，p.250。

ローやデータフローを表現している。

　SCORの特徴は，プロセス記述に加えてメトリクス（評価指標）が体系的に定義されていることと，ベストプラクティスが提示され業績評価やベンチマーキングが行えることである。評価指標としては，レベル1には，図表4－11にあるようなものが用意されている。

　「信頼性」4項目，「柔軟性・応答性」2項目，「売上原価率」3項目，「資産効率」3項目，「信頼性」と「柔軟性」は主として顧客満足を目的とする「顧客視点項目」として，「売上原価率」と「資産効率」は企業内部利益および体質に直結する「内部視点項目」として区分けし，バランスを考慮している。SCCでは毎日アップデートを実施～ベストプラクティスを反映したプロセスやメトリックス（評価指標）の改廃などにより高度な標準記述の進化をしている。

　これは，SCORの領域というより一般的な経営評価手法と言った方が近いであろう。

　SCORで標準記述されたメトリックスは，業界やグローバルな他企業とのベンチマーキングに威力を発揮する。一方，ベンチマーキングは競争力・実力の開示につながりかねないリスクをもっているが，「皆が"ベスト・イン・クラス"企業になってしまったら競争の余地は無くなるのでは」等と真顔で案じる

第 4 章　ビジネスプロセスの設計　97

人もいる。ステークホルダーたちの意思や認識にはそれぞれに"個性"があるので，ベンチマーキングで同じになることはないと言われている。

某日用品メーカー X 社の As-is の SCOR 表記事例を図表 4 − 12，To-be の SCOR 表記事例を図表 4 − 13 に掲げる。

図表 4 − 12　SCOR の表記事例（As-is）[13]

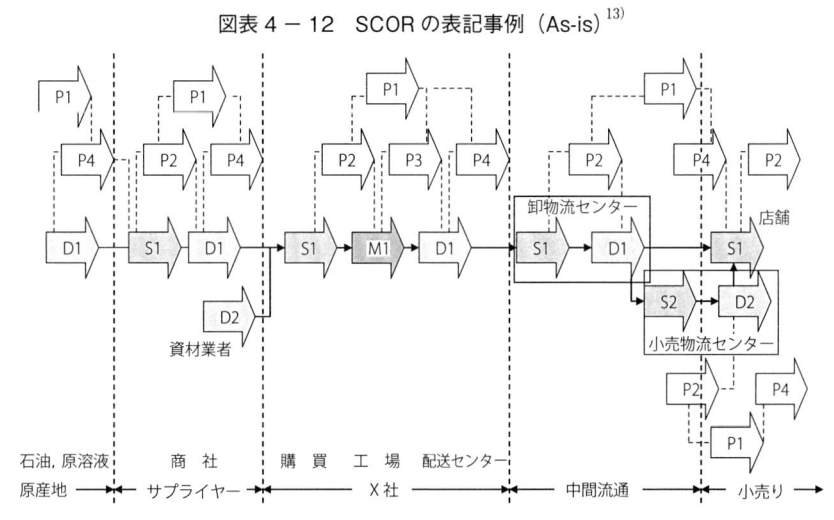

出典：吉原賢治『ビジネスモデル入門』工業調査会，2000 年，p.58。

図表 4 − 13　SCOR の表記事例（To-be）[14]

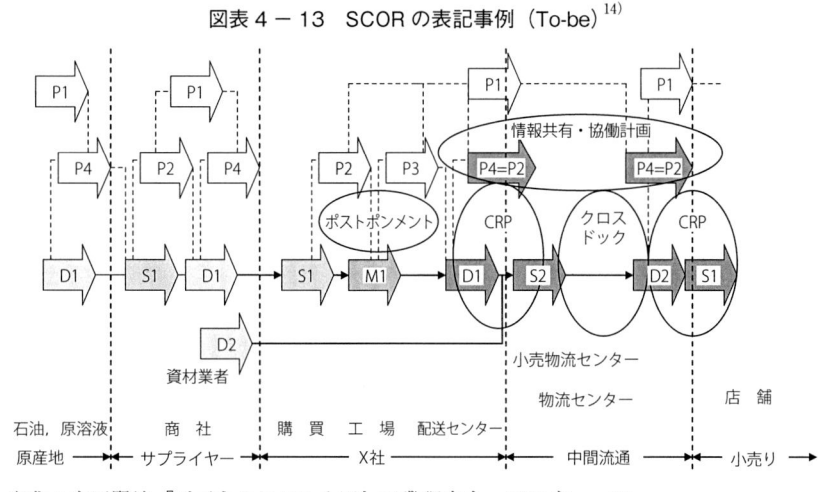

出典：吉原賢治『ビジネスモデル入門』工業調査会，2000 年，p.58。

【注】

1) 参考文献［1］の pp.78-105 を参考に記述。図表4-1は，p.89 から引用。
2) 参考文献［1］の p.91 から引用。
3) 参考文献［2］の p.39 より引用。
4) 参考文献［3］の pp.51-52 から引用。
5) 参考文献［4］の pp.93-95 を参考に記述。
6) 参考文献［5］の p.77 より引用。
7) 参考文献［5］の p.78 より引用。
8) Manufacturing Resource Planning と呼び，短期的な資材要求展開から生産の諸資源を長期的にどう調達するのかまで拡張したもの。
9) SAP：ドイツの SAP AG が開発した ERP パッケージ。
10) People's Soft：アメリカの PeopleSoft, Inc. が開発した ERP パッケージ。PeopleSoft, Inc. は，2005年に Oracle に買収された。
11) 参考文献［6］の p.8 より引用。
12) 参考文献［7］の p.250 より引用。
13) 参考文献［8］の p.58 より引用。
14) 参考文献［8］の p.58 より引用。

問　題

問1　ビジネスプロセス設計の手順をステップ名を含めて簡単に述べよ。
問2　ERP にワークフローが用意されている理由を箇条書きに3つ述べよ。
問3　SCM における SCOR の役割はどのようなものであるか。

【参考文献】

［1］小林　隆『ビジネスプロセスのモデリングと設計』コロナ社，2005年。
［2］加瀬一朗『ビジネスプロセス分析技法』共立出版，2003年。
［3］堀内正博・田中正郎・則包直樹・榎本博康『ビジネスプロセスマネジメント』センゲージ・ラーニング，2008年。
［4］開米瑞浩『SE の思考術』日経 BP 社，2005年。
［5］松井正之・藤川裕晃・石井信明『需給マネジメント』朝倉書店，2009年。
［6］藤川裕晃『サプライチェーンとロジスティクス管理入門』日刊工業新聞社，2008年。
［7］スミチ・レビら『サプライチェーンの設計と管理』朝倉書店，2002年。
［8］吉原賢治『ビジネスモデル入門』工業調査会，2000年。

第5章 情報システムの設計と開発

> **ポイント**
> ◎情報システム開発の一連の流れを理解する。
> ◎情報システム開発の進め方（モデル），設計方法（アプローチ）を理解する。
> ◎情報システム開発の企画と設計について，そのプロセスで決定する事柄と成果物に対して事例を通して理解する。
> ◎情報システムの開発組織とその役割，人事管理について理解する。
> ◎情報システムの開発プロジェクトが進められるプロセス，円滑に進捗するための管理手法を理解する。

　情報システムの開発には，企画，設計，製作，テスト，運用といったライフサイクルがある。企業の戦略を実現する情報システムを構築するプロジェクトは，企業戦略をもとにした情報システム化計画書を皮切りに，開発組織を編成して，プロジェクト計画を作成する。構想設計書で使命と目標を達成するための施策と新機能の対応を図り，ユーザ要求の実現を明確化して実際の開発に入る。ウォーターフォールモデルなどの開発の進め方，オブジェクト指向設計などの設計方法を決め，データを明らかにしてプログラム構成を決める。力仕事になる製作以降には開発ベンダーの協力を得て，ヒューマンインターフェース，データベース設計からハードウェアの設置・導入を経て，コーディング，テストとなる。これらの情報システム開発ライフサイクル活動では，プロジェクトとして管理運営される。本章では，情報システム開発の流れを手法とともに詳細に解説する。

第1節　情報システム開発の流れ

　企業における情報システム開発は，環境変化に対応すべく，新しい業務改革に伴って決定され，図表5−1に示す情報システム開発業務フローに従って行われる。情報システムの開発規模，システム対象によって業務フローは省略や修正が行われるが，事例のような大規模システムの場合，ウォーターフォールモデルをベースに企画（調査・分析，構想設計）―設計（基本設計，詳細設計）―製作（プログラム製作，製作内テスト）―テスト（機能テスト，運用テスト）―運用・保守（移行，運用，保守）のステップで進行する。

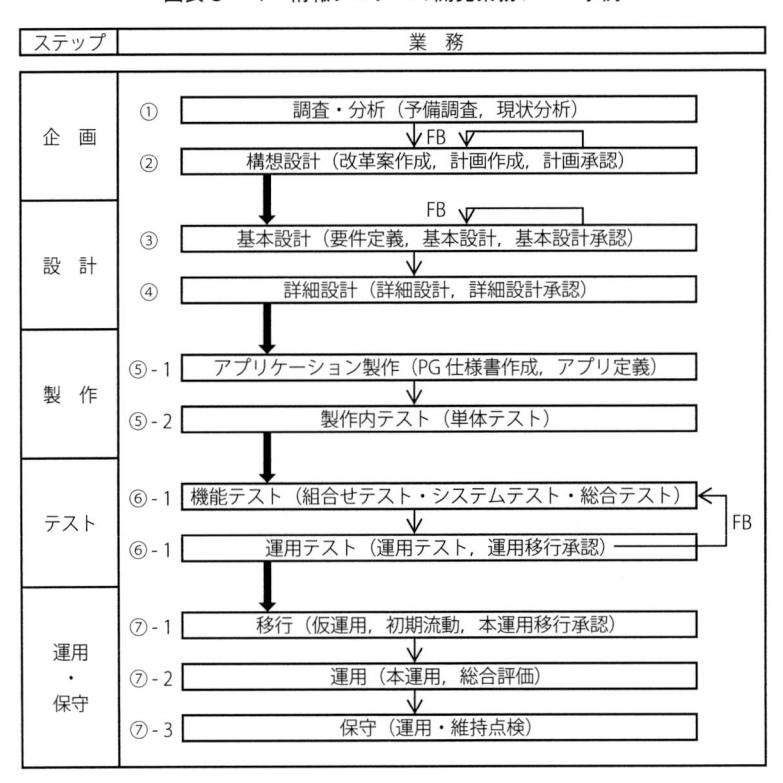

図表5−1　情報システムの開発業務フロー事例

ステップ	業　務
企画	① 調査・分析（予備調査，現状分析） ↓ FB ② 構想設計（改革案作成，計画作成，計画承認）
設計	③ 基本設計（要件定義，基本設計，基本設計承認） ↓ FB ④ 詳細設計（詳細設計，詳細設計承認）
製作	⑤-1 アプリケーション製作（PG仕様書作成，アプリ定義） ⑤-2 製作内テスト（単体テスト）
テスト	⑥-1 機能テスト（組合せテスト・システムテスト・総合テスト） ⑥-1 運用テスト（運用テスト，運用移行承認） ― FB
運用・保守	⑦-1 移行（仮運用，初期流動，本運用移行承認） ⑦-2 運用（本運用，総合評価） ⑦-3 保守（運用・維持点検）

各ステップで行われる業務内容を次に示す。なお，情報システムの企画と設計の詳細内容については，第3節に生産情報システム設計を例に記述する。

① 調査・分析では，改革の方向に対して仮目標を設定し，対象業務に対して巻紙分析を実行し，企業全体を通しての情報とモノの流れを可視化して，情報とモノの両面から業務プロセスの現状を関係者間で共有化する。そして，リードタイム短縮や工数削減に着目して問題点を抽出し，業務改革案を検討する。

② 構想設計では，マーケットイン／オープンシステムの発想をするために，製品市場や環境の分析を盛り込む。ユーザと設計者の共通の接点として，目標達成のための施策を図表により明確化し，新しい仕組みに対して，「問題点と施策の対応」「施策と新機能の対応」による検証によって，実現性の確認を行う。

③ 基本設計では，ワークデザインをベースに構想設計を受け，現状業務の調査，使命と目標を達成するためにポイントとなる基本仕様，その業務課題を抽出し，システムのアウトラインである基本設計書を作成する。

④ 詳細設計は内部設計ともいい，承認された基本設計書をベースに，システムの内部手続きを明確にし，データや機能別の処理を詳細に定義した詳細設計書を作成する。

⑤ 製作工程では，詳細設計工程で作成された詳細設計書をベースにプログラム仕様書を作成し，成果物として，分割された個々のモジュールごとのプログラムを作成する。製作したプログラム単体に対して，設計工程で確定した仕様通り動作するか単体テストを行い，プログラム単体レベルの品質保証をする。

⑥ テスト工程とは，プログラミング工程で作成された成果物であるプログラムの試験を行う工程である。テスト工程は大別すると機能テストと運用テストに分類される。機能テストはさらに，組合せテスト，システムテスト，総合テストの3種類に分類される。組合せテスト工程は，単体テストを完了した複数の関連するプログラムを連続で動作させ，双方のプログラムが正常に動作するかの試験が主となる工程である。システムテスト工程

は，組合せテストが完了したプログラムを情報システムの顧客が利用することを想定して行う試験である。総合テストは，一連のプログラムの流れを通しで行うテスト工程である。運用テスト工程では，機能テスト工程を完了したプログラムを実際に顧客が利用し，要求仕様通りであるかを確認する最後の試験である。実施する試験内容は，前工程のシステムテスト工程とほぼ同様な試験が行われる。なお，確認を顧客の代表者が行い，実際に利用する顧客ではない点が，仮運用工程や本運用と異なる点である。

⑦ 上述のライフサイクルで述べたように，情報システム開発以降は，保守・運用となるが，保守・運用の前に仮運用工程を実施する場合がある。仮運用工程とは，本運用と同等だが，顧客が情報システムを利用する現場に開発者が立会いながら情報システムを利用する工程である。運用テスト工程も同様に開発者が待機した状態で確認を行うが，運用テスト工程と異なる点は，利用する顧客が顧客の代表者ではなく，実際に情報システムを利用する顧客が利用する点が異なる。また，本運用との違いは，開発者が常時待機し，情報システムに不具合が発生した場合に，即時対応可能とする点である。

第2節　システム構築モデル

（1）ウォーターフォールモデル

　情報システム開発工程は，システム開発のライフサイクルをベースに開発モデルが作られており，一般にウォーターフォールモデルが使われている。特に，大規模な情報システムのプロジェクト推進は，トップダウンの進め方であるウォーターフォールモデルが効果的である。このウォーターフォールモデルの開発手順は，開発工程を段階に区分し，段階的に中間結果を確認しながら進める形式である。このウォーターフォールモデルを使った情報システム設計過程モデルについて図表5－2に示す。

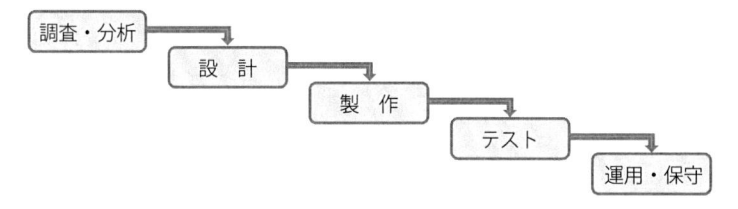

図表5－2　ウォーターフォールモデルの情報システム設計過程モデル

```
調査・分析 → 設計 → 製作 → テスト → 運用・保守
```

（2）プロトタイピングモデル

　ウォーターフォールモデルが，大規模な情報システムの開発を行う場合に用いられるのに対して，規模が小さく，比較的に仕様が明確な場合に，画面などのプロトタイプ（見本）を短期間に作って，実際に利用者に使わせ，利用者の生の声を取り入れて，短時間に改善していく方法である。近年，開発に用いるパソコンの性能アップや開発言語の4GL化などによって可能となった開発モデルである。プロトタイプの実行によって，対話型で仕様が明確になっていくため，開発期間が短縮できるメリットがある。しかし，複雑な大規模システムの開発ではかえって非効率と言われている。

（3）スパイラルモデル

　ウォーターフォールモデルとプロトタイピングモデルの特徴を組み合わせた開発モデルがスパイラルモデルである。プロトタイプを用いて短期間で情報システムの成果物を作成し，設計から成果物による評価を繰り返し，システム範囲を拡大して，繰り返すことで内容が充実し，最終的な情報システムの開発を行うことになる。
　スパイラルモデルでは，①時期サイクルの計画，②リスク分析，③システム開発，④システム評価（システムに対する利用者評価）の4つのステージを繰り返して，システムを開発することになる。

第3節　システムの企画と設計

(1) 構想設計

ここでは生産情報システム開発を含む生産システム設計を取り上げて，事例として解説する。

構想設計は次の8つのステップと決定事項からなる。

```
───────── ステップ ─────────
Step 1：構想設計チームの編成
Step 2：経営上からみたシステムの使命と目標
Step 3：方策レベルの設定と予想される課題
Step 4：対象領域，関連領域の確認
Step 5：課題と施策の対応，施策と新機能の対応の確認
Step 6：予算，期間，制約条件の確認とまとめ
Step 7：推進組織のまとめ
Step 8：構想設計レビュー
```

```
───────── 決定事項 ─────────
●環　境
●業務の現状
●対象となるシステムの使命と目標
●目標を実現するために解決すべき問題点の明確化
●期待価値を実現するための方策（施策）と予想される課題
●問題点と施策の対応，施策と新機能の対応
●生産システムの開発，設計対象および関連領域
●予算規模，実施期間，その他の制約条件等
●推進組織
```

① Step 1：構想設計チームの編成

構想設計チームは，生産情報システム開発の責任者が任命する形をとる。また，チームメンバの資質は，現状業務，業務環境をある程度知っていること（知らない場合は巻紙分析等を行う），現状のやりかたにこだわらずにアイデアを出せる人（現状業務の運用責任者はリーダーには不向き），改革意欲のある人である。

図表5-3　構想設計チームの編成

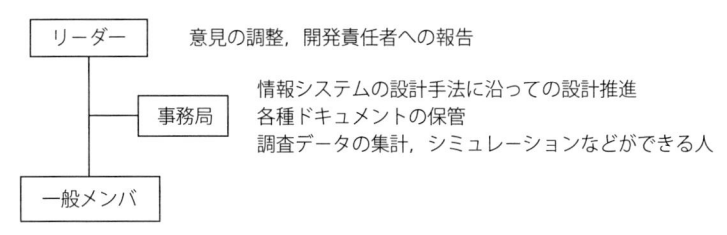

```
リーダー ── 意見の調整，開発責任者への報告
  │
  ├─ 事務局   情報システムの設計手法に沿っての設計推進
  │          各種ドキュメントの保管
  │          調査データの集計，シミュレーションなどができる人
  │
  └─ 一般メンバ
```

メンバ共通の役割は「アイデアをだすこと」であるが，そのほかに図表5-3に示すような役割を決めておく。

② Step 2：経営上からみたシステムの使命と目標

Step 2では，経営環境，業務環境に対するメンバの認識をそろえるために次のような調査を実施する。

```
──────────── 調査事項 ────────────
PPM                        製品事業環境分析
製品特性分析                ABC分析
コスト分析                  販売計画
生産能力                    市場，ライバル調査
ユーザが重視する評価因子の推移段階  経営層，管理層へのインタビュー
```

次に，これから設計しようとする生産情報システムの使命を決める。その意思決定の手法としてはワークデザインの目的の系列化を行い，いろいろな切口から使命の候補を出してみて，経営上どういう影響があるかの比較表を作り，そのなかから使命を選ぶことになる。

図表5-4　経営上の影響に対する比較

	売　上	利　益	資金繰り	社会貢献	・・・

そして，工場の改善欲求の階層モデルに基づき，どの階層に問題があるかと，どの問題が顕在化しているか（管理指標が存在しているかどうかでわかる），およびその問題が他のどの問題に影響しているかを表に整理する。

図表5－5　工場の改善欲求の階層モデルに基づく比較

	問題点	顕在化度合	他の問題への波及効果
在庫，リードタイム削減			
コスト削減			
品質安定			
量確保			

なお，ユーザが重視する評価因子の推移には法則性があることが知られている。したがって，市場で現在どのような評価因子に期待の重点が集まっているかを知れば，次にユーザがどのような評価因子に着目するかの見当がつく。図表5－6の第1段階から第7段階に順次重点が移っていき，そして次にまた第1段階へ戻って，さらに続く。現在重点となっている段階を「魅力的品質」と呼び，それより下の段階とそれより上の段階を，それぞれ「当り前品質」「無関心品質」と呼ぶ。

図表5－6　製品の成熟度に対する重点となる評価因子

製品の成熟度	重点となる評価因子
第1段階	基本機能・弊害機能
第2段階	経済性・操作性
第3段階	安全性・保守性
第4段階	設置性・快適性
第5段階	嗜好性
第6段階	弾力性（使用条件に関し）
第7段階	弾力性（使用目的に関し）

経営上からみた生産情報システムの使命と目標結果を図表5－7に示す形にまとめておく。

図表5-7　システムの使命と目標結果のまとめ

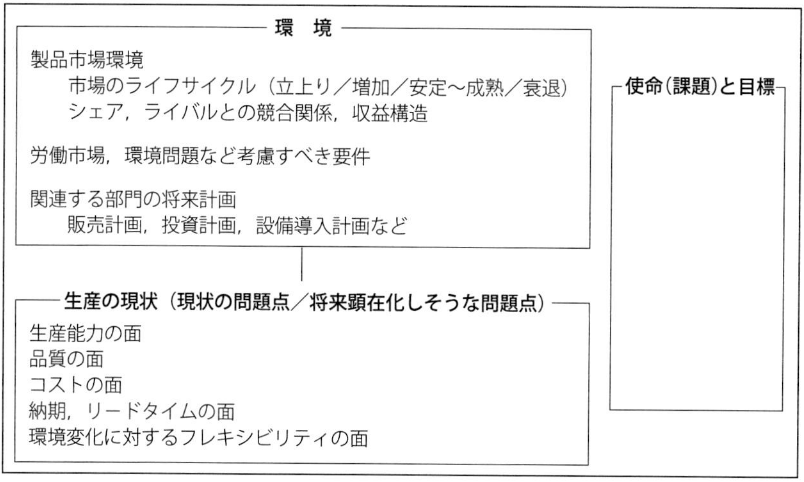

```
┌─────────────────────── 環　境 ───────────────────────┐┌──────────────┐
│ 製品市場環境                                         ││使命(課題)と目標│
│     市場のライフサイクル（立上り／増加／安定～成熟／衰退）│              │
│     シェア，ライバルとの競合関係，収益構造           ││              │
│ 労働市場，環境問題など考慮すべき要件                 ││              │
│ 関連する部門の将来計画                               ││              │
│     販売計画，投資計画，設備導入計画など             ││              │
│                                                      ││              │
│ ──生産の現状（現状の問題点／将来顕在化しそうな問題点）──│              │
│ 生産能力の面                                         ││              │
│ 品質の面                                             ││              │
│ コストの面                                           ││              │
│ 納期，リードタイムの面                               ││              │
│ 環境変化に対するフレキシビリティの面                 ││              │
└──────────────────────────────────────────────────────┘└──────────────┘
```

【工場の改善欲求の階層モデル】

　工場の最重点改善テーマ（工場の改善欲求と呼んでいる）は時々刻々変化するが，工場のライフサイクル中の変化をマクロに見ると，以下の法則がある。

　法則①：工場の改善欲求は，量確保 → 品質安定 → コスト削減 → 在庫，リードタイム削減の順に進む。

　法則②：この順に欲求が満たされない（改善しない）と，次の欲求は出てこない（階層構造）。

　理由①：事業（市場）の発展段階に応じて重点が変化する。

　　　　　立ち上り期：量確保して市場投入が急務
　　　　　上　昇　期：品質が差別化の力点
　　　　　安　定　期：コストが差別化の力点
　　　　　成熟期，衰退期：多品種化，短納期化が重要

　理由②：下の階層の欲求が満足されないと，上の欲求を満足するのに非常な困難を伴う。

図表5－8　工場の改善欲求の階層モデル

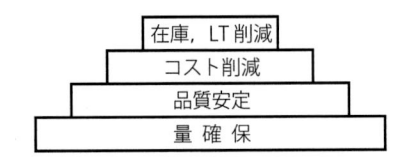

```
    ┌──────────────┐
    │ 在庫, LT削減  │
   ┌┴──────────────┴┐
   │   コスト削減    │
  ┌┴────────────────┴┐
  │    品質安定      │
 ┌┴──────────────────┴┐
 │     量　確　保     │
 └────────────────────┘
```

例えば，以下のような表現は当たっていることが多い。
- 量確保ができる余裕がないと，品質安定に取り組むマンパワーがない。
- 品質不安定を前提とすると，不良の分別の効率化はできても，品質維持にかかるコストの抜本的対策はとれない。
- コストが下がっていないと，在庫削減によるさらなる効率化や短納期化による積極的な販売施策を考えにくい。

③　Step 3：方策レベルの設定と予想される課題

Step 3では，方策レベルを設定する前に，次の調査を行い，結果をドキュメント化しておく。
- 技術シーズ調査（入手可能設備，技術調査）
- 法規制調査

そして方策としては，次のなかから選ぶこととする。
- 新規工場（製品設計，立地，工場間物流見直し等）
- 新設備導入／ライン改造（M／C導入）
- 部分的改善（業務一部変更，シングル段取り）
- 現状業務前提／業務改善

まず，現状業務（現行業務フロー）に対し，競争シーズと法規制の制約のなかで，使命が達成できるかどうかを考える。そして，達成できないならば，順次にレベルの高い方策を検討する。

④　Step 4：対象領域，関連領域の確認

設定した方策レベルに対して，その対象領域を明確にするため，次のような

第5章 情報システムの設計と開発　109

項目をドキュメント化する。

- 対象組織　・業　務　・場　所　・製　品

また，次に示す対象領域と関連する領域，およびその領域とのインターフェースと制約を確認しておく。

- 人　：組織上の位置づけ，関連職場の窓口役など
- 物　：受渡しする物の種類，量，荷姿など
- 設備：前後工程の生産能力，物の受渡し場所など
- 情報：帳票，信号の内容など
- 環境：作業環境の制約，近隣住民の感情，排水等の規制など

⑤　Step 5：課題と施策の対応，施策と新機能の対応の確認

ユーザと設計者の共通の接点として，目標達成のための施策を図表等により明確化して，「問題点と施策の対応」「施策と新機能の対応」による検証によって，新しい仕組みの実現性の確認を行う。

図表5－9　構想設計書―施策と新機能の対応

No	分類項目	問題点	施策：置き換え方式基準値	標準原価設定方式変更	EUC用DB	統合型基準値概念
1	基準値	複数の基準値マスターが存在し，それぞれに維持管理されており，内容が不一致のため，原価計算精度が悪い	○	○		
2		基準値のコード体系が各システムで統一されていないため，維持工数が重複し作業効率が悪い				○
3		新規事業に対応できる基準値体系になっていない				○
4		品目コードの空番が少なく，将来的拡張性がない				○

施策	目標			
	基準値不整合データ削減 不整合＝0件	月次決算完了までのリードタイム短縮 8営業日→6営業日	経理パソコン処理作業時間短縮 年間▲649.4h	経理原価計算帳票機械化率UP 12.9％→95.0％
置き換え方式による基準値精度の向上	●			
標準原価設定方式変更による基準値精度の向上	●			
EUC用工程基準値の設定による工程間接業務工数の削減				
統合型基準値概念による複数事業部原価計算対応			□	

⑥ Step 6：予算，期間，制約条件の確認とまとめ
　環境，生産の現状，使命と目標（量，コスト，納期，品質，人員），方策，対象領域などとともに，予算，期間，制約条件を要約してまとめる。

⑦ Step 7：推進組織のまとめ
　次フェーズ（基本設計）以降の推進組織を決める。

⑧ Step 8：構想設計レビュー
　Step 7までにまとめたドキュメントのレビューを行い，開発責任者の承認を受ける。レビューは以下のメンバで行う。
- 構想設計チームメンバ
- 次フェーズ以降を担当する予定のメンバ
- 開発責任者
- 運用責任者

(2) フェーズ2　基本設計

基本設計は，6つのステップと次の決定事項からなる。

```
──────── ステップ ────────
Step 1：基本設計チームの編成
Step 2：現状（類似）工程で使命，目標の達成を阻害している要因の調査
Step 3：システムの概略構成の決定
Step 4：概略構成のもつべき基本仕様と技術課題の抽出
Step 5：技術課題を受けもつ研究，技術の責任者へのオーソライズ
Step 6：基本設計レビュー
```

```
──────── 決定事項 ────────
● 使命と目標を達成するためのポイントとなる基本仕様と技術課題
　（詳細設計フェーズの設計指針となる）
● 技術，研究の責任者にオーソライズ
```

① Step 1：基本設計チームの編成

フェーズ1と同じチームでよいが，製造現場をよく知っている人と，研究・技術部門の人が入っていることが望ましい。

② Step 2：現状（類似）工程で使命，目標の達成を阻害している要因の調査

使命，目標のタイプによって，図表5－10の「手法選定マトリクス」を使って分析手法を使い分ける。例えば，使命が，在庫削減の場合，図表5－11の「在

図表5－10　手法選定マトリクス

製造原価の比率									定　義
製造原価労務費比率	○	○							労務費／製造原価
製造原価設備償却費比率			○	○	○		○		設備償却費／製造原価
製造原価原材料比率					○	○	○		原材料費／製造原価
製造原価エネルギー費比率						○	○		エネルギー費／製造原価
外注加工費比率							○		外注加工費／製造原価
労働生産性	○	○	○	○			○		付加価値金額／従業員数
直接人員比率	○								直接人員数／従業員数
間接人員比率		○							間接人員数／従業員数
労働装備率				○					設備在高（取得価格）／作業人員
設備稼働率			○						稼働時間／（稼働時間＋非稼働時間）
生産量仕掛在庫比率					○				仕掛在庫金額／生産金額

管理指標＼改善テーマ＼調査分析手法	直接人員削減	間接人員削減	稼働率向上	生産数量アップ	設備能力アップ	不良率低減	材料単価引き下げ	内外作区分変更	省エネルギー	仕掛在庫削減	補足説明
PQ分析／ABC分析	○	○	○	○	○	○				○	生産品目対生産数量分析
生産計画／出来高調査	○		○	○	○						
工程分析	○	○	○	○	○			○		○	オペレーションプロセスチャート　フロープロセスチャート
定員・人員配置調査	○	○	○								
機械配置調査	○		○	○				○			
時間研究	○	○	○								ストップウオッチ法，PTS法（WF法，MTM法）
サイクルタイム調査	○		○	○							ストップウオッチ法
ラインバランス調査	○			○							ピッチダイアグラム，バランス効率，バランスロス率
機能研究											機能行為分類，改善指向，改善案評価
連合作業分析	○	○	○								マン&マシンチャート　マルチマンチャート　マルチマン&マシンチャート
作業者稼働分析	○	○	○				○				ワークサンプリング法
機械稼働分析			○	○	○				○		ワークサンプリング法，出来高，資料
設備故障調査			○								
動作研究	○										両手作業分析，微動作作業分析（サーブリック）
段取り分析			○	○	○						FROM－TOチャート（段取りマップ）
運搬活性分析	○							○			平均活性示数分析
不良率調査		○				○					
PM分析			○		○						現象の物理解析 設備，材料，方法の関連
工程能力指数調査						○					C_p値
工程FMEA・FTA						○					システム故障解析
クレーム調査						○					客先，市場クレーム
流動数分析										○	
棚卸在庫数調査			○							○	
資材納入数，納入ロット調査							○	○			
外注先調査							○	○			
事務作業分析		○									

（○は関連があるもの）

図表 5 − 11　在庫要因分析チェックリスト

○：技術的問題　△：管理の問題　□：意志決定と政策の問題

		入　荷		貯蔵		出　荷		
品質	不合格○	均一性○	ーーーー	ーー	ーーーー	ーーーー	ーーーー	
数量	不足△	ーーーー	減水△	ーー	需要変動△	ーーーー	ーーーー	
時間	遅れ△	ーーーー	断水△	ーー	計画変更△	ーーーー	ーーーー	
金額	価格変動□	単価□	ーーーー	ーー	ーーーー	ーーーー	ーーーー	
	不確定性	大量効果	能力制限	ーー	不確定性	大量効果	能力制限	

庫要因分析チェックリスト」に従って要因を分析する。

また，在庫要因とその寄与率を詳細に分析するときは，PSS 法 (Predetermined-Stock Standard) を使う。PSS 法は在庫を要因別に分解し，各要因別の理論在庫量を計算して，集計する方法である（PSS 法は参考文献［4］を参照）。

③　Step 3：システムの概略構成の決定

まず，ワークデザインの理想システムの設計手順を使い，理想システム案をいくつか作る。次に，各案に対して，それが使命，目標を達成できるものかをワークデザインにおける理想システムの評価方法に準じて評価し，2〜3 案に絞る。

図表 5 − 12　システム化案の評価例

案 ＼ 評価	直接	手順	単純	運用費	無人化	発展性	技術容易	計
製品在庫対処案	1	3	2	3	1	4	1	15
設備余力対処案	1	1	1	4	1	3	3	14
金属部品ストック案	2	4	3	2	1	2	2	16
無在庫小ロット案	2	2	2	1	1	1	3	12

④　Step 4：概略構成のもつべき基本仕様と技術課題の抽出

前ステップで絞られた案に対して，各案が使命，目標を達成するために必要な基本仕様／前提条件（できるだけ数値化）を仮決めする。次に，その基本仕様／前提条件で目標が達成できるかどうか，シミュレーション検討を行い，目標が達成できるように，スペックを修正してゆく。さらに，その基本仕様／前提条

件を満たすための技術課題を列挙し，基本仕様／前提条件が満たされなかった場合に目標がどのぐらい未達になるかをシミュレーションして，リスク評価する。最後に，基本仕様／前提条件／技術課題／リスクをドキュメント（図表5－13）にまとめ，1つの案に決定し，開発責任者の承認を受ける。

図表5－13　基本仕様のまとめ

案↓	基本仕様	前提条件	技術課題	リスク
1. -----	1) 2) 3)			1) XXの場合XX
2. -----	1) 2)			1) XXの場合XX 2) XXの場合XX

⑤　Step 5：技術課題を受けもつ研究，技術の責任者へのオーソライズ

　技術課題を受けもつ研究，技術の責任者へ前ステップまでの結果を報告し，技術課題の解決を依頼する。

⑥　Step 6：基本設計レビュー

　Step 5までにまとめたドキュメントのレビューを行い，開発責任者の承認を受ける。

　　レビューメンバ：基本設計チームメンバ，次フェーズ以降を担当する予定の
　　　　　　　　　メンバ，開発責任者，運用責任者，研究，技術責任者

（3）フェーズ3　詳細設計

　詳細設計は，5つのステップと次の決定事項からなる。

── ステップ ──	── 決定事項 ──
Step 1：詳細設計チームの編成 Step 2：製造システムの設計 Step 3：管理システムの設計 Step 4：取得・建設計画作成 Step 5：詳細設計レビュー	●設備の詳細仕様，設計図，レイアウト ●管理方式，組織，情報システムの仕様 ●取得・建設計画

① Step 1：詳細設計チームの編成

　生産情報システム開発担当，設備開発担当，生産管理担当，保全担当，品質管理担当，現場運用担当をメンバとしていれる。

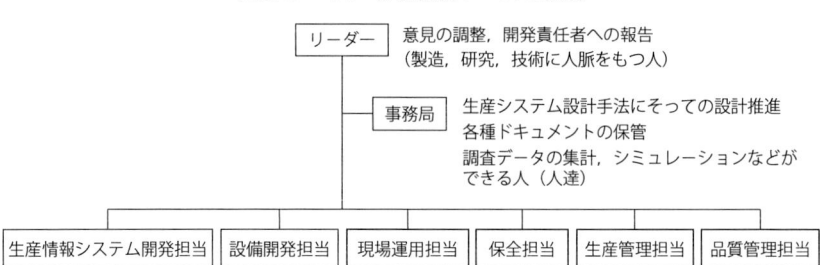

図表5－14　詳細設計チームの編成

```
            リーダー ─── 意見の調整，開発責任者への報告
              │          (製造，研究，技術に人脈をもつ人)
              │
              ├── 事務局 ── 生産システム設計手法にそっての設計推進
              │            各種ドキュメントの保管
              │            調査データの集計，シミュレーションなどが
              │            できる人（人達）
              │
    ┌─────┬─────┼─────┬─────┬─────┐
生産情報  設備開発  現場運用  保全担当  生産管理  品質管理
システム  担当     担当              担当     担当
開発担当
```

　最初に前フェーズの基本仕様／前提条件を「総合目標」（図表5－15）の形に書き，以後，目標展開図（図表5－16）で全体目標に対する達成度を見ながら，設計を進める。

図表5－15　システム化案の評価例

入れる	変える	出　す	管理特性	達成目標	評価基準	制約条件
材料・部品等の調達	組立 成形 溶接 焼入 機械 プレス の各職場	来期に予定の製品群を算出	品　質			設計図添付
			数　量			今期と同じ
			時　間	直接工数20%削減		準備は今期内 来期内で達成
			金　額		できるだけ安く	400万円／人以下

図表5－16　目標展開図の例

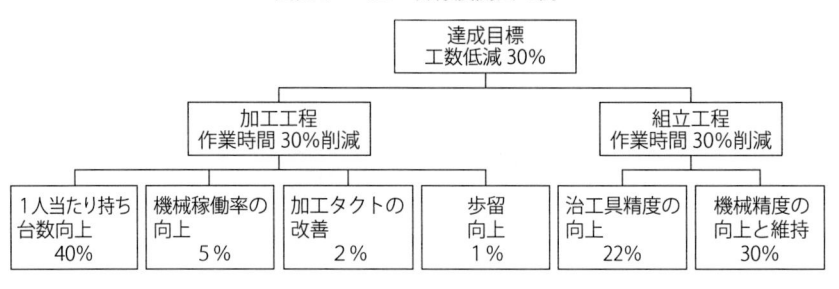

```
              達成目標
           工数低減 30%
           ┌──────┴──────┐
        加工工程          組立工程
     作業時間30%削減    作業時間30%削減
     ┌────┬────┬────┐    ┌────┬────┐
  1人当たり 機械稼働率 加工タクトの 歩留  治工具精度の 機械精度の
  持ち台数  の向上   改善      向上   向上    向上と維持
  向上40%   5%      2%       1%    22%      30%
```

② Step 2：製造システムの設計

フィルム生産の場合を事例として手順を示す。作業面からみると機械作業あるいは装置作業の場合がほとんどとなる。

＜生産形態（受注／見込み）の見極めと製品ストックの設定＞

フィルム生産の場合，製品の設計・仕様は受注前に決まっているので，個別受注（受注後に設計，製造）はまずない。しかし，受注してからそれに対応する生産活動をするのか（受注生産），受注前に見込みで生産しておくか（見込み生産）は両方ある。客先への納入リードタイムがある程度長くても許される場合は，在庫削減の観点からできるだけ受注生産としたいが，一方，操業度の安定化の点では見込み生産としたい。機械作業あるいは装置作業の場合の使い分けのめやすは図表5－17のようになる。

図表5－17　生産形態（受注／見込み）の見極めと製品ストックの設定

		許される納入リードタイム		
		即納（当日～翌日）	数日～数週	数カ月
総量の月間需要変	±10%以内	見込み生産	受注生産が望ましい①	受注生産
	±10%～20%	見込み生産	受注生産が望ましい①②	受注生産が望ましい②
	±20%以上	見込み生産	見込生産と受注生産を製品によって使い分けるのが望ましい	受注生産が望ましい②

① 製造リードタイムを短縮するか適当な中間ストックをもつ必要がある。
② 能力の弾力性必要。

見込み生産の場合，製品の保管工程が必要なので，その仕様（場所，容量等）を決める。容量はPSS法等で決めた基準在庫量によるが，その値は製造リードタイム（基準生産計画設定～完成）の間の需要予測値の誤差，製造リードタイムのバラツキ，製品ごとの在庫補充の頻度（製造ロットの大きさ），需要の季節変動等で決まる。

＜組織形態（機能別配置／品種別配置）の見極め＞

フィルム生産の場合，1個の機械能力が大きいので単一製品専用の流れラインが組めることはまれであるが，できるだけ類似の製品グループをまとめて，

流れ化したラインで作業するようにする。しかし生産量の変動が大きい製品グループ（経験値としては±30％以上の変動）に対しては，流れ化する費用をかけるのは得策でない場合が多い。

【ライン構成の検討例】

　組立職場で流れ作業とする場合，一般的に物進式（物を移動させながら工程を進める）が多いが，人進式（物を固定しておいて，各工程担当の人が移動する）も場合によってはメリットがあるので，長所・短所を考慮して方式を選択する。一般的には図表5−18のような得失がある。

図表5−18　ライン構成の検討例（物進式と人進式の長所・短所）

	物進式	人進式
取り置き，水平出し等，移動に伴う作業	×タクト短いと問題	○問題なし
多能工化に伴う多工程持ちの展開	×レイアウト変更必要	○レイアウト変更なし
トラブル発生時の手空き	混乱発生	混乱発生
欠員発生時の応援者の補充	ポジション指示容易	ポジション指示やや難
部品供給のやりかた	○ロットまとめ供給可	×1台単位の供給基本
検査機・治具等の移動	○治具等の移動不要	×移動必要
通路の確保	○製品出荷の通路不要	×出荷の通路確保要
床荷重・ユーティリティ等の制約対応	○制約考慮可能	×制約あると構成難

＜ボトルネックの加工工程の仕様決定＞

　ボトルネックの加工工程を見極め，その仕様（加工速度／稼働率）と台数を決める。ボトルネックとなるのは，価格／加工速度が高いもの，技術難度が高いものである。

＜製造ロットサイズの決定＞

　フィルム生産の場合，流れ化しても単一製品の専用ラインとなることはまずないので，ロットで流すことになる。受注生産の場合，受注ロットと同じか，受注ロットをいくつかに分割したロットサイズとすればよいが，見込み生産の場合は受注ロットとは独立に製造ロットサイズを決められる。見込み生産の場合，一般的には経済ロットサイズを計算して決めるのが原則だが，在庫費用の値を設定するのは困難なので，経験的には以下の決定内容が関係者の賛同を受

けやすい。

- ネック工程の段取りロス率が10％を超えない範囲で，できるだけ小さなロットサイズに戦略的に決定する。
- ただし，10％の範囲ではロットサイズが需要量の1週間分を超える場合には段取り替え時間の仕様を見直すか，加工速度の低い機械を多数台（多数ライン）設置して生産を分割したほうがよいと思われる。

＜ボトルネック以外の加工工程の仕様決定＞

ボトルネック以外の工程は，ボトルネック以上の能力（速度×稼働率）に設定するが，稼働率の大小は気にすべきでない。

＜検査工程の仕様決定＞

＜仕掛，原材料のストックポイント設定＞

原材料調達から製品完成までの総製造リードタイムが，見込み生産なら基準生産計画設定から完成まで，受注生産なら受注から納品までのリードタイムより短かければ問題ないが，もし長い場合，仕掛あるいは原材料で見込みストックをもつことを検討する。見込みストックをもてる条件としては以下の通りである。これ以外の場合は製造リードタイムを短縮することを検討したほうがよい。

- そのポイント以降の完成（あるいは納品）までのリードタイムが基準生産計画（あるいは受注）から完成（納品）までのリードタイムより短い。
- 比較的コンパクトで荷扱いが容易な保管形態である。
- 陳腐化や劣化の危険が少ない。
- 複数の製品に共通な部品（原材料）である。
- 単価が安く在庫金額の負担が小さい。

＜工程間のバッファ設定＞

工程間の加工ロット差，勤務差，運搬ロット，トラブル対応のためにバッファ在庫をもつ場合，その要因がなくせないかを検討する。特にトラブル対応のためのバッファ在庫は，管理が十分でないと過大になりがちであり，トラブルの改善意欲を誘導できないばかりか，在庫のための保管設備が新たなトラブルを発生させることが多いため，極力もたないようにする。

＜運搬工程の仕様決定＞
　コンベアなど連続搬送のものと AGV など間欠搬送のものを適切に使い分けるのがポイントである。
＜作業者に要求する資質を決定し，マンマシンインターフェイズを決める＞
　作業エリアが広い場合は，パトライト，アンドン等でメンテ担当者，材料供給担当者，製品回収担当者等へ知らせるしかけも必要である。これは自動的に点灯しなくても，作業者がスイッチを操作して点灯するようにしてもよい。
＜SLP（システマティックレイアウトプランニング）などを用いてレイアウトを決める＞
＜作業者の人数を見積もる＞
　定常時の作業では，機械のサイクルや前後工程のサイクルに従属する作業と，そうでない作業に作業分類する。前者は連合作業設計によって，人数を決定する。後者は1日当たりの作業工数を積み上げて人数を決定する。後者の人数は余裕率を考慮して決定する。また，運搬作業は廃棄，戻り物流も忘れないように工数を見積もる。重量物を手運搬する作業は，作業者の年齢，性別等を考慮して，誰ができるかを考慮しながら人員を決定する。

重量物運搬の目安
（1人作業の場合）

5kg 未満	限定なし（ただし重量によってスピードは低下）。
5 － 10kg	若い女性と男性
10 － 15kg	男　性
15kg 超	屈強な男性

＜休暇時の交代要員を見積もっておく＞
　段取り替え時の作業を抽出し，必要な工数，人員，治工具を見積もる。定期保守時の作業では，一般的に行う作業を抜けなく抽出し，工数と必要な交換部品，工具等を洗い出しておく。
＜費用，人員のまとめ＞
　全体目標を満たしているかどうかを評価し，設備購入仕様を決定する。そして，FMEA（Failure Mode and Effect Analysis：故障モード影響度解析）を実施する。

また，物の流れのシミュレーションを実施する。通常，全体の特性を平均値での手計算でつかみ，ネックの部分のピーク時をやはり手計算でシミュレーションしておけば充分な場合が多い。さらに，待ち行列が問題になりそうな部分があるときだけ，シミュレーション言語を用いる。

③　Step 3：管理システムの設計
＜労務管理，作業管理＞
　　組織，人員の設定，勤務制，教育機関の設定をする。
＜品質管理＞
　　判定基準，フィードバック方法・タイミングの決定をする。
＜工程管理（計画／進捗管理），資材管理（調達／保管）＞
　　生産計画の期間／タイミング／責任者／詳細度の設定
　　工程間の連動コントロール方式決定
　　材料の調達方式の決定
　　作業指示／進捗把握のタイミング決定
　　基準値の洗いだしと，設定／メンテの責任者，方法の決定
　作業進捗管理方式は，製造方式によって図表5－19のように使い分けるのがよい。
＜設備管理＞
　　予防保全の間隔の見積り／決定
　　補修部品の調達／在庫管理方式の決定
＜生産情報システム処理＞
　　現状工程，類似工程の調査をする。
　　　・必要機能定義
　　　・自動化（情報化）対象の選択と情報システムの基本設計
　工程管理（計画／進捗管理），資材調達，在庫管理といった領域では，情報システムを使った方がよい場合が多い。
＜費用，人員のまとめ＞
　　全体目標を満たしているかどうかを評価し，設備購入仕様を決定する。

図表5－19　作業進捗管理方式の使い分け

製造方式		1日の中の進捗管理	週間／月間での進捗管理
フローショップ型 （ライン型）	多量	生産管理進度表示装置 （電光表示）	累計グラフ（数量）
	少量	作業状況表示装置 （積層信号灯） またはアンドン	
ジョブショップ型	多種	差立盤	累計グラフ（指図数）
	少種	差立盤または不要	ガントチャートまたは イナズマチャート

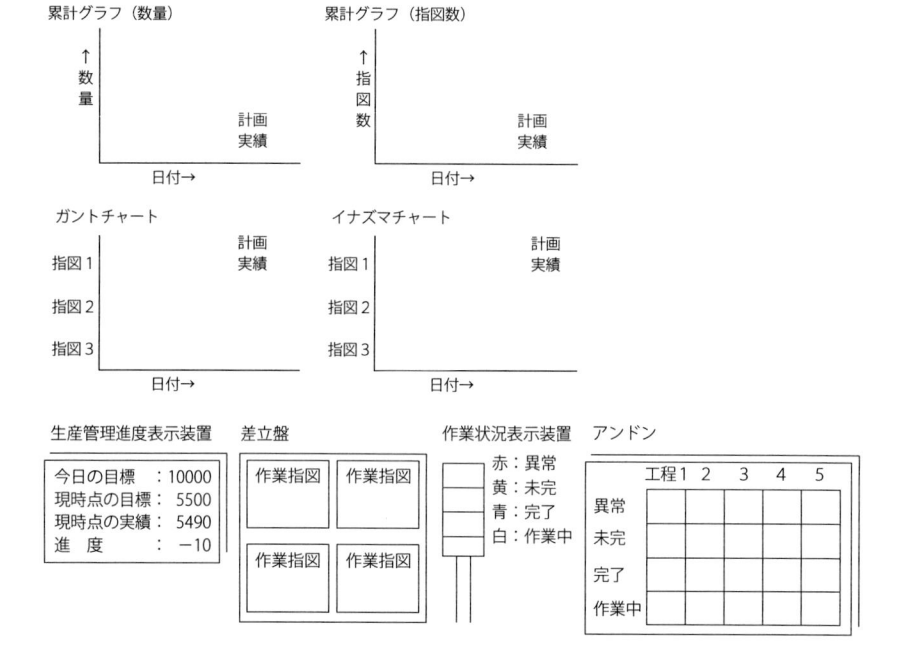

累計グラフ（数量）

↑
数
量
　　　　計画
　　　　実績
　　日付→

累計グラフ（指図数）

↑
指
図
数
　　　　計画
　　　　実績
　　日付→

ガントチャート

　　　　　　計画
指図1　　　実績
指図2
指図3
　　日付→

イナズマチャート

　　　　　　計画
指図1　　　実績
指図2
指図3
　　日付→

生産管理進度表示装置

| 今日の目標 ： 10000 |
| 現時点の目標： 5500 |
| 現時点の実績： 5490 |
| 進　度　　 ： －10 |

差立盤

| 作業指図 | 作業指図 |
| 作業指図 | 作業指図 |

作業状況表示装置

赤：異常
黄：未完
青：完了
白：作業中

アンドン

	工程1	2	3	4	5
異常					
未完					
完了					
作業中					

FMEAを実施する。

④　Step 4：取得・建設計画作成

　次フェーズ（取得・建設）のスケジュールを作成する。作成にあたっては以下の点に留意する。

　　・進捗管理，再スケジュールの権限，実務をやる人を明らかにしておく。

（開発責任者の実務上の代行者）

また進捗報告の具体的方法も決めておく。
- ヒト／モノ／カネの各資源についてもれなく計画し，しかもそれらの間にタイミング上の矛盾がないこと。適切なマイルストーンを設定しておくとよい。
- 長期＝リソースの手配
- 中期＝リソースの利用効率向上
- 短期＝作業の指示，リソース間のタイミングの微調整

など，目的に応じて計画期間／詳細度を使い分ける。

⑤ Step 5：詳細設計レビュー

Step 4までにまとめたドキュメントのレビューを行い，開発責任者の承認を受ける。

レビューは以下のメンバで行うのが望ましい。
- 詳細設計チームメンバ
- 次フェーズ以降を担当する予定のメンバ
- 開発責任者
- 運用責任者

第4節　システム仕様の記述

情報システムの企画・設計段階で使用する代表的な図法として，フローチャートとDFD（Data Flow Diagram：機能情報関連図）がある。

（1）フローチャート

一般に意思決定の流れを図で示す場合などにも利用されているが，情報システム開発において，フローチャートは新旧業務フローを定められた記述法に従い表現した流れ図である。楕円の箱が開始と終了を示し，四角形の箱が処理，ひし形の箱が判断の分岐を示している。図表5－20に業務フローをフローチャートで書いた事例を示す。

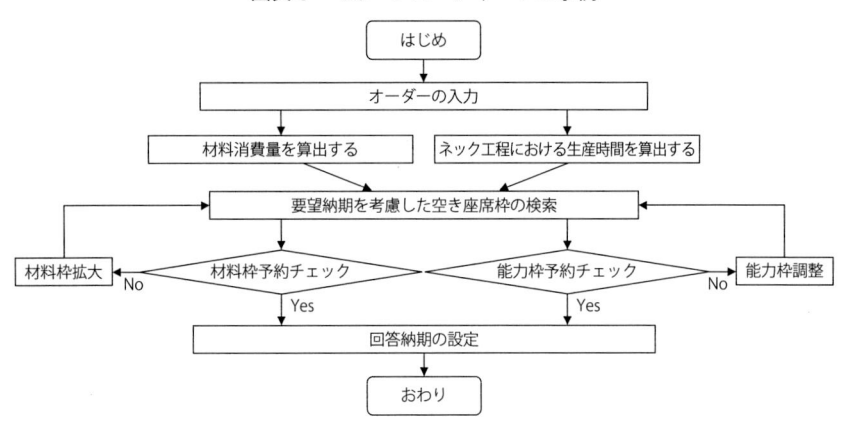

図表5－20　フローチャートの事例

[フローチャート図：はじめ→オーダーの入力→材料消費量を算出する／ネック工程における生産時間を算出する→要望納期を考慮した空き座席枠の検索→材料枠予約チェック（No→材料枠拡大）／能力枠予約チェック（No→能力枠調整）→Yes→回答納期の設定→おわり]

（2）DFD

　DFD（Data Flow Diagram：機能情報関連図）は，図で示すシステムに焦点を当てた業務分析手法で，データの発生から処理して格納するまでの流れに着目して対象とするシステムを表現している。

　DFDでは，図表5－21に示す4つの記号を使用する。DFDの書き方の詳細は，第3章第3節（2）を参照してほしい。

　DFDを使用することで，データ構造とそれらを操作するプログラムのカプセル化やモジュールの独立性の確保の考え方が明確になる。図表5－22にDFDの事例を示す。

第5節　データベースの設計

（1）データベースとは

　世のなかに溢れているさまざまな「データ（data）」や「情報（information）」を正しく理解することにより，それを活用したデータベース（Database）の設計が正しく行えるようになる。そもそも「データ」とは，何らかの条件，値，状態を示す数値，文字，記号の集まりであり，例えば，表，グラフ，図，画像，音，そして3次元仮想世界のオブジェクトなどがこれに当たる。それに対し，

図表 5 − 21　DFD で使用する記号

記　号	名　　称	説　　明
名称	データ源，または行先	分析の対象の範囲外にあって，データの発生源または行先となる実態を示す。中に名称を記入する。
名称	データストア（保管先または保管元）	データの蓄積を示す。中にデータストア名を記入する。
→ 名称	データフロー	データの流れを示す。データフロー名かデータ名を矢印の上に記入する。
名称	プロセス（機能）	入力データから出力データへの変換・加工機能を示す。中に処理名を記入する。上部には，プロセス番号を記入する。物理モデルにおいて，処理名の下に担当部署を記入する。

図表 5 − 22　DFD の事例

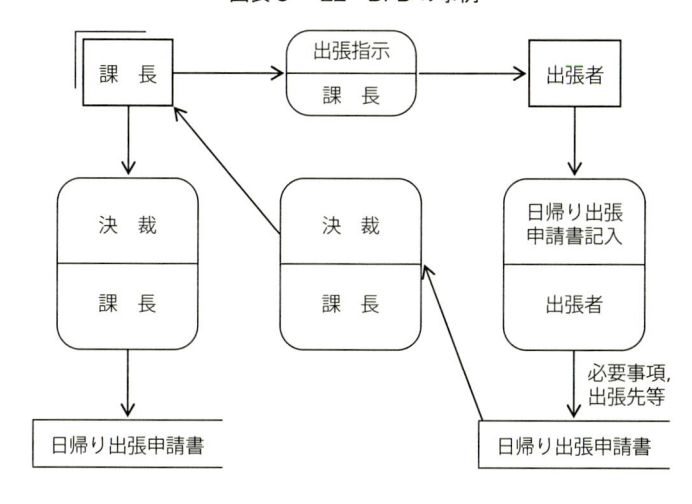

「情報」とは，このデータを体系的に整理し，人が利用できる価値をもたせたもの，といえる。この情報は，それを利用する「ユーザ」が存在することが前提となる。したがってこれらには，図表 5 − 23 のような包含関係がある。

データベースは，直訳すると「データの基地」であり，その意味は，情報検索システム，各種データのファイル群，あるいは，データベースシステム製品

図表5－23　データと情報

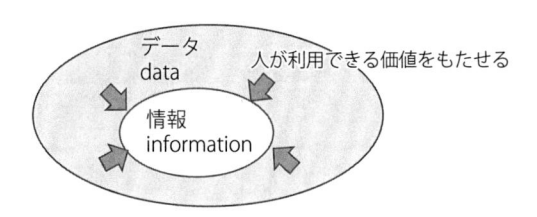

を指すなど，さまざまな意味合いやレベルで使われる"多義語"である。例えば，「ある目的によってデータを集め，一定の基準で整理し記憶したデータの集合（コンピュータ概論：共立出版）」という定義などがある。

データベースの特徴としては，

①現実世界のモデル化，②データの独立性，③データの整合性，④データの一元管理，⑤データの共同利用，が挙げられる。

データベースの目的は，その成り立ちから考えてみると，「さまざまな所に分散していたデータを一元管理することにより，多数のユーザが同時に効率よく目的のデータにアクセスできるようにすること」ともいえよう。また，データベースは，データをプログラムから独立させて体系的に管理し，多くの人が安全かつ同時に共有できるようにしたものである。そのためには，データベース管理システム（Data Base Management System: DBMS）（図表5－24）が不可欠である。この DBMS の機能は，(1) メタデータの管理，(2) 整合性管理，(3) 機密保護管理，(4) 障害回復管理，の4つに分類することができる。

図表5－24　データベース管理システム（DBMS）の位置づけ

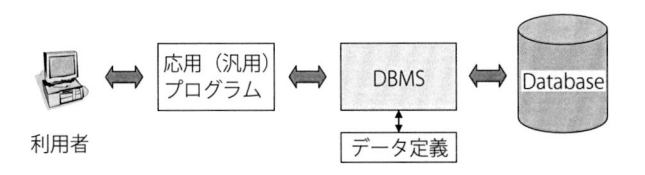

（2）データベースの種類

データベースには，(a) ネットワークデータ型，(b) リレーショナルデータ型，(c) 階層データ型，(d) オブジェクト指向データ型等の種類（図表5−25）があり，それぞれ異なる特徴を有するが，ここでは最も一般的であるリレーショナルデータ型である「リレーショナルデータベース」について説明することとする。

図表5−25−1　データベースの種類（(a) ネットワークデータ型）

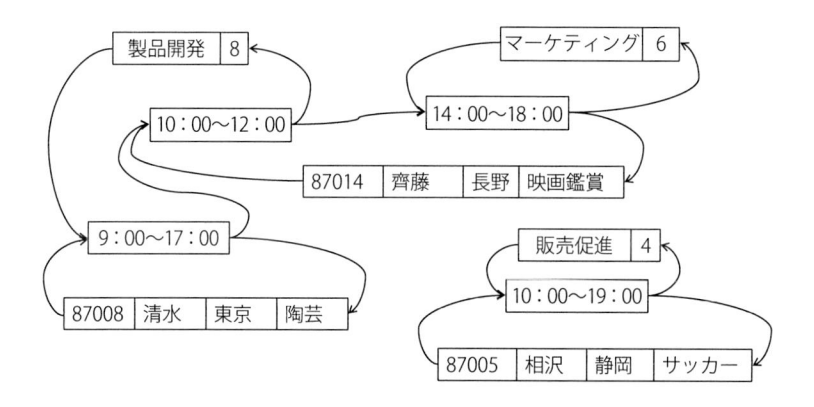

図表5−25−2　データベースの種類（(b) リレーショナルデータ型）

プロジェクト

プロジェクト名	人数
製品開発	8
販売促進	4
マーケティング	6

社員

社員番号	社員名	出身	趣味
87005	相沢	静岡	サッカー
87008	清水	東京	陶芸
87014	齊藤	長野	映画鑑賞

担当

プロジェクト名	社員番号	勤務時間
製品開発	87008	9：00〜17：00
製品開発	87014	10：00〜12：00
販売促進	87005	10：00〜19：00
マーケティング	87014	14：00〜18：00

図表 5 − 25 − 3　データベースの種類（(c) 階層データ型）

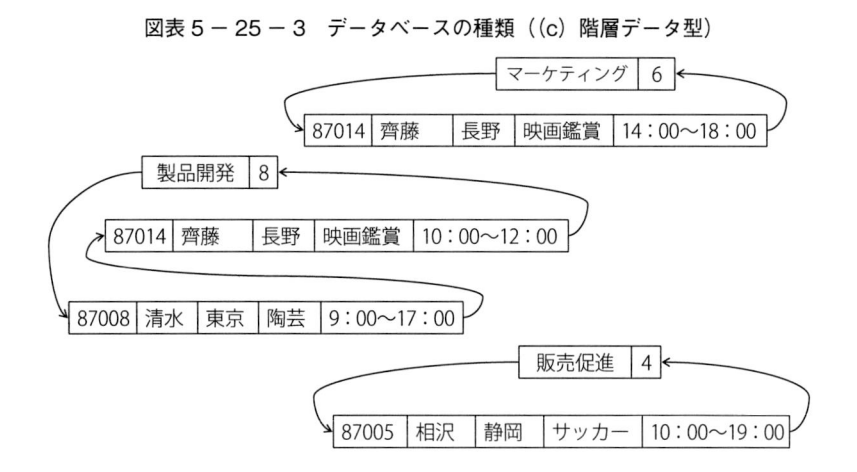

| マーケティング | 6 |
| 87014 | 齊藤 | 長野 | 映画鑑賞 | 14：00〜18：00 |

製品開発	8
87014	齊藤	長野	映画鑑賞	10：00〜12：00
87008	清水	東京	陶芸	9：00〜17：00

| 販売促進 | 4 |
| 87005 | 相沢 | 静岡 | サッカー | 10：00〜19：00 |

図表 5 − 25 − 4　データベースの種類（(d) オブジェクト指向データ型）

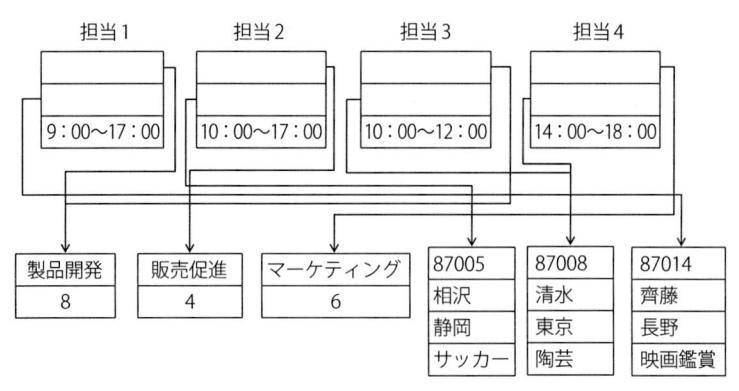

担当1　9：00〜17：00
担当2　10：00〜17：00
担当3　10：00〜12：00
担当4　14：00〜18：00

| 製品開発 8 | 販売促進 4 | マーケティング 6 | 87005 相沢 静岡 サッカー | 87008 清水 東京 陶芸 | 87014 齊藤 長野 映画鑑賞 |

（3）各種従属性について

　データベースに関連する重要な概念である「正規形」を説明するに先立って，まず必要なその周辺の各概念の説明を簡単に記す。

　ドメイン (domain：定義域)：データの集合の型（タイプ）を意味する。例えば，「年齢の集合」「人名の集合」「住所の集合」など。

　タップル (tuple：組)：リレーション（2次元表）の各行の要素を指す。

　属性 (attribute)：リレーションの各列の要素を指す。

　直積：与えられたすべてのドメインの組み合わせの集合を表す。例えば，D_1

＝（佐藤，鈴木，田中），D_2 ＝（テニス，映画），D_3 ＝（東京，埼玉）を3個のドメインとするとき，直積は $D_1 \times D_2 \times D_3$ で表され，次の12個の要素からなる集合を意味する。

｛（佐藤，テニス，東京），（佐藤，テニス，埼玉），（佐藤，映画，東京），（佐藤，映画，埼玉），（鈴木，テニス，東京），（鈴木，テニス，埼玉），（鈴木，映画，東京），（鈴木，映画，埼玉），（田中，テニス，東京），（田中，テニス，埼玉），（田中，映画，東京），（田中，映画，埼玉）｝

リレーション（relation）：n個のドメイン $D_1, D_2, \cdots, D_n$ 上のリレーションとは，直積 $D_1 \times D_2 \times \cdots \times D_n$ から選択されたある部分集合のことをいう。これがリレーショナルデータベースでは「行と列からなる2次元の表（テーブル）」の形になっている。

リレーションスキーマ（relation schema）：リレーション（2次元表）を，時間的に変化のない「表の枠（frame：フレーム）」としてとらえたものである。

インスタンス（instance）：リレーションを，時間とともに変化する「タップル（行）の集まり」としてとらえたもの。

自然結合（natural join）：2つのリレーションがある共通の属性の値を媒介にして自然な形で結合されることをいう（図表5 - 26参照）。

情報無損失分解（information lossless decomposition）：あるリレーションが属性群 $A (A_1, A_2, \cdots, A_\ell)$，$B (B_1, B_2, \cdots, B_m)$，$C (C_1, C_2, \cdots, C_n)$ から成り立っているとき，すなわち，$R (A_1, A_2, \cdots, A_\ell, B_1, B_2, \cdots, B_m, C_1, C_2, \cdots, C_n)$ であるときに，2つの射影，$R (A_1, A_2, \cdots, A_\ell, B_1, B_2, \cdots, B_m)$ と $R (A_1, A_2, \cdots, A_\ell, C_1, C_2, \cdots, C_n)$ に無損失分解されるとは，その2つの射影を「自然結合」させたときに下のリレーションに（損失なく）戻ることをいう（図表5 - 27参照）。

関数従属性（functional dependency）：任意のインスタンスにおいて，ある属性 A（または属性群 $A' (A_1, A_2, \cdots, A_m)$）の値が等しいタップル同士は，他の属性 B（または属性群 $B' (B_1, B_2, \cdots, B_n)$）の値も等しいという関係が成り立つときに，そのリレーションスキーマには「関数従属性が存在する」という。

完全関数従属（fully functionally dependent）：上記の関数従属性の説明において，属性群 A' が，関数従属性が成立するための必要最低限の集合になってい

図表 5－26　自然結合の例

社　員

部課番号	社員名
1	相沢　友紀
3	加藤　一郎
2	佐々木　玲奈
2	田中　隆
1	内藤　進
3	藤井　純

部　課

部課番号	部課名
1	学務課
2	広報課
3	総務課

自然結合

会社 A

社員名	部課番号	部課名
相沢　友紀	1	学務課
加藤　一郎	3	総務課
佐々木　玲奈	2	広報課
田中　隆	2	広報課
内藤　進	1	学務課
藤井　純	3	総務課

図表 5－27　情報無損失分解の例

家電製品

客ID	客名	製品名	商品コード	価　格	フロア
1	V	A	10	9,000円	5F
2	X	B	20	30,000円	2F
3	Y	C	30	10,000円	4F
4	Z	B	20	30,000円	2F

情報無損失分解

家電製品［客ID，客名，製品名］

客ID	客名	製品名
1	V	A
2	X	B
3	Y	C
4	Z	B

家電製品［製品名，商品コード，価格，フロア］

製品名	商品コード	価　格	フロア
A	10	9,000円	5F
B	20	30,000円	2F
C	30	10,000円	4F

るときに，B' は A' に完全関数従属しているという。

多値従属性（multi-valued dependency）：多値従属性とは，あるリレーションスキーマ R が，A（$A_1, A_2, \cdots, A_\ell$）と B（$B_1, B_2, \cdots, B_m$）と C（$C_1, C_2, \cdots, C_n$）の3つの属性群からなるときに，任意のインスタンス R がその2つの射影

R [$A_1, A_2, \cdots, A_\ell, B_1, B_2, \cdots, B_m$] と

R [$A_1, A_2, \cdots, A_\ell, C_1, C_2, \cdots, C_n$] に

無損失分解されるときに，R に多値従属性が存在するという。これは，属性群 B（$B_1, B_2, \cdots, B_m$）と C（$C_1, C_2, \cdots, C_n$）が直交する（独立な，何の関係もない）概念であることと同じである。

結合従属性（join dependency）：多値従属性を3つ以上のリレーションスキーマに拡張した概念といえる。

候補キー（candidate key）：リレーションのタプルを唯一識別できる属性（の極小の組）のことをいう。

主キー（primary key）：候補キーのうちで第1義であり，最も重要であり，かつキー制約を適用するのがよいと判断されたもの。

スーパーキー（super key）：候補キーを含む集合のことを指す。

外部キー（foreign key）：任意のインスタンス R のある属性 A_i を考えるときに，R の任意のタプル t の A_i 値 t [A_i] が，その時点で他のインスタンス S のあるタプル u の主キー値 u [B_ℓ] となっているという制約があるときに，R の A_i を S の外部キーという。

（4）正規形

本節では，第1～5正規形についてできるだけわかりやすく述べる。

① 非正規形

第1正規形の条件を満たさないリレーションのことをいう。属性値としてまたリレーションを含むような場合，すなわち，属性値のなかに「集合値」や「直積形」を含んでいる形のことである。

② 第1正規形

シンプル（simple）なドメイン上で定義されたリレーションのことである。

ここでsimpleとは，そのドメインがほかのいくつかのドメインの直積（direct product）の形や集合のような形になっていない，ということである。

③ 第2正規形

各候補キーの値が決まると，非キー属性の値が定まるような形のことである。

④ 第3正規形

推移的従属性を含まない形になっていることである。

⑤ ボイス - コッド（Boyce-Codd）正規形

通常の意味での関数従属性を含まない形のことである。

⑥ 第4正規形

通常の意味での多値従属性を含まない形のことである。

⑦ 第5正規形

結合従属性を含まない形のことである。

図表5-28に正規形に関する包含関係を示す。高次の正規形はそれより低次の正規形の条件を満たしていることがわかる。

（5）SQL

SQLの語源はSEQUEL（Structured English Query Language）であり，ISO（International Organization for Standardization：国際標準化機構）が1992年にSQL-92として規格化したものである。このSQLにより質問（query）を書き下すことを「問い合わせ指定（query specification）」という。

SQLでのqueryの基本形は次の形である（図表5-29）。

図表 5 − 28　正規形における包含関係

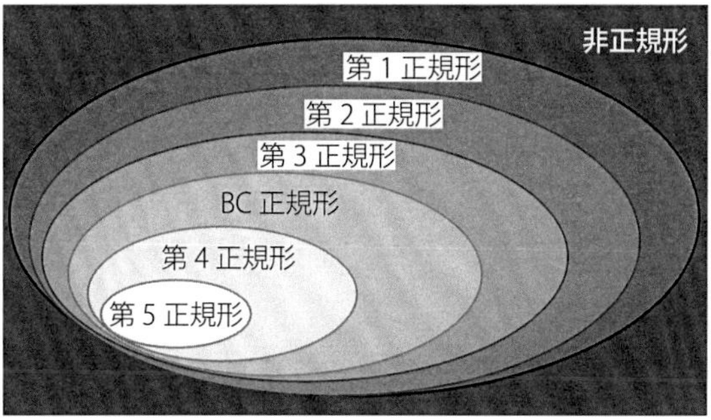

(非正規形／第1正規形／第2正規形／第3正規形／BC正規形／第4正規形／第5正規形)

図表 5 − 29　問い合わせ指定の基本形

```
SELECT  <値式₁>, <値式₂>, …, <値式ₙ>
FROM    <表参照₁>, <表参照₂>, …, <表参照ₘ>
WHERE   <探索条件>
```

SQL の質問は，以下の 3 つの種類に分類できる。

① 単純質問（simple query）

次の 2 つの条件を満たす質問をいう。

（ⅰ）FROM 句にただ 1 つの<表参照>が指定されている。

（ⅱ）WHERE 句の<探索条件>に再度 SELECT 文が入らない。

② 結合質問（join query）

表参照リストには少なくとも 2 つ（同じ表でもよい）の「表名」が現れるような質問のことである。これはリレーショナル代数の結合（join）を表現しようとするものである。

③ 入れ子型質問（nested query）

SELECT 文の WHERE 句の探索条件に，再度 SELECT 文が入っている形態（入れ子）の質問のことである。次の文がその基本形である（図表 5 − 30）。

ここで,「IN」は比較演算子と呼ばれるもので, X をリスト $(x_1, x_2, \cdots, x_n)$ とするときに,「x IN X」は,「$x = x_1$ or $x = x_2$ or $\cdots$ $x = x_n$」と等価な述語を指す。

図表 5 − 30　入れ子型質問の基本形

```
SELECT   <値式₁>, <値式₂>, …, <値式ₙ>
FROM     <表参照₁>, <表参照₂>, …, <表参照ₘ>
WHERE    <値式ᵢ>    IN
         (SELECT   <値式ⱼ>
          FROM     <表参照ₖ>
          WHERE    <探索条件>    )
```

(6) DWH

　Data Ware House (DWH) とは,ある時系列ごとに蓄積されたデータのなかから,各項目間の関連性を分析することのできるシステムを指す。一般にはこのデータは,大規模で大量の業務データのことをいう場合が多い。例えば,スーパーマーケットのなかで各種の販売製品がいくつかのカテゴリ（魚介類,野菜類,インスタント食品類,嗜好品類など）に分類されているとする。ある長期間のこれらのカテゴリ別の売上データから,例えば「週末の夜間帯には嗜好品の売れ行きが伸びる」とか,「月の中旬の 10 日から 20 日にかけては,1 人当たりの購入金額が平均を下回る」,あるいは「インスタント食品を購入する人は,洗面用具も購入する確率が高い」など,単純な集計では見つけにくい各カテゴリ間の関連性や特性を発見してくれるシステムが DWH である。

　この DWH の提唱者は William H. Inmon で,1990 年の著作によれば,「データウェアハウスは,意志決定 (decision) のため,目的別 (purpose-oriented) に編成され,統合 (integrate) された時系列で,削除 (delete) や更新 (update) しないデータの集合体」とされる。

第 6 節　インプット・アウトプットの設計[1]

　情報システムのインプット・アウトプット設計では,データをどこからもっ

てきて，どう加工（処理）して，必要とする情報をどういう形で得るかという問題で，IPO（Input Process Output）を考えることが基本になる。特に，Inputデータはシステムの業務運用と密接に関わっているため，どのような業務運用がなされるかわかっていないとデータが保障されない。また，Outputデータは，業務運用の仕方により，バッチ処理した整合した情報を用いるか，オンラインの即時処理した情報を利用するかを選択することになる。

　インプット・アウトプット設計で一般によく利用される手法として，階層的入力処理出力 HIPO（Hierarchy Input Process Output）がある。HIPOは情報システム設計における図式化手法で，機能の階層（Hierarchy）ごとに入力（Input）を処理（Process）して，出力（Output）を出して，IPOダイアグラムに記述し，システムの構造や機能を明示するものである。HIPOには，次の3つの階層での表現がある。

① 図式目次：全体の機能構造を図示
② 総括ダイアグラム（図表5－31）
③ 詳細ダイアグラム（図表5－32）

　ここで①と②は情報システム開発における基本設計で作り，③は詳細設計で作成される。基本設計においては，総括ダイアグラムを使って，IPOの記述により主要機能の概略を表現する。詳細設計では詳細ダイアグラムを使って，プログラム単位に落とせるレベルの詳細のIPOを記述する。特に，Pの処理表現は詳細ダイアグラムの事例に示すように，データ単位に詳細に記述することになる。また，プログラム仕様書で利用可能なレベルで入力データの内容について，データ属性（コード，テキスト，配列），タイミング（トリガーの有無，入力可能時間帯），情報源，入力者，必須入力項目を決定する。入力帳票については，入力チェック内容を明示する必要がある。出力設計では，詳細設計で詳細ダイアグラムをベースに出力項目，出力媒体，出力タイミング・頻度を決定する。システムの必要性からユーザに入力を依頼する入力画面に対して，ユーザの意思決定につながる出力画面は，ユーザの要望に充分留意して，表示項目の強調，大量データの表示方法，マルチウィンドウ機能の活用などを設計に盛り込む必要がある。

図表5－31　総括ダイアグラム[2]

| 処理名 | 問合せ応答－1：在庫応答 |

入力
- 在庫ファイル
- 注文情報

処理

Q：注文量
I：在庫量
S：安全在庫量

I＞Q	Y		
Q＞I		Y	
I-Q＜S			Y
在庫引当	○	○	
品切記録		○	
発注		○	○

注文情報で品目情報を確認して在庫量を引く。在庫量により上記テーブルの処理を行う。

出力
- 在庫ファイル
- 発注ファイル
- 発注指示
- 問合せ応答

図表5－32　詳細ダイアグラム[3]

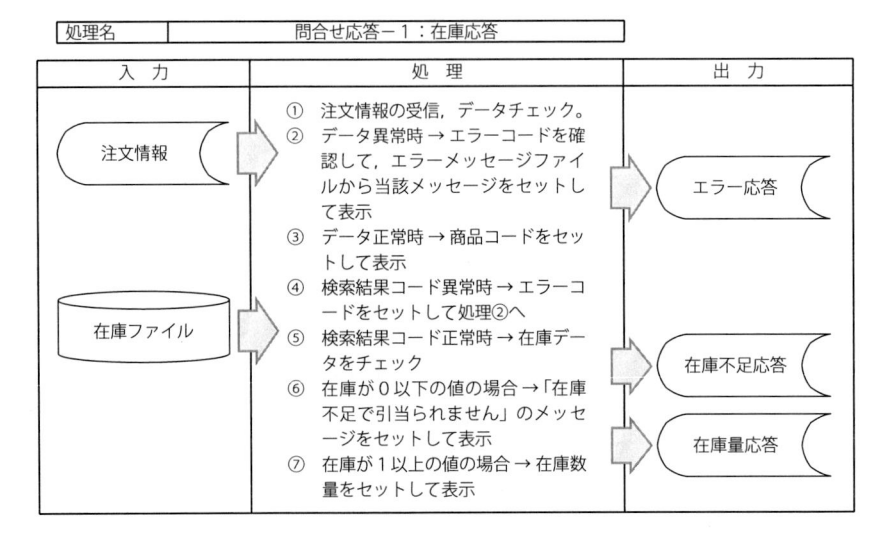

| 処理名 | 問合せ応答－1：在庫応答 |

入力
- 注文情報
- 在庫ファイル

処理
① 注文情報の受信，データチェック。
② データ異常時 → エラーコードを確認して，エラーメッセージファイルから当該メッセージをセットして表示
③ データ正常時 → 商品コードをセットして表示
④ 検索結果コード異常時 → エラーコードをセットして処理②へ
⑤ 検索結果コード正常時 → 在庫データをチェック
⑥ 在庫が0以下の値の場合 →「在庫不足で引当られません」のメッセージをセットして表示
⑦ 在庫が1以上の値の場合 → 在庫数量をセットして表示

出力
- エラー応答
- 在庫不足応答
- 在庫量応答

また，近年企業内でコンピュータシステムを利用して，現場で実際に業務を行う者（エンドユーザ）が，自らシステムの構築や運用・管理に積極的に携わり，情報開発者により提供されたアプリケーション以外に，目的に応じてエンドユーザが独自にアプリケーションを作成するエンドユーザコンピューティング（EUC）が台頭し，企業内では，例えば営業担当の社員などにExcelやAccessなどで独自の帳票を作ることができるようにするための基本的なインターフェースを提供することがOutput設計に入ってきている。背景には，情報技術の進歩により，コンピュータの操作性の大幅な向上，オフィスでのパソコン利用の一般化，市販のアプリケーションソフトの高機能化，また，情報システムに対する開発ニーズの増大と多様化に追いつかないなどがある。

第7節　テスト計画とバリデーション

（1）テスト

今日，システムが大規模化・複雑化するなかで十分なテストが行えず，トラブルも発生している。そのため，テストやシステムの妥当性評価の計画を立てて実行する必要がある。

テストとは，時間や精度，品質などが情報システムに求められている要件と一致していることを確かめることであり，情報システムを運用する前段階として必ず実行すべきものである。以前は，単にエラーを発見するためにシステムを実行することであったが，近年は品質の評価も含めたものとなっている。これに関連し，V&V（verification and validation），つまり検証（バリフィケーション）と妥当性確認（バリデーション）という考え方も出てきている。前者は対象となるシステムが要件を満たしていることを確認することで，後者はシステムがユーザの求める機能や目的に合っており，有効であるかを客観的に評価することである。

以下では，はじめにさまざまなテスト方法を紹介し，さらに実行するのに必要なテスト計画，加えて近年注目されているコンピュータ・システム・バリデーションについて述べる。

（2）テスト方法

テストにはさまざまな方法とその分類がある。テストケースの生成の際に内部構造を考慮するか否かにより，ホワイトボックステストとブラックボックステスト，グレーボックステストがある。また，大きなシステムやプログラムをテストする際に，どのようなレベルやプロセスでテストを実行するかに着目した，単体テスト，結合テスト，システムテストや総合テスト，さらに受入テスト，運用テスト，またそれ以外の分類としてプログラムを実行するか否かという観点から静的テスト，動的テストという分類もある。また品質管理で用いられるレビューも利用されている。

① ホワイトボックステスト・ブラックボックステスト

ホワイトボックステストとは，プログラムの内部構造に基づいてテスト項目を選択する方法である。

プログラムの制御構造（分岐や命令）について，制御フローグラフと呼ばれる有向グラフを作成し，入力から出力に至る，いくつかのパスをテストするパステストと呼ばれる方法がある。テストデータは，テストの網羅性を満たす最小セットを選んだり，各パス条件を満たすようにデータの値を決めることで作成される。このとき，すべてのパスを網羅するようにテストを作成する必要があるが，繰り返し処理などもあり，数が多いため，すべてのパスの実行は不可能なことがある。そこで，次に述べるようなテスト網羅基準を設定して実行される。

(1) 全命令網羅：すべての命令が少なくとも1回実行されるケースを設定。
(2) 全分岐網羅：すべての分岐を少なくとも一度は通るようにケースを設定。
(3) ループ繰り返し数を含む基準：繰り返し処理の部分で，繰り返し数に依存した誤り検出のために，0回や複数回のループを行うようにテストケースを設定。
(4) 繰り返し処理を除く全パス網羅：パスの数が膨大になる原因である繰り返し部分を0回または1回に限定し，有限のパスを通るようにケースを設定。

ブラックボックステストとは，プログラムの内部構造ではなく，プログラムの機能仕様に基づいてテスト項目を選ぶ方法である。同値分割法や原因結果グラフ法がある。

　同値分割法とは，正データのデータクラス（有効同値クラス）と誤データのデータクラス（無効同値クラス）を用意し，それぞれからデータを選択してテストを行う方法である。1日の時間を入れるフィールドのテストでは00〜24は有効同値クラス，負の値や25以上は無効同値クラスとなる。また，最もエラーが発生することの多い境界にある値前後をケースとして利用する境界値分析（限界値分析）もある。上記の時間の例でいえば，00と24が境界値に該当し，境界のすぐ上や下の値もケースとして利用される。

　原因結果グラフ法とは，機能仕様をもとに，原因（入力やイベント）と結果（出力）との関係をグラフで表現し，可能なすべての入力と出力をリスト化したディシジョンテーブルをつくり，そこからテストケースを作成する方法である。

　そのほか，ブラックボックステストには，実行すべき条件の組み合わせを絞り込むために直交表を用いてケースを作成する方法もある。

　グレーボックステストと呼ばれる，ホワイトボックステストとブラックボックステストの中間的な位置づけのテストもある。この方法は，構造と仕様の両方に着目する方法のことを指す。

② 単体テスト・結合テスト・システムテスト・総合テスト

　階層構造をもった複数のモジュールになっているシステムのテストを行うには，それら全体を結合して一斉に実行するビッグバンテストという方法がある。しかし，小規模のシステムであれば有効であるが，大規模なシステムの場合，不具合が生じている部分を特定するのが困難である。そこでモジュール単位でテストを行う単体テストと，それを結合して行われる結合テストがある。

　単体テストは，関数などの各モジュール（プログラムの部品）に合わせて行うテストのことで，コンポーネントテストとも呼ばれる。ホワイトボックステストが利用されることが多い。

　結合テストとは，単体テストを経たモジュールを結合させて行うテストのこ

とである。モジュール間の連携がテストされる。結合テストにはトップダウンテストとボトムアップテストがある。トップダウンテスト（top down test）とは，階層的なモジュールのシステムについて，上位のレベルから順にテストを行う方法である。このとき下位のモジュールが結合されていない場合，ダミープログラム（スタブ）を結合する方法もある。トップダウンテストに対して，下位のモジュールからテストを行う，ボトムアップテスト（bottom up test）もある。この場合も，上位のモジュールが結合されていないときにはドライバと呼ばれるダミープログラムを用いてテストが行われる。図表5－33はそれらを図示化したものである。

　システムテストもしくは総合テストは，結合テストが終わったのちに，スコープによって定義されたシステム全体の振る舞いをテストすることである。それにより，システムの要件の仕様の検証を行う。主にブラックボックステストが利用される。

③　受入テスト・運用テスト

　受入テストとは，ユーザの作成したデータを利用するテストのことで，ユーザによるシステム検証の方法の1つである。承認テストとも呼ばれる。システムが要求仕様の通りになっているかのチェックを行う。

　運用テストとは，システムテストが完了した時点で，実際にシステムを運用

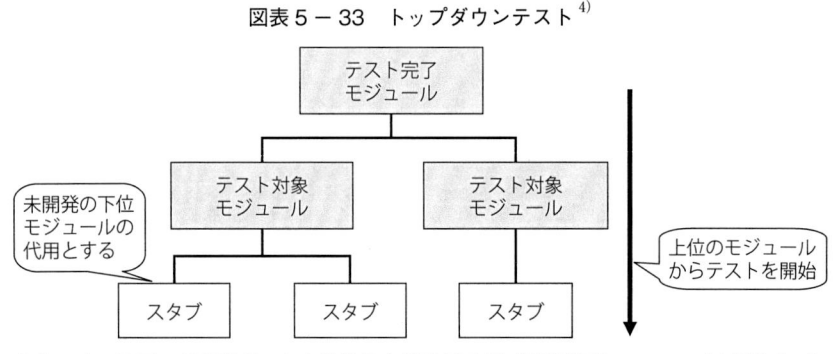

図表5－33　トップダウンテスト[4]

出典：島田達己・林誠監修，中央職業能力開発協会編『経営情報システム（情報化企画）2級』。

するエンドユーザによって行われるテストである。実運用と同じシステム環境で行われ，利用者主導で行われる。メンテナンスやセキュリティの脆弱性などのチェックも行われる。実際の環境で，システム開発部門の人が仕様通りに稼働することを確認する導入テストと，導入したシステムを開発部門以外の人に利用してもらう実施テストがある。

市販のマスマーケットを対象とした製品では，ユーザテストとして完成度の低い時期に行われるアルファテスト，製品版とほぼ同じ完成度で行われるベータテストという区分もある。

(3) テスト計画
① テスト工程

テストは独立した作業ではなく，システム開発全体のプロセスに組み込まれている。そのためテスト計画を行う際には，テスト工程やテストレベルを考慮する必要がある。このようなテスト工程をモデル化したものとして，バリー・ベーム（Barry W. Boehm）のV字モデルがある。これはテスト方法でも述べた単体テスト，結合テスト，システムテスト，統合テストなどをフロー化したものである。数多くのバリエーションが存在しているが，基本的な構造は図表5-34のようなものになる。既存のウォーターフォールによる開発プロセスに対応するかたちで開発された。

V字モデルとは異なり，開発とテストを同時に実行するW字モデルも提案されている。また，コーディングに先だってテストケースを書いておく（テストファースト），テスト駆動開発という方法も存在する。

② テスト計画の策定と実行

各テストを実行するにあたり，事前にテスト計画書を作成しなくてはいけない。テスト計画には下記の項目を設定する必要がある。

・テスト環境の設定：コンピュータの仕様，ケース設定，必要機材，テストの目的を記述する。

・テスト項目の設定：テスト内容，実施日，テスト機器，バージョン，テス

図表5－34　V字モデル

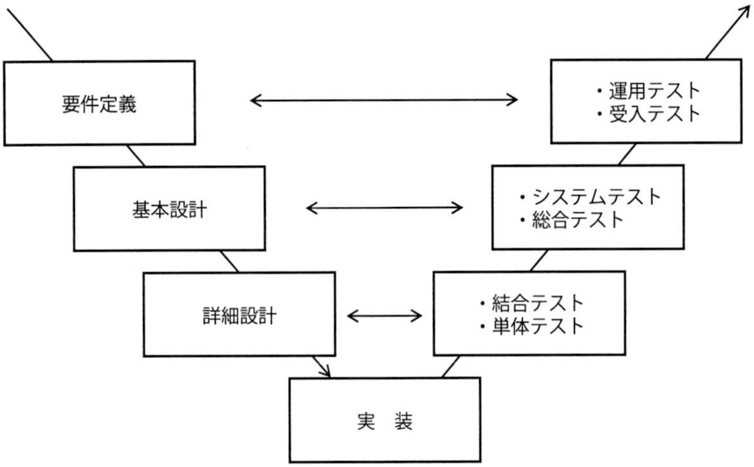

```
要件定義 ←――――――→ ・運用テスト
                    ・受入テスト
   ↓
基本設計 ←――――――→ ・システムテスト
                    ・総合テスト
   ↓
詳細設計 ←――――――→ ・結合テスト
                    ・単体テスト
   ↓
      実　装
```

ト担当者，入力データ，予想される出力データ，テスト結果（テスト実行後に記述），トラブルの状況（テスト実行後に記述）を記述する。
・テスト方法の設定：テストの準備や確認までの作業を記述する。どのようなデータを入力した場合にどのような出力があるかについて，具体的な方法の設定を行う。
・結果判定基準の設定：テストの結果がどのような場合に合格であるかを記述する。判定基準は明確に設定しなければ，テストの終了が遅れることがあるので注意が必要である。なお，テストの終了をするには，バグの予測をする必要がある。バグを予測するにはいくつかの方法がある。ここで一例としてバグ成長曲線を用いた方法を紹介する。

バグ成長曲線とは，バグの発生を時系列で表現したものである。初期はバグ数が多く，徐々に減少していく場合が多いため，縦軸にバグ数，横軸に時間としてバグ数を累積して表示した場合はS字型になる。この曲線を用いて収束判定を行う。指数曲線，ロジスティック曲線，ゴンペルツ曲線などをあてはめる方法がある。それ以外にも，テスト項目から選択したテスト項目についてテストを行い，それにより全体のバグ数を計算するプローブ法，あらかじめ埋め込

んだバグ数の抽出数から全体のバグ数を予測するエラー埋め込み法などがある。

（4）コンピュータシステム・バリデーション

　情報システムにおける妥当性を確認するバリデーションは，医薬品業界ではより厳密に定義され規制されている。

　米国医療品安全局（FDA）が1997年に医薬品業界に法規制「米国連邦規制第21条第11章（21CFR Part11）」を施行した。これは，電子記録や電子署名への信頼性の保証をするものであるが，その要件にシステム全体のバリデーションも含まれていたため，大きく着目されるようになってきた。

　FDAの1987年の定義によれば，バリデーションとは「Establishing documented evidence which provides a high degree of assurance that a specific process will consistently produce a product meeting its predetermined specifications and quality characteristics.（文書化された証拠を確立していくことであり，事前に定めた仕様や品質にあった製品を継続的に生産するプロセスに対し，高度な保証を与えるものである。）」とされている。これらはテストとは違い，その妥当性を検証し，文章として記録を残し，保証する必要がある。FDAは，これらを実行するにあたってのガイダンスを作成しており，2003年にも新たなガイダンスの作成を行っている。

　バリデーションのうち，特にコンピュータシステムに対するバリデーションを，コンピュータシステム・バリデーション（Computer System Validation：CSV）と呼ぶ。コンピュータ化システム・バリデーションとも呼ばれる。1980年代後半に米国において放射線治療のためのコンピュータ障害による事故や，献血のデータ管理障害などがあったため，システムに対するバリデーションも重要視されている。

　CSVは，バリデーション計画を作成したうえで，システムの開発（設計・検証），運用そして破棄というシステムのライフサイクルを通じて適格性評価を行うことで実行される。こうした作業は，システムを導入する企業や開発企業にとってはコストとなるため，評価の優先順位や社内体制の整備など効率的に行う必要がある。

国内では平成4年に厚生省により「コンピュータ使用医薬品等製造所適正管理ガイドライン」が定められたほか，平成17年に厚生労働省による電磁的記録・電子署名利用のための指針，平成22年（平成24年施行予定）には新たに「医薬品・医薬部外品製造販売業者等におけるコンピュータ化システム適正管理ガイドライン」が示されるなどの規制・整備の動きがある。

第8節　開発組織と人事管理

情報システムの開発を進める上で，重要なポイントとして，開発組織とその人事管理がある。近年，情報システムは企業にとってはなくてはならない存在となり，経営戦略に重要な影響を与えるものとなっている。

（1）CIO[5]

経営情報システムは，当初，給与計算や経理処理といった日常ルーチンワークの情報処理の能率化を目的として開発，整備されてきたが，管理会計システムや小売業の戦略的POSシステムの開発のように，経営の意思決定支援やライバル企業との競争優位の手段としての役割が期待されるようになってきた。近年，情報システムは，企業にとってオペレーショナルな立場から経営戦略上，重要な位置づけとなってきたわけである。例えば，スマートフォンの普及により，従来の電話機より大容量データの通信が増大することが予想されれば，電話会社の通信インフラの増強は経営戦略上，最重要優先課題とならなければならない。出遅れれば，通信障害となって，ユーザの離反を招くことになる。情報システム投資は企業の経営方針との整合性が不可欠となり，経営方針と連動を取るためにトップマネジメントクラスの人材が率いる全社的な委員会が必要となる。この委員会は情報戦略委員会（情報システム委員会ともいう）といい，その委員長をCIO（Chief Information Officer：最高情報責任者）という。

CIOは定常組織のなかでは，現状整備した情報システムの運用と拡張システムとの整合性を管理する情報システム部門の長であり，ICT担当役員である。また，情報戦略委員会のリーダーとして，企業の理念に基づき，その目的

を達成するための情報化立案を行い，実現をすることに責任をもつ．具体的には，ICT 投資，運用コストの削減，情報サービス品質の維持と向上の責任を担うだけでなく，投資した情報を活用した企業のビジネス目標の達成貢献や成果を求められている．

　CIO は，企業組織のなかでは，他の役員と密接なコミュニケーションを取りながら，情報システム部，情報効率委員会，情報倫理委員会，プロジェクトマネジメントオフィスなどを統括する．CIO の担うべき機能としては，① ICT 戦略ビジョンの策定と経営層の支援獲得，②現状の可視化による業務改革の推進と ICT による最適化の実現，③安定的な ICT 構造の構築，④ ICT マネジメント体制の確立，⑤ ICT 投資の客観的評価の確立，⑥ ICT 人材の育成・活用，⑦情報セキュリティ対策・情報管理の強化，である．

　特に，情報システム開発のなかで重要な機能をもつ情報戦略委員会のなかでは，次の役割をもっている．

① 情報システムの長期的・戦略的計画策定
② 各システムプロジェクトの目的・目標・設計戦略の評価と決定
③ 新情報システムのプロジェクトの提案と現行システムの改善案のレビュー
④ 情報システム開発における資源配分に関する調整と決定
⑤ 情報システムプロジェクトの開発優先順位の決定
⑥ 情報システム全体の開発設計・運用プロセスの評価とコントロール

(2) 情報システム開発の組織体制

　情報システム開発は，近年，経営戦略上，重要な業務改革を伴って行う場合も多く，このような開発では，業務改革が不可欠で，経営トップ，業務担当部門，情報システム部門が一緒になって，開発プロジェクトチームを編成して進めていくことになる．

① 組織構造
　ラインアンドスタッフ組織にステアリングチームを付加した組織で進めるこ

とになるが，情報システム部門メンバは，プロジェクト立ち上げから企画立案，実際の情報システム設計，運用まで幅広く関わることになる。企画フェーズ（調査・構想）と実行（設計・開発・運用）フェーズで組織を，図表5－35に示すように，変える必要がある。

図表5－35　開発組織と役割

フェーズ	プロジェクト企画フェーズ	プロジェクト企画フェーズ	基本設計フェーズ	開発フェーズ	運用フェーズ
工程	予備調査 現状認識 課題の発掘 仮説の設定	シナリオの作成 業務改善・設備改善要件定義 情報システム要件定義 情報インフラ要件定義 トップマネジメント層への答申	業務改善・設備改善概要設計 事務業務概要設計 アプリケーション概要設計 情報インフラ概要設計	業務改善・設備改善実施 事務業務運用設計・運用準備 アプリケーション詳細設計 プログラミング・テスト 情報インフラ詳細設計 情報インフラ取得・施工	システム性能評価書 教育制度の制定 システム改善計画
組織	ステアリングチーム　指針→　プロジェクトリーダー 　　　コンセプト↓　目標↓↑コンセプト，シナリオ 　　　　　　　　　　エンジニアチーム 　　　　　　　　　　　↑現状 部門チーム　部門チーム------部門チーム		ステアリングチーム　指針→　プロジェクトリーダー 　　　実行目標↓↑問題点報告　　事務局 　　　実行指示↓↑進捗 部門チーム　部門チーム----部門チーム　システム開発チーム		

② 人　選

情報システム開発プロジェクトにおける人員編成を以下に記す。

プロジェクトリーダー：通常組織の上で関係する部門全体の責任権限をもっている長，あるいはその人から全権を委譲された人をプロジェクトリーダーとする。例えば，生産情報システム改革の場合，対象とする製品を扱う生産部門，販売部門，物流部門全体の長であり，製品別事業部制をとっている場合，事業部長である。機能別事業部制をとっていて，かつ関係事業部の担当役員が異なる場合は，社長をプロジェクトリーダーとする。

ステアリングチーム：関係部門全体の責任権限をもっている人がプロジェクトリーダーをできない場合，責任権限を委譲された人をプロジェクトリーダーとし，本人をステアリングチームにおく。補佐として別の人をステアリングチームに加えてもよいが，必ず関係部門全体の責任権限をもっている人をステアリングチームリーダーとする。ステアリングチームは関係組織のトップが就任し，業務改革の方向を指針し，改革案に沿って業務や組織を変更できる人が入ることになる。また，CIOもステアリングチームメンバとして参加する。

エンジニアチーム：業務改革立案の中核となるチームである。生産・販売・物流の関係部門から以下の条件にあう人を選出する。チームリーダーはプロジェクトリーダーが兼任することが望ましい。
- メンバは，生産・販売・物流の関係部門の課長クラスがベストである。現業の係長，組長クラスは現状のやり方をよく知りすぎて，現状にこだわりがちなため，入れる場合は現業を離れ専任化する。
- チーム内の事務局的役割の人は専任が必須である。
- 巻紙分析等の現状認識を行うので，現状業務に精通していることは必須ではないが，現状業務の機能をある程度知っている必要がある。
- 現状のやり方にこだわらずに改革意欲があり，アイデアを出せる人。

業務部門チーム：改革の実行フェーズで個々の施策の実行母体となるため，実行効率の高い通常組織の部門に準じて設定する。リーダーは通常組織の部門長，サブリーダーは改革コンセプトの浸透のためエンジニアチームメンバだった人をおく。他に，事務局を決めておく。情報システムの開発が伴うので，部門SEと呼ぶ部門チームの立場でシステム要件の集約，設計ができる人を入れる。できる人が該当部門にいない場合は，システム部門から派遣する。

PT事務局：エンジニアチームメンバが部門チームのサブリーダーを兼任する場合，実行フェーズではエンジニアチームの役割はあまりなくなるので，代わりにPT事務局を設置する。このメンバは専任化が必要である。

システム開発チーム：設計フェーズ以降に，情報システム部門メンバで編成する。エンジニアリングチームの業務改革の方向に沿った情報システムの構想を設計し，情報システムの設計，製作，スケジュール管理を行う。既存システムの改造，インターフェース設計・製作も担当し，業務部門チームの事務局も兼任する。

情報システム開発の中心となる情報システム部門は，システム開発チームを編成し，次の諸機能をこなす。

(1) 情報システムベンダーの評価

一連の情報システム開発業務を開発ベンダーにアウトソーシングするやり方が主流になっているので，ユーザ企業に求められる機能は変わってくることに

なる。プログラムコーディング等を履行する能力は必ずしも必要でなく，ベンダーの技術者が実施する内容を評価し，管理する機能が必要となる。すなわち，情報システムの上流工程の構想設計（システム戦略・業務構想の構築）やシステム要件定義，基本設計ができ，システム開発や運営の指揮監督評価ができる必要がある。また，情報インフラや開発標準，既存システム改造，インターフェース設計などはユーザ企業側で担当することが多い。

(2) 業務の分析・改革能力

メーカ系ならIE知識をもち，社内業務分析やロジスティクス解析ができる能力が必要となる。エンジニアリングチームの事務局を担当し，業務改革案作成を支援する，業務部門チームにあって部門SEとして，改革案に沿った業務変更を支援する業務アナリストや業務コンサルタントとしての能力が必要となる。

③　情報システム開発要員の調達[6]

情報システム開発に求められる要員数は，システム開発のマスタースケジュールに依存し，要員をアサインすることになる。しかし，要員数が不足する場合は，スケジュールを確保した要員に合わせることになる。必要な要員数の見積もり方法には次の2つの方法がある。

(1) トップダウンアプローチ：開発する規模の単位として，コーディング行数やファンクションポイントといった過去の経験値を用いた数式から，規模の見積もりや全体の工数を求めて必要な要員数を算出する。

(2) ボトムアップアプローチ：開発プロジェクトの各部分について見積もりを求めて積み上げ，全体の見積もりを得る。

情報システム開発業務の計画段階で各作業を明確にしていくと，それらの作業を，誰に，どの程度の期間行ってもらうか検討することになり，要員計画書を作成する。作業項目ごとに，人数，期間，必要技能を明確にしていく。必要となるスキルを保有する人材のアサインを考えて，普段から社員の保有能力を把握し，教育計画により必要なスキルを保有する人材を増やす計画を策定しておく必要がある。

第9節　システム開発プロジェクト管理[7]

（1）プロジェクト管理

　情報システムの開発にあたっては，プロジェクトを管理する必要がある。プロジェクト管理とは，各プロジェクト（システムやサービスを作成する活動）を成功させるために行われる活動のことである。プロジェクト管理には，主にスコープ管理，工程管理（納期），コスト管理，品質管理，コミュニケーション管理，リスク管理，人的資源管理，調達管理などがある。このような活動は，かつては管理する人の経験に基づいた暗黙的な知識に頼ることが多かったが，近年では体系化がなされている。

　アメリカの非営利団体PMI（Project Management Institute）が，「PMBOK（Project Management Body Of Knowledge）」としてまとめた知識体系が世界標準として知られている。PMBOKは，システム開発以外にも応用が可能な体系である。スコープ管理，時間管理（スケジュール管理），工程管理，コスト管理，品質管理，コミュニケーション管理，リスク管理，人的資源管理，調達管理，さらに全体をまとめた統合管理がある。こうした体系は，従来のQCD（Quality：品質，Cost：コスト，Delivery：納期）のみに着目したものと区別するためにモダンプロジェクトマネジメントと呼ぶこともある。

　また，カーネギーメロン大学ソフトウェアエンジニアリング研究所（SEI）が作成したCMMI（Capability Maturity Model Integration：能力成熟度モデル統合）がある。CMMIは，主にシステムやソフトウェア開発で用いられている。

　以下では，スコープ管理，工程管理，コスト管理，品質管理，リスク管理について述べる。

（2）スコープ管理

　プロジェクトを始めるにあたって特に重要なのは，システムの最終目的であるスコープを明らかにして管理することである。情報システム開発におけるスコープでは，開発対象であるシステムについて次の内容を明らかにする。

① システム開発の狙いとコンセプト：何を狙ってどのような性格をもったシステムを開発するのか。
② システムの概要：概略のハードウェアとソフトウェアの処理構成。対象とする範囲。
③ システムの機能概要：どんな機能を実現しようとするのか。
④ システムの能力概要：必要とするパフォーマンスとデータ容量。
⑤ システムの開発期間：システム開発のスタート時期と運用開始時期。
⑥ 開発時の役割分担：参加予定部署の役割と分担。

このようにして作成されたスコープを使ってRFP（Request for Proposal）を作成し，見積もり概算が行われ，システム分析が開始される。

スコープは，プロジェクト期間を通じて定義していき，その内容をやり遂げることを保証し，また齟齬が生じないために必要である。そのため，顧客／開発など関連者全員で確認し合意しておくことが大切である。

具体的にスコープを定義するときに利用されるのが，WBS（Work Breakdown Structure）である。WBSとは，図表5－36に示すように，作業（Work）を分解（Breakdown）し，構造（Structure）化，特に木構造で表現したものである。

WBSの手順は，最終成果物をまず大項目，中項目，小項目と細分化し，さらにそのために必要な一連の作業の最小単位（ワークパッケージ）にまで分解を行っていく。この際，各担当と各作業に対応され，さらに理解できるまで行うことが理想とされる。

こうした作業を行うことで，作業の重複や漏れをなくし，工程管理やスケジュール管理を行うための前準備をすることができる。

(3) 工程管理

工程管理とは，必要な工数から所定時間を見積もり，スケジュールを決めて，さらに進捗を管理することである。スケジュール管理や進捗管理は，工程管理のなかに含まれている。

図表5－36　WBSの例

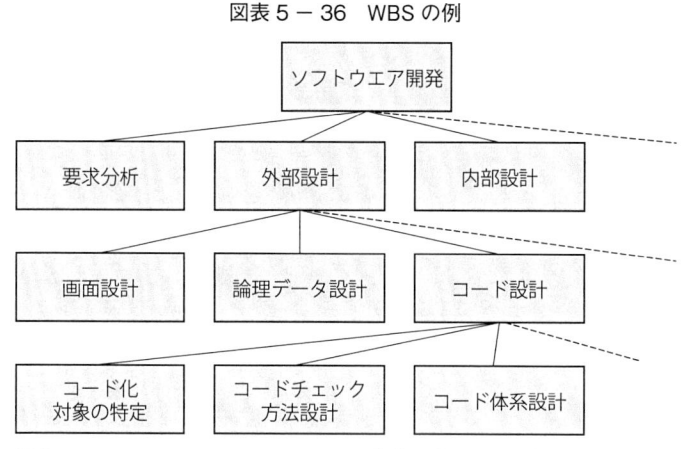

```
              ソフトウエア開発
        ┌─────────┼─────────┐
      要求分析     外部設計      内部設計
              ┌────┼────┐
          画面設計 論理データ設計 コード設計
          ┌────┼────┐
      コード化  コードチェック  コード体系設計
      対象の特定  方法設計
```

出典：Project Management Institute『プロジェクトマネジメント知識体系ガイド』を修正。

① PERT/CPM

スケジュールを管理するための代表的な手法として，PERT/CPMを取り上げる。

PERT（Program Evaluation and Review Technique）とは，すべての作業における各作業間の依存関係をネットワークで表現し，さらに各作業に関する時間を記述したものである。1960年前後に，アメリカ海軍で艦隊弾道ミサイル計画を実行するために開発された。具体的な例を図表5－37に示す。

長方形が作業，箱のなかの左の日程が最早着手日，右は最遅着手日である。また各作業間の依存関係は線で結ばれており，角の丸い箱はマイルストーン（結合点）を指す。また一番長いルートはクリティカルパスと呼ばれており，このパスにおける作業が遅れた場合は，プロジェクト全体のスケジュールに影響が出るため注意する必要がある。

CPM（Critical Path Method）は，作業プロセスをネットワーク図にしてクリティカルパス（作業の開始から終了までを結ぶ，時間的な余裕のない最長経路のこと）を分析することで，所定期間内に最小の投資で計画が完了するような最適なスケジュール解を求める方法のことである。最適化の手法である，線形計画法を用いて解を求めることが多い。もともとはPERTとは独立にデュポン社によ

図表5－37　PERT図の例

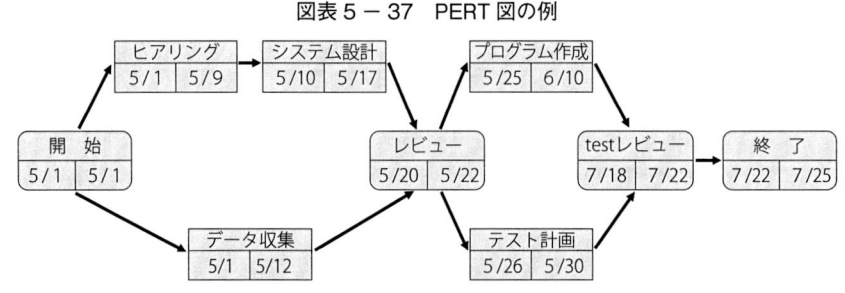

```
      ヒアリング      システム設計              プログラム作成
      5/1  5/9       5/10  5/17              5/25  6/10

開　始                          レビュー              testレビュー          終　了
5/1  5/1                       5/20  5/22           7/18  7/22          7/22  7/25

              データ収集                    テスト計画
              5/1  5/12                    5/26  5/30
```

出典：島田達己・林誠監修，中央職業能力開発協会編『経営情報システム（情報化企画）2級』。

り開発された方法であるが，PERTとCPMは共にネットワーク図を利用した方法であり，PERTのなかでも活用されていることから「PERT/CPM」という表現も用いられる。

② 　ガントチャート

　作業や設備，機械や人などの経営資源のスケジュール管理方法として，ガントチャートという方法がある。1903年に科学的管理法を提唱したF. W. テイラーとともに研究していたエンジニアであるH. L. ガントが考案したものが起源となっている。横軸に時間，縦軸に作業項目を配置し，各作業の開始時期と終了予定時期を記述したものである。容易に作成でき，さらに作業の進捗などを可視的に把握することができるため利用されることが多い。ただし作業間の関連が不明確であるという問題もある。

③ 　進捗管理

　上記で作成した工程の進捗の管理を行う必要がある。ただし，注意すべきなのは，作業によってその基準が異なっていることである。作業のレベルが低い場合は完了しているか，していないかで把握することができる。一方で作業のレベルが高いものについては，低いレベルにおける作業の完了状況から完了した割合を算出することで把握ができる。これ以外にもコンピュータプログラムのバグを見つけるバグ追跡や，プロジェクトが遅れないように課題を追跡する

図表 5 − 38　ガントチャートの例

	2006/12	2007/1	2007/2	2007/3
ヒアリング	■■			
データ収集	■■■			
システム設計	■■■■			
ファイル定義		■■■		
プログラミング		■■■■		
テストデータ			■■	
単体テスト			■■■	
総合テスト				■■■

出典：島田達己・林誠監修，中央職業能力開発協会編『経営情報システム（情報化企画）2級』。

ことも必要である。

　こうした進捗は，進捗状況報告を定期的に行うことや，工数やスケジュール，結果などの実態やその見積もりについて分析するマイルストーン報告をすることで把握することができる。

④　レビュー

　これ以外にも進捗管理と品質管理を同時にすることが可能なレビューという方法がある。レビューとは，レビューアと呼ばれる担当者によって各仕様書をチェックしてもらうことである。これらは，仕様の理解やまた進捗状況がわかるほか，メンバ間のコミュニケーションを促進したり，また開発における問題を発見することが可能である。こうしたレビューの方法には，仕様書をレビューアに配布し，担当者が説明しながら，レビューアに疑問点があれば確認していくウォークスルーなどがある。

（4）コスト管理

　システム開発によって生産性が向上することなどで利益を得ることができるが，開発のためには周辺機器や人材などの数多くの経営資源，コストも必要で

ある。そこで最終的な利益を損なわないために，コストを管理する必要がある。これはビジネスにおける評価の3本柱であるQCDの1つにも挙げられており，重要な要素である。

コストには大きく分けて，導入コスト，ランニングコストがある[8]。導入コストとは，システム導入時に発生するコストである。例えば，ハードウェア費用（コンピュータや周辺機器，ネットワーク機材や工事費），ソフトウェアの費用（OSやミドルウェア，パッケージソフトウェア），さらにソフトウェア開発費（人件費など）がある。ランニングコストとは，システムを導入した後に運用していくにあたり発生するコストである。例えば，レンタルリース料（コンピュータなど），ソフトウェア使用料，通信回線使用料，保守費用や減価償却費などがある。ただし，後者のランニングコストについては見積もりがしにくく，当初よりも多くのトランザクションがある場合もある。

システム開発のコストの管理法として，アーンドバリュー管理（EVM：Earned Value Management）がある。EVMでは，

・EV（Earned Value）：完了済の作業のコスト。出来高。
・PV（Planed Value）：ある時点の完了予定の作業の予算コスト。
・AC（Actual Cost）：ある時点の作業による実コスト。

およびBAC（Budget at Completion：総予算）を利用して，

・SV（Schedule Valiance）：スケジュール差異。EV － PV
・CV（Cost Valiance）：コスト差異。EV － AC
・SPI（Schedule Performance Index）：スケジュール効率指数。EV／PV
・CPI（Cost Performance Index）：コスト効率指数。EV／AC

などの指標が使われる。SVは作業が先行か遅延かでプラスかマイナス，CVは実コストが少ないか過剰かでプラスかマイナス，SPIはスケジュール効率が良いか良くないかで1より大きいか否か，CPIはコストに対する成果を示し，良いか良くないかで1より大きいか否かという違いがある。図ではt_2の時点で$t_2 - t_1$は遅延時間，$c_2 - c_1$はSV，$c_3 - c_1$はCVである。実コストの破

第5章　情報システムの設計と開発　153

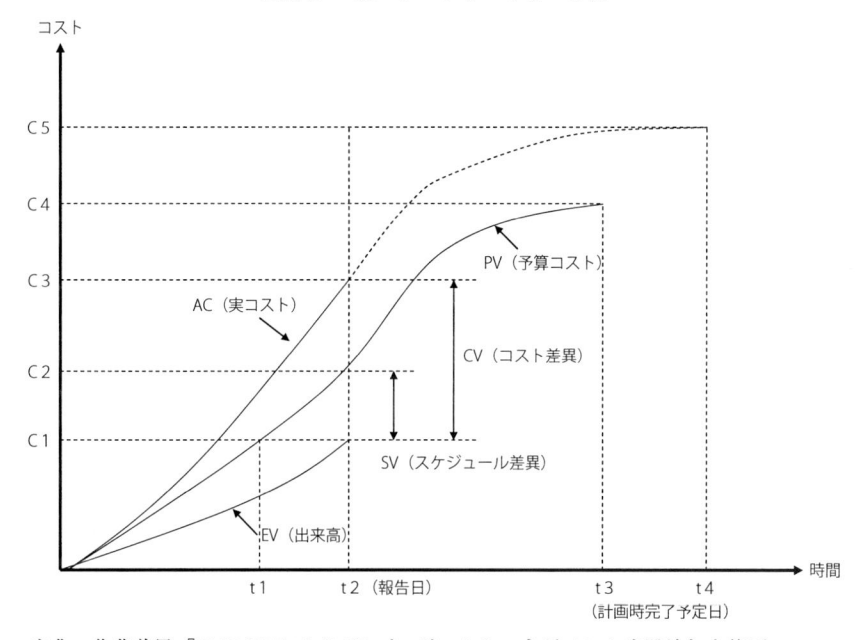

図表5－39　アーンドバリューの例

コスト
C5
C4
C3　　AC（実コスト）
　　　　　　　　　　PV（予算コスト）
C2　　　　　　　　　CV（コスト差異）
C1
　　　　　　　　SV（スケジュール差異）
　　　　　　　EV（出来高）
　　　　t1　t2（報告日）　　　t3　　t4　　時間
　　　　　　　　　　　　（計画時完了予定日）

出典：佐藤義男『PMBOKによるITプロジェクトマネジメント実践法』を修正。

線は予測であり，t3からt4にスケジュールが遅延すること，コストがc4からc5になることを示している。

　コスト削減する具体的な方法としては，ソフトウェアなどを購入せず，レンタルリースを活用する方法，自社へのカスタマイズ商品を利用せずにパッケージソフトを利用する方法，さらに業務の一部をアウトソーシングする方法などがある。ただし，それぞれ会社としての差別化や資産の蓄積ができないなどのデメリットがあるため，採用する際には注意が必要である。

（5）品質管理
　システムにおける品質は，そのシステムのユーザの利便性の向上である。こうした品質は設計，開発，テストなどすべての工程で作りこまれ，単純にテスト工程のみの問題ではないため，区別する必要がある。品質もコストと同様に

QCD の 1 つに挙げられており，重要な要素である。

　ISO (International Standardization Organization) の品質モデルでは，品質は「外部および内部品質」と「利用時の品質」に分かれる。「外部および内部品質」は，機能性（システムが必要とされる機能を備えているか），信頼性（システムが指定された達成水準を維持できるか），使用性（システムを理解したり習得したりできるか），効率性（システムが資源に対し適切な性能を提供できるか），保守性（システムが修正しやすいか），移植性（システムを別の環境に移せるか）で構成される。また「利用時の品質」は，利用者にとっての有効性（指定した目標を達成できるか），生産性（達成すべき有効性に対して適切な量の資源を利用できるか），安全性（さまざまな害を及ぼすリスクを容認できるか），満足性（満足させるか）で評価される。

　アプローチ法は 2 つあり，レビューやテストのプロセスを示し，それによって欠陥を検出する手順型と，定量的な目標として欠陥予測（見積もった欠陥数と検出された欠陥数を比較）を行い，それを評価しながら管理を行う定量型がある。

　さて，品質管理を実行するにあたり，具体的な品質管理の手順を示したモデルがいくつか提案されている。「ISO9000 シリーズ」は，ISO によって制定された品質管理と品質保証のための国際規格である。世界各国で採用されており，第三者機関で認証される仕組みになっている。「CMM (Capability Maturity Model)」は，1980 年代半ばにカーネギーメロン大学 ソフトウェアエンジニアリング研究所（CMU/SEI）で開発が始まったもので，プロセス成熟モデルとも呼ばれ，改善させる活動をプロセス領域として分類し，効果を客観的な尺度を用いて評価するツールとなっている。ソフトウェアをはじめ，人材育成，さらにそれらを統合したものなど多岐にわたり発展している。「SQuBOK (Software Quality Body of Knowledge)」と呼ばれる，日本科学技術連盟 SQiP (Software Quality Profession ソフトウェア品質）委員会と日本品質管理学会 ソフトウェア部会などにより，ソフトウェアの品質を向上させることを目的に作成された日本発の体系もある。これらは既存の知識体系から特に品質に特化するかたちで作成されたものとなっている。

(6) リスク管理

　リスクとは、一般には出来事や状況の起きる不確実性を指すが、情報システムにおいては、出来事や状況のうち悪影響を及ぼすもののことを指す。

　こうした出来事や状況は、実際に起きるか起きないかはわからないため、楽観的にみてしまい見落とす可能性がある。しかし、プロジェクトを遂行するにあたり、あらかじめリスクを把握し管理している場合と管理していない場合とは、リスクが生じたときの対応に大きな差が出る。

　リスクの例を挙げれば、電源断がある。電源が突然落ちることでコンピュータが停止し、ディスクが破損したり、さらには実行していたデータの整合性が付かなくなるなど復旧するのに時間と手間がかかる。こうした電源断に対する対応策として、事前にUPS（無停電装置）を導入することが考えられる。

　具体的なリスク管理には、リスクアセスメントとリスクコントロールが必要である。

　リスクアセスメントでは、リスクの分析を行い、優先付けを行う。

　リスク分析では、関連者を集めて、ブレーンストーミングを通じてリスクとなる要素を十分に列挙する。優先付けでは、数多くのリスクのなかからより重要なものを特定して管理をする。優先付けの際は、リスクによる損害の期待値を利用すればよい。この期待値のことを、リスク被爆度（RE）と呼び、あるリスクRの発生確率（Prob）と損失（Loss）をもとに以下の式で求められる。

　　$RE(R) = Prob(R) \times Loss(R)$

リスクコントロールでは、リスクへの対応策を考え、リスクのモニタリングを行う。リスクへの対応方法は主に4つある。

・回避（リスクを取り除いて避ける）
・移転（リスクを第三者に移転する）
・低減（発生確率や影響を下げる）
・受容（リスクの影響を受け入れる）

　例えば、有効ではあるがリスクを伴う新技術をシステムに導入するかどうか

という際に，新しい技術を利用しない（回避），他社に委託する（移転），新しい技術の十分な研修を行ったり，部分的な利用に留める（低減），仮に新しい技術を導入し問題が発生しても影響がないように時間的な余裕等を作る（受容）といった対応が考えられる。

このような対応方法を参考に各リスクへの対応策をあらかじめ設定して，リスクのモニターを通じて適切に実行することでリスクのコントロールを行う。

情報システム開発にはさまざまなリスクがあるが，今日特に問題となっているのがセキュリティ管理である。顧客の情報が流出することにより，企業が社会的信頼を落とすなど重大な損害をこうむる可能性がある。不正アクセスやデータ漏えい，それ以外のさまざまな障害に対策をする必要があるが，ウィルス対策や暗号化にみられるように常に新しい技術に着目しながら対応していく必要がある。

(7) その他の管理

これ以外にもプロジェクト管理の重要な要素として，コミュニケーション管理や人的資源管理，調達管理などがある。

開発の管理をしていくうえで，ベースとして必要なのがコミュニケーションの管理である。システム開発は，チームによる作業であり，チームにおけるコミュニケーションが不足していた場合，重大な失敗を招くことがある。コミュニケーションは，開発チーム内や，ユーザと開発チーム，そして協力会社など多くの人が対象となる。また，コミュニケーションの種類は大きく2つあり，プロジェクトに関する情報を共有するため行われるもの（進捗報告や会議など）と，動機づけなどを目的としたもの（悩みの相談など）に分かれる。前者については，定例会などの会議体の設定や，コミュニケーションのフロー（報告のルールなど）の設定，ユーザに対しても状況報告レポートなどがある。後者については，ストレス緩和のためにチームでプロジェクトパーティを行うといった方法がある。

人的資源管理とは，人的資源（ヒューマン・リソース）を有効に活用するために，異動や，教育，労働時間など雇用についての管理，報酬管理，労使関係の

管理，さらに労働意欲などの管理を行うことである。ホーソン実験でもあるように，生産性を向上させるのには動機を管理することも重要であるため，コミュニケーション管理とも併せて管理する必要がある。

また，システム開発の際には多くのリソースが必要となるため，特定の会社だけですべてのリソースを提供するのは困難な場合がある。リソースが不足した場合，外部の企業からメンバや資源を調達する必要がある。この際に，必要なのが調達管理である。外部から調達する際には，相互で情報共有が十分にとれているか，契約で齟齬がないか，に注意する必要がある。

(8) プロジェクト管理システム (PMS)

プロジェクト管理をより効率的に行うために，プロジェクト管理システム (PMS) を利用する方法もある。PMSにはオープンソースのものから有料のものまでさまざまなシステムがある。最近ではSaaS (Software as a Service) による提供も行われている。

種類は，大きく分けて個々のプロジェクト管理の進捗を中心に扱うスタンドアロン型，複数のプロジェクトを管理したり予算などのリソースを管理するエンタープライズ型，CRMなどプロジェクトと別の企業活動を統合するアプリケーション統合型がある。

ただし，こうしたツールの導入が，プロジェクトマネージャーやメンバの理解不足により作業の効率化に結びつかないこともある。そのため事前にプロジェクトとシステムの特性を把握して，どのようなツールを導入すべきかを十分に検討する必要がある。

【注】

1) 参考文献［1］のpp.322-331を参考に記述。
2) 参考文献［1］のp.323の図表3－8－1を引用。
3) 参考文献［1］のp.325の図表3－8－2を引用。
4) 参考文献［1］のp.374の図表3－11－1の一部を引用。
5) 参考文献［1］のpp.248-249と［2］のpp.103-108を参考に記述。

6）参考文献［1］の pp.254-255 を参考に記述。
7）参考文献［2］の pp.259-267，pp.346-370 を参考に記述。
8）参考文献［10］の p.154 を参考に記述。

問題

問1　情報システム開発のなかで，構想設計の業務内容を述べよ。
問2　ホワイトボックステストとブラックボックステストの違いについて述べよ。
問3　情報システム開発のなかで，CIO の役割はどのようなものであるか。
問4　情報システム開発において，スコープで明らかにする内容を述べよ。

【参考文献】

［1］島田達己・林　誠監修，中央職業能力開発協会編『経営情報システム（情報化企画）2級』社会保険研究所，2008年。
［2］島田達己・林　誠監修，中央職業能力開発協会編『経営情報システム3級』社会保険研究所，2008年。
［3］大場允晶・藤川裕晃編著『生産マネジメント概論　戦略編』文眞堂，2010年。
［4］八鍬幸信『利用者思考に基づく経営情報論の再構築』学文社，2009年。
［5］Project Management Institute 編『プロジェクトマネジメント知識体系ガイド 第4版』Project Management Institute，2009年。
［6］佐藤義男『PMBOK による IT プロジェクトマネジメント実践法』ソフトリサーチセンター，2002年。
［7］荻原健一『医薬品業界におけるコンピュータ関連規制と動向：ヘルスケア業界の規制動向と成長シナリオ』野村総合研究所，2007年。
［8］増永良文『リレーショナルデータベース入門』サイエンス社，1991年。
［9］NECラーニング『アルゴリズムとシステム開発　改訂版』日本経済新聞社，2003年。
［10］西村一則・坪根直毅・栗田　学『情報システム計画論』コロナ社，2000年。
［11］秋庭雅夫『TP マネジメントの設計と展開―顧客指向の戦略的総合生産システム』日本能率協会，1987年。

第6章　ハードウェア・ソフトウェア

> **ポイント**
> ◎コンピュータの演算の仕組みを理解し，すべてのコンピュータはハードウェアとソフトウェア（含アプリケーション）によって情報を処理すること，ハードウェアの5大装置の構成，ソフトウェアの種類と役割を理解する。
> ◎製造管理システムの概要から製造業を支えるパッケージソフトの内容を理解する。
> ◎狭義のネットワークについて，種類，内容を理解する。また，広義のネットワークについて，具体例を通して理解する。

今日ではコンピュータは，ビジネス面や個人の生活面でも欠くことのできない基盤となっている。このコンピュータが生まれる以前は，歴史的には古くは紀元前の中国における算盤から始まり，手動式や機械式の計算機と発達して変化し，最終的に電気式のコンピュータらしき計算機が現れたのは20世紀に入ってからのことであった。このまだ歴史の浅いコンピュータはさらに高速化，小型化を続けているが，まずはその仕組みから説明する。また，それに必要なハードウェア，ソフトウェア，アプリケーション，コンピュータ，およびネットワークに関わる周辺の情報に関して解説する。

第1節　ハードウェアの知識[1]

（1）コンピュータの仕組み

まず初めにコンピュータが動作する原理の概要について述べる。
コンピュータが計算できたり，さまざまな情報の表現ができたり，図や表の

表示，あるいはネットワークを通じて通信が可能であるのは，「0」か「1」かの「2進数表現」が根本にある。すなわち，この2進数で表現されたさまざまな情報や数字，記号等と，電気の「off」と「on」，あるいは光の「off」と「on」とを対応させることにより，電気を通す「メタルケーブル」や光を伝える「光ファイバ」を媒体とする「通信ネットワーク」上で遠く離れた地点間にあるコンピュータ同士が「ディジタル情報」のやり取りをすることができる。

2進数表現された数字は，ゲート素子を組み合わせた「加算器」を論理的に組み合わせることにより四則演算をはじめとする計算が可能になる。

2進数で表現された記号や英数字は，ASCIIやEBCDIC等のコード表に示されている対応関係により実際に使用される文字に変換される。

このような文字や数字の情報は，フリップフロップと呼ばれる回路やコンデンサに電荷を蓄積することにより，その情報が保持され，いわゆる「記憶される（memorized）」ということが可能になる。

(2) コンピュータの種類

コンピュータの種類については大きく分類すると，多くの人間が同時に使用でき計算速度が速くて大記憶容量をもつ大型計算機である「メインフレーム（mainframe）」と，各個人ごとに使用する「パーソナルコンピュータ（PC: Personal Computer）」があり，後者はさらに，机の上に固定して使用する「ディスクトップ型」と自由な位置移動に適した「ノート（laptop）型」とに分けられる。

(3) ハードウェア構成

コンピュータのハードウェアの構成は，①入力装置，②出力装置，③主記憶装置，④中央処理装置，⑤補助記憶装置の5つの部分から成り立つ。以下に簡単に各部分の説明を加える。

① 入力装置：プログラムやデータをコンピュータに入力するための装置のこと。キーボード，マウス，コードリーダ，イメージスキャナ，カメラ，マイク，ペンタブレット，OCR（Optical Character Reader），OMR（Optical

Mark Reader）やタッチパネル等はこの入力装置である。
② 出力装置：プログラムや計算結果を（画像や印字等の形で）出力するための装置のこと。ディスプレイ，プリンタ，が代表的な出力装置である。
③ 主記憶装置（main memory）：コンピュータが動かすプログラムやデータを，加工や演算処理のために一時的に記憶するための装置のこと。内部はアドレス（番地）が与えられており，2または4 Byte 単位ごとにデータが格納される。CPUとはアドレスバスやデータバス，制御線で結ばれている。
④ 中央処理装置（CPU: Central Processing Unit）：プログラムに従ってデータを加工したり，コンピュータの制御を行ったりする装置のことで，演算装置と制御装置とから構成される。演算装置は汎用レジスタや算術論理演算器からなり，制御装置はプログラムカウンタ，命令レジスタやデコーダから構成される。
⑤ 補助記憶装置：プログラムやデータを保存するための装置のこと。ハードディスクドライブ（HDD: Hard Disk Drive），CD（Compact Disc）ドライブ，DVD（Digital Versatile Disc）ドライブ，BD（Blue-ray Disc）ドライブやSSD（Solid State Drive）等の種類がある。

これらの装置は図表6－1のような構成になっている。

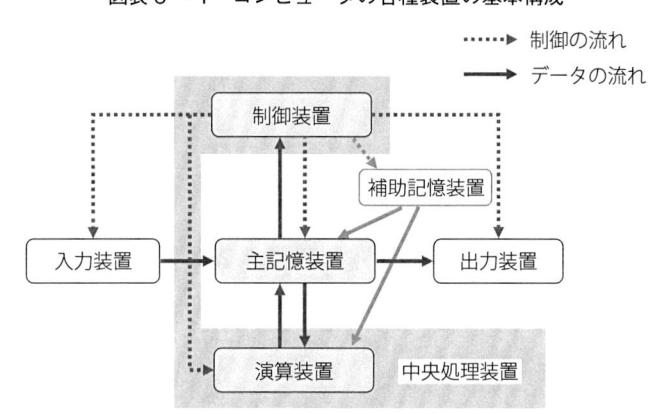

図表6－1　コンピュータの各種装置の基本構成

（4）通信プロトコル

通信プロトコル（protocol）とは，「通信を実現する上で必要な約束事」のことである。この通信プロトコルは，ISOで世界標準として作成されたOSI（Open Systems Interconnection）の7階層参照モデルによって定められている（図表6－2）。

図表6－2　OSIの基本参照モデル

階層	階層名	機能	意味
7	アプリケーション	アプリケーションに特化した約束事	意味的内容に関すること
6	プレゼンテーション	データの表現やフォーマットに関する約束事	データ形式の変換など
5	セッション	ひと塊のデータに関する約束事	会話に関する制御
4	トランスポート	端末間のデータ転送機能に関する約束事	データ転送制御
3	ネットワーク	通信する端末と端末の間の経路に関する約束事	端末間（end-end）制御
2	データリンク	隣接する機器の間での約束事	リンク間（node-node）制御
1	物理	物理的な規定に関する事	電気信号／物理形状

（5）計算論理

計算機のなかの計算ができる仕組みは，つきつめていくと，次のような計算論理をハードウェアで実現することによって可能になっているといえる。すなわち，論理演算の原理を用いて0や1のビット列を論理ゲートにより表現し，この論理ゲートを組み合わせることにより，全加算器や半加算器などの「加算回路」を構成する。コンピュータはこの加算回路を用いることにより，各種の演算を実行することができるのである。

まず，計算論理とは，2値（0または1）による論理演算である。すなわち，

論理和（disjunction）　　$z = x + y$
論理積（conjunction）　　$z = x \cdot y$
否　定（negation）　　　$z = \bar{x}$

である。ここで，xとyは入力値で，zは出力値である。

論理ゲートには，ANDゲート，ORゲート，NOTゲート，NANDゲート，NORゲート，EOR（Exclusive OR）ゲート等の種類がある。これらの真理値表を図表6－3に示す。

図表6－3　論理ゲート

AND ゲート

X	Y	Z
0	0	0
0	1	0
1	0	0
1	1	1

OR ゲート

X	Y	Z
0	0	0
0	1	1
1	0	1
1	1	1

NOT ゲート

X	Z
0	1
1	0

NAND ゲート

X	Y	Z
0	0	1
0	1	1
1	0	1
1	1	0

NOR ゲート

X	Y	Z
0	0	1
0	1	0
1	0	0
1	1	0

EOR ゲート

X	Y	Z
0	0	0
0	1	1
1	0	1
1	1	0

　加算回路とは，上記の AND, OR, NOT の3種類の論理ゲートを組み合わせて加算を行うことができるようにした回路のことである。これは，上記の論理演算と桁上がりを組み合わせることにより，一定の2進数の加算を行うことができるようにしたものであり，半加算器（Half Adder: HA）と全加算器（Full Adder: FA）との組み合わせにより可能になる。その半加算器，全加算器，4ビット加算器の原理図と真理値表をそれぞれ図表6－4，図表6－5，図表6－6に示す。

　この図で，X_n, Y_n, Z_n (n = 0, 1, 2, 3, 4) はそれぞれ0か1であり，2進数 $(X_3X_2X_1X_0)_2$ と $(Y_3Y_2Y_1Y_0)_2$ との和が $(Z_4Z_3Z_2Z_1Z_0)_2$ となることを表している。

図表6－4　半加算器の原理図と真理値表

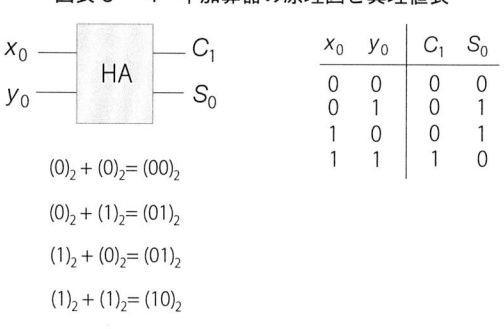

x_0 ── HA ── C_1
y_0 ──   ── S_0

x_0	y_0	C_1	S_0
0	0	0	0
0	1	0	1
1	0	0	1
1	1	1	0

$(0)_2 + (0)_2 = (00)_2$

$(0)_2 + (1)_2 = (01)_2$

$(1)_2 + (0)_2 = (01)_2$

$(1)_2 + (1)_2 = (10)_2$

図表6-5　全加算器の原理図と真理値表

x_n	y_n	C_n	C_{n+1}	S_n
0	0	0	0	0
0	0	1	0	1
0	1	0	0	1
0	1	1	1	0
1	0	0	0	1
1	0	1	1	0
1	1	0	1	0
1	1	1	1	1

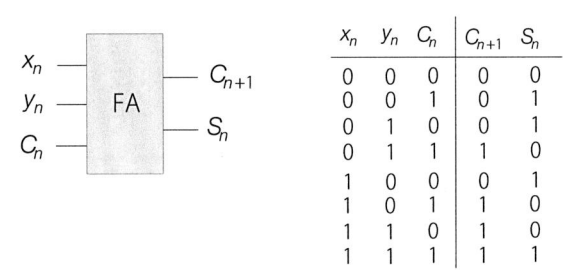

図表6-6　4ビット加算器の原理図

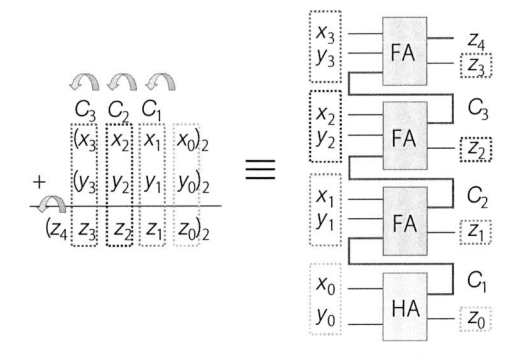

（6）記憶論理

記憶の仕組みは，それに用いられている素子の観点からは次の3つの方式に分けられる。

① 電気信号記憶方式：半導体やコンデンサ等のなかに流れる電流や電荷を利用して0か1かを認識する方式である。前者の場合には，フリップフロップと呼ばれる回路を用いて記憶保持がなされている（図表6-7～6-10）。この図で，SとRは入力値，Qと$\bar{Q}$は出力値である。SとRがどちらも0である状態からどちらかが1という状態になるとき（図では(2)から(3)，あるいは(4)から(1)になるとき）に出力が反転し，それ以外では状態が保持されていることがわかる。

② 磁気記憶方式：磁性体金属の膜を磁化し，その方向を利用して0か1かを認識させる方式である。磁化の方向には，水平方向と垂直方向の2種

図表6-7　フリップフロップ（その1）

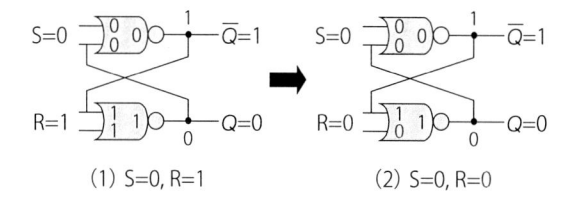

(1) S=0, R=1　　　(2) S=0, R=0

図表6-8　フリップフロップ（その2）

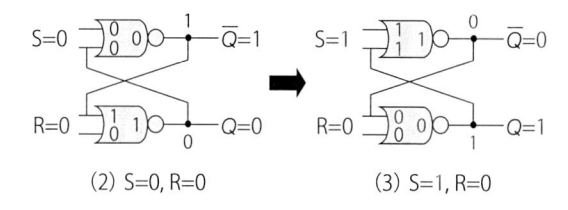

(2) S=0, R=0　　　(3) S=1, R=0

図表6-9　フリップフロップ（その3）

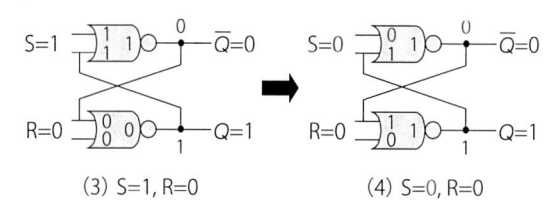

(3) S=1, R=0　　　(4) S=0, R=0

図表6-10　フリップフロップ（その4）

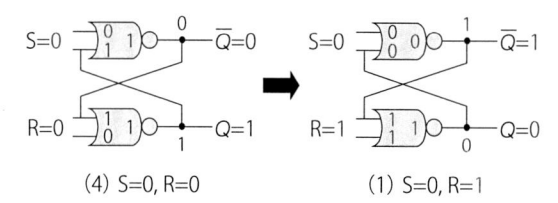

(4) S=0, R=0　　　(1) S=0, R=1

　　類の記録方式がある。
③　光記憶方式：金属面に凹凸によって書きこまれた0か1の情報にレーザー光を照射することによって，光学的に読み取る方式である。

（7）セキュリティ

　ここで対象とする情報セキュリティとは，ネットワークやコンピュータを通じて，個々人が保持している情報の機密性や完全性，可用性を確保／維持することをいう。これらに対する脅威とは次のような種類がある。

① コンピュータウィルスによるもの：メールなどに添付したウィルス入りの情報により，ID窃盗，盗聴，情報改ざん，なりすまし，情報破壊等を行う。

② 不正コピー：著作権があるコンテンツなどを不正に複製する。

③ スパムメール：いわゆる「迷惑メール」を受信者に勝手に送りつける。

　これらに対する対策としては，パスワードの設定や，ウィルス対策ソフトのインストール，暗号化，ファイヤーウォール等の技術的な項目が挙げられるが，あくまでも個人個人が自分自身を守るという心掛けでこれらの脅威に対処することが最も大切であるといえる。

第2節　ソフトウェアの知識

　本節では，ソフトウェア全般の説明を行う。

（1）ソフトウェアの役割

　一般的にソフトウェアとは，狭義には，コンピュータのプログラムの集合を指す場合が多い。広義には，このプログラムのほかに，OSやBIOS，映像画像などのコンテンツなどを含めていう場合もある。

　オペレーティングシステム（OS: Operating System）は基本ソフトともいい，コンピュータのさまざまな管理機能を受けもつソフトウェアである。これはハードウェアとアプリケーションソフトとの間を取りもち（図表6－11），さまざまな種類が存在する（例えば，Windows, Linux, UNIX, Mac OS, Solaris等）。

　BIOS（Basic Input/Output System）とは，コンピュータを立ち上げる際に，種々の装置に不具合がないかをチェックするとともに，コンピュータ周辺装置（ディスクドライブやビデオカード等）を制御するプログラム群であり，ROM

図表6−11　コンピュータの構成図

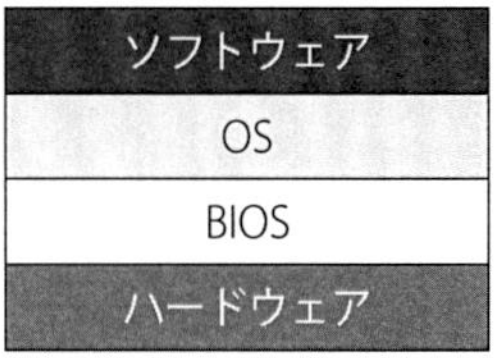

```
ソフトウェア
OS
BIOS
ハードウェア
```

(Read Only Memory) のなかに組み込まれている（図表6−11）。

　一般にいう狭義の「ソフトウェア」とは，「アプリケーションソフトウェア (application software)」といい，メールソフト（Windows mail, outlook 等），ワープロソフト（MS word, 一太郎 等），プレゼンテーションソフト（Power Point 等），データベースソフト（Access, Base 等），表作成ソフト（Excel, Numbers 等），その他，画像管理やセキュリティ，データ解析用などさまざまな機能に特化したものが存在する。

　一般には，ある課題が与えられたときに，プログラムを作成してその解を求めるのがソフトウェアの役割であるが，その手順は，(i) 全体の処理流れを決定して図で示す「フローチャート」を作成し，(ii) その詳細な手順を「アルゴリズム」として与え，(iii) それを「プログラミング」して実行するということになる。

（2）フローチャート

　フローチャート（flowchart）は「流れ図」ともいい，一般には作業の実行の順番を図で表現したものである。コンピュータによりある問題を解く場合には，通常はこれに従ってアルゴリズムを考え，それをプログラムとして記述するのが基本的な流れである。図表6−12にN個の数のデータから最大値を求めるフローチャートの例を示す。

（3）アルゴリズム

　アルゴリズム（algorithm）とは，簡単に表現すると，「ハードウェアやソフトウェアを用いてある問題を解決するための処理手順」のことである。これを

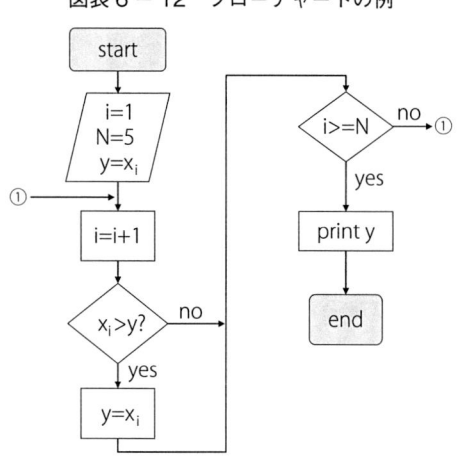

図表 6 - 12　フローチャートの例

厳密に表現すると，「明確に定義された有限個の規則の集まりであって，有限回適用することにより問題を解くもの（JIS（Japan Industrial Standard：日本工業規格）による定義）」となる。1つの課題を解決するためのアルゴリズムは，一般には無数に存在するが，その効率の良さを表す尺度として，数学で用いられる「オーダ（order）」という概念がある。例えば，$O(n)$：（nのオーダ）とは対象となるデータの個数がn個のときに，そのnが増加すればその増え方と同じような程度で解を探すための複雑さ（手順の数）が増えていくという意味である。

（4）プログラミング

プログラミングとは，種々のプログラミング言語（例えば，C言語，Visual Basic, Perl, Fortran, 等）を用いて，ある問題の解を得るためのプログラムを実際に書くことをいう。一般に，問題が大規模になればなるほど，プログラミングも複雑になるが，これを効率的に行うことをE. W. Dijkstraが「構造化プログラミング（structured programming）」として提唱した。これは次の3つの原則を守ってプログラムを作成するというものである。

①　小さくて簡単なプログラム（sub program）を作成し，それを合成して全

図表6－13　構造化プログラミング

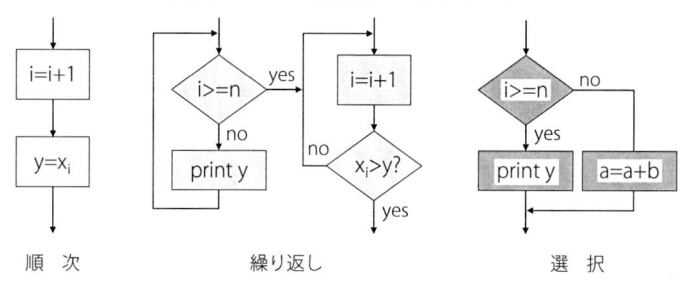

順　次　　　　　　　　　繰り返し　　　　　　　　　　選　択

図表6－14　プログラムの入れ子構造

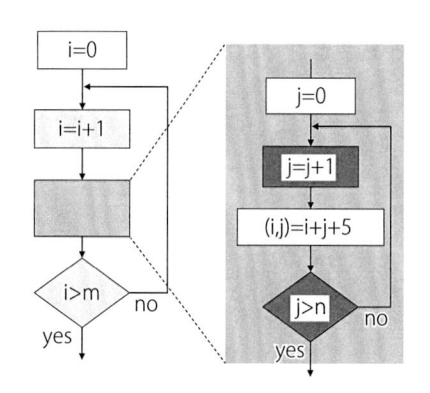

例）2次元配列の要素の計算

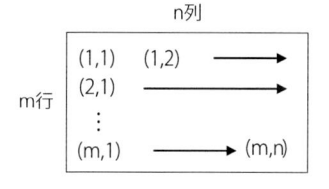

体を構成する。
② 順次（処理と処理を順番に実行する），繰り返し（定められた回数だけ同じ処理を繰り返す），選択（ある条件に従って分岐させて処理を実行する），のみを使用する（図表6－13）。
③ 飛び越し（go to 文）は極力使用しない。

ここで，構造化プログラミングを意識した実際のプログラムの実行手順について示しておく。例えばデータが2次元の配列で与えられているときには，プログラムが入れ子構造（nested structure）で実行されるようにフローチャートを作成するとよい（図表6－14参照）。

プログラムは，通常は，まずある言語のソースプログラム（source program）が作成され，それがコンパイラ（compiler）により機械語（コンピュータが理解で

きる言語）に翻訳され，それを実行（run/execute）することになる。ソースプログラムを翻訳しながら実行するインタープリタ（interpreter）というプログラムもある。

（5）ファイル（file）
　ファイルとは，ある種のデータのひとまとまりのことであり，例えば売上伝票の束をイメージするとよい。データやプログラムは，このファイル単位で記憶装置と CPU の間でアクセスされたり，管理されたりする。これらにはさまざまな種類があり，その種類により拡張子が定められている（図表6－15参照）。

図表6－15　各種拡張子

文　　書	html, txt, pdf
Office 系	docx, xlsx, pptx, accdb
画　　像	jpg, gif, png, bmp
音　　声	mp3, wma, wav, rm, aiff
動　　画	mpg, rm, wmv, mov
圧　　縮	Lzh, zip, sit
実　　行	exe

第3節　アプリケーション

　アプリケーションという言葉は，適応プログラムとも言われたが，給与計算だとか，生産計画の立案だとか，ある具体的な業務を行うために書いたプログラムのことである。有名なアプリケーションとしては，銀行のオンラインシステムとか，新幹線の予約システムなどが我々の生活を便利にしている。コンピュータの創成期には，各社がインハウスで独自の運用形態に併せて COBOL, PL/1, FORTRAN などの高級言語で業務支援のプログラムを開発した。しかし，それぞれのプログラムも企業を超えた標準化が進み，パッケージソフトウェアとして市販されるようになった。
　パッケージソフトウェアを購入したら，資産として計上されることになる。

しかし，ソフトウェアの使用される期間の短縮化に及んで，使用したときにだけ課金される方式の利便性が言われるようになり，ASP（Application Service Provider）という仕組みが登場した。それは，その後ソフトウェアのパッケージ化が進むにつれて，SaaS（Software as a Service）として再び登場して発展する。

製造業で良く使われているソフトウェアについて，その機能や階層などを解説する。

まず，工場全体の製造管理システムの体系を説明し，個々のパッケージの説明に移ることにしよう。

（1）製造管理システムの体系

製造業で活用されるソフトウェアは大きく階層で分けると，ビジネスシステム層，工場システム層，工程制御層の3つに分けられる。それらの発展と具体的ソフトウェア名称を図表6－16にまとめた。このなかの主要なものについては，次項で説明する。

図表6－16　製造管理システムの概要[2]

ビジネスシステム層				
				CRM　SRM/PRM
MRP	MRP2	ERP		SCM/SCP
				APS
				PDM/PLM

工場システム層				
		CAD/CAM/CAE		
	POP			
		CIM		MES

工程制御層				
	PLC			SCADA
	DCS			HMI

1970　　　　1980　　　　1990　　　　2000

ビジネスシステム層は，その企業全体としてどう製造ビジネスを繰り広げていくかの観点でのソフトウェアである．当初は生産計画の立案や資材調達など，生産管理を支援する情報システムが取り入れられた．最近ではより動的な生産計画立案が可能となり，サプライチェーンでの全体最適化の考え方を取り入れ，計画機能の強化や財務，人事などに拡張した企業経営を支援する情報システムが用いられている．顧客やパートナーとの関係強化を目指した，組織間における情報共有や連携を支援し，関係強化を支援する情報システムの活用が行われると同時に，市場の多様化や製品ライフサイクルの短縮化に伴い，技術・設計情報を一元的に管理し効果的な設計活動を促すなど，設計活動を支援する情報システムも見られる．

　工場システム層とは，工場単位で企業の決めた製造指令をどう実行するかが主眼である．当初は，生産時点情報を把握するための仕組みとして用いられたが，ビジネスシステム層での情報技術の活用の広がりを受け，ビジネスシステム層と工程制御層を連結させる観点から，プロセス協調と情報連携の強化をもとに発展していた．この層に含まれるソフトウェアには，コンピュータを用いた設計活動やその情報を用いて工程制御層に効率的に反映させるなど設計活動を支援する情報システムや，ビジネスシステム層で立案した計画を工程制御層へ情報伝達したり，実績をビジネスシステム層に報告する役割を行う工程管理を支援する情報システムが含まれる．

　工程制御層は，工場内の1工程において，生産指示を与えて，それがどう実行されているかをモニタリングするものである．産業機器における情報技術活用の発展に伴い，コンピュータによるシステム監視やプロセス制御を行えるようになった．1990年代の工程制御は，独自仕様のシステムが多く，拡張性や柔軟性に課題があった．最近では，ネットワーク技術の標準化に伴い，リアルタイムに複数の制御装置を監視するための仕組みが実現され，工場システム層との連携が進んでいる．

（2）製造を支えるパッケージ・ソフトウェア

① ERP（Enterprise Resource Planning）

　基幹情報システムといい，販売，経理・会計，人事，生産，在庫，などのほとんどの業務全体をカバーしている。背後にデータベースを抱えており，ワンファクト・ワンプレースというコンセプトの下で，その企業の世界中のサイトから同じ情報を共有できる。それにより迅速な意思決定ができるというものである。

② CRM（Customer Relationship Management）

　顧客関係管理システムと訳すことがある。誰も（あるいはどの企業も）顧客となり得るが，販売する側にとって望ましい顧客はたくさん買ってくれる顧客であることは多言を要しない。そんな優良顧客とは長期的な協力関係を築いていきたいと考える。そこで，どの担当者が，いつ，どんな情報を，顧客のどの部署の誰から聴いたとか，何を，いつ，どのくらい，どの部署の誰に売ったかとかの情報をデータベースに一元管理して，今後の営業活動に役立てようという仕組みである。

③ SCM（Supply Chain Management）

　通常 SCM というと，企業の壁を越えた商品の生産から最終消費者までの流通の効率化を狙った計画・管理活動を指す。その業務を支援する仕組みがこの名前の付いたパッケージである。需要予測，調達，在庫・生産計画から輸・配送管理まで幅広い領域をカバーしている。前項で説明した ERP や CRM と重なっている部分もあるが，中心となる機能は納期回答＝ATP（Available To Promise）という機能である。これは，顧客の要望に即払い出せる数量が在庫されていないなどの状況下で，いつになればどのくらいの生産をすることが計画で判っているので，輸配送を含めて何日の何時に届けられると回答をする機能である。在庫がないから断っていた注文も拾えることになる意味は大きい。

④ APS（Advanced Planning and Scheduler）

　生産計画とスケジューリングの機能に特化したパッケージである。製造工程に配備された生産機械・設備に対して，時間ごとに仕事（ジョブまたはタスク）を

割り当てる．生産現場では，経営資源である人や機械・設備をいかに効率的に活用して利益を上げるかという命題がある．それに対する具体的な解答を与えるものである．メークスパン（総ジョブ完了時間）最小化，納期遅れ最小化，稼働率最大化などの目的関数を最適化するスケジューリングを生成し，ガントチャートの形式で画面に表示する．ユーザがそのスケジュールを画面上で修正できる機能を有するパッケージもある．また，加工組み立て型工程やバッチプラント型工程まで，さまざまなタイプの機械・設備の生産計画を構築できるものが市販されている．

⑤ PDM (Product Data Management)

製品情報管理システムということで，製品に関するさまざまな情報，例えば部品仕様，設計諸元，図面などの設計関係のデータを一元管理するものである．図面を扱うことから，CADシステムとのインターフェースをもつものが多い．また最近では，開発，設計，生産技術，製造，品質管理，購買，資材，メンテナンスなどの部門間および企業間における設計情報の閲覧や共有を実現し，ERPやMRPなどの業務システムとの連携も図られようとしている．これは広義のPDMといい，設計情報の統合，部品表などの構成の管理，ワークフロー管理，などと柔軟なインターフェースの機能をもつものもある．

⑥ MES (Manufacturing Execution System)

製造実行管理システムといい，工場の製造現場におけるさまざまな情報を統合する役割をもつ．主として日程計画としてのスケジューリングの立案とその実行管理および実績の管理をしている．MESの機能には，生産資源の配分・監視，作業のスケジューリング，差立てと製造指示，実績データの収集，作業者管理，製造品質の管理，製造プロセス管理，設備の保守計画・保全実績管理，製品のロット追跡と製品体系管理，製造実績分析などである．最近は，これらの機能のうち「作業のスケジューリング」に関する部分はERPやAPSなどの機能で対応することが多くなり，計画情報を受け取り，生産現場での「差立てと製造指示」や「進捗管理・実績分析」をMESの主な機能とすることが多く

なってきている。

　パッケージの位置づけから上位である ERP や APS，下位機能を担う SCADA などとのインターフェースが不可欠である。また，業界ごとにオペレーションが異なるので，業種ごとに専用のパッケージが開発されている。例えば，半導体では Work Stream，SiView Standard，医薬品業界では，Pharmanage，HITPHARMS，Pharmasyst などがある。

⑦　SCADA（Supervisory Control And Data Acquisition）
　SCADA は，製造が設定通り行われていることを管理・監視・記録するものである。製造の現場で製造機械や製造設備に対して製造条件の設定を送信し，製造機械や設備からリアルタイムで生産状況の測定データ（製品個々の重量，機器の温度，不良品の数など）を収集する。主要機能は，生産の指示～チェック～進捗管理～結果データ収集～記録，トレンドグラフなどを出力，異常発生時には警告（アラーム）を発報，生産装置や設備とのインターフェースやデータの自動送信などである。
　SCADA の特徴は，上位のシステムや機器とインターフェースをもつことである。上位のシステムは，MES であることが多く，下位のシステムは，通常 PLC，生産機械・設備である。また，多くの SCADA はパッケージソフトウェアである。例えば，iFiX，InTouch，FA-Panel，Factory Link などがあり，生産現場の端末にインストールされる。

⑧　PLC（Programmable Line Controller）
　PLC とは，工場の機械制御に用いられる制御装置のことである。従来は，リレー回路を用いた装置が用いられていたが，マイクロコンピュータ技術が進化するなか，現在では多くの制御装置で用いられているディジタル信号を扱うことができ，パソコン上でのアプリケーションを用いてプログラミングし，PLC で利用することも可能である。同類の仕組みに DCS（Distributed Control System：分散制御システム）があり，これはシステムを構成する各機器に制御装置をもち，ネットワークで相互監視を行うものである。

（3）パッケージ・ソフトウェア間の連携

　これらのソフトウェアは，もちろん単独でも稼働して機能を発揮するが，連携することが求められている。上位で管理している注文や需要予測量に対して生産を起こすべく，生産現場へ指示が出る。現場では，その経営資源を最大限に活かして，生産を行い，結果としての在庫や生産実績など原価管理や受注回答などのために上位へ返す。これらの指示は，下位へ行く程細かく，具体的になる。図表6－17にその概念を示した。

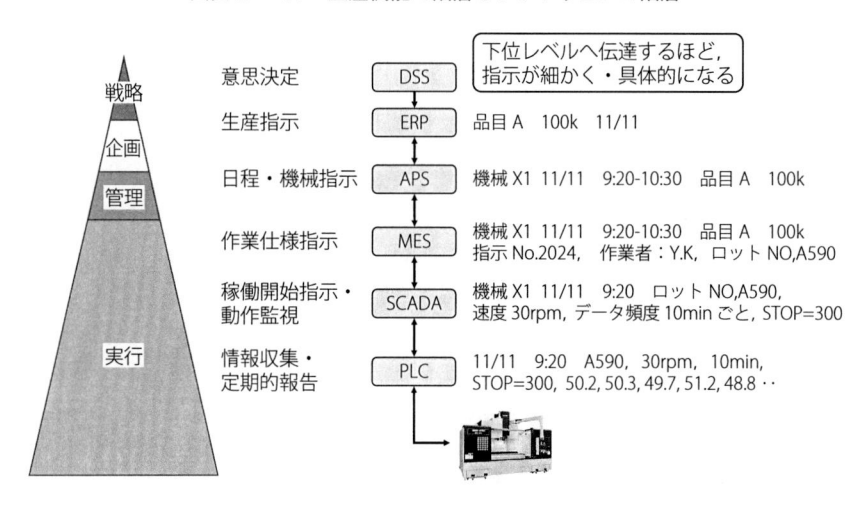

図表6－17　生産機能の階層とソフトウェアの階層

階層	機能	ソフト	内容
戦略	意思決定	DSS	下位レベルへ伝達するほど，指示が細かく・具体的になる
企画	生産指示	ERP	品目A　100k　11/11
管理	日程・機械指示	APS	機械X1　11/11　9:20-10:30　品目A　100k
管理	作業仕様指示	MES	機械X1　11/11　9:20-10:30　品目A　100k　指示No.2024，作業者：Y.K，ロットNO,A590
実行	稼働開始指示・動作監視	SCADA	機械X1　11/11　9:20　ロットNO,A590，速度30rpm，データ頻度10minごと，STOP=300
実行	情報収集・定期的報告	PLC	11/11　9:20　A590，30rpm，10min，STOP=300, 50.2, 50.3, 49.7, 51.2, 48.8‥

第4節　ネットワーク

　本節では，まず初めにネットワークの分類（1）を行い，通信に使用されるいわゆる狭義のネットワーク（2），および通信以外のさまざまな形態を含めたいわゆる広義のネットワーク（3）の2種類に分けて説明し，その後，具体的ないくつかのネットワークについてより詳細な説明を加える（4）。そして，電子商取引（5）と新しい形のネットワーク（6）について述べる。

第6章　ハードウェア・ソフトウェア　177

（1）ネットワークの分類
　「ネットワーク」とは，「それを通じて，何かしらの情報を伝達するために網の目のように張り巡らされた媒体」をさすことが多い。そのうち，情報通信分野において，通信情報を伝達するためのものがいわゆる「狭義のネットワーク（情報通信網）」であり，それ以外の，例えば，人間同士のつながりや，生命体内部のネットワーク等も含めて「広義のネットワーク」と呼ぶ場合もある。

（2）狭義のネットワーク
　狭義のネットワークにはさまざまな種類があり，通信に関係する狭義のネットワークについては，次のような項目により分類をするのが一般的である。
　①情報の内容，②交換方式，③伝送方式，④管理対象，⑤エリア／管理運用範囲，⑥プロトコル，⑦伝送方式やプロトコルの組み合わせ。
　①はネットワーク内を伝達する情報の内容により，例えば電話網やデータ通信網，画像通信網等に分けられる。②はネットワーク内で使用されている交換方式による分類で，回線交換網，パケット交換網，ATM（Asynchronous Transfer Mode）網などである。③は伝送方式によりアナログ網やディジタル網，SDH（Synchronous Digital Hierarchy）網等に分類される。④は例えば回線網，パス網，伝送媒体網などである。⑤は，市内網／市街中継網／国際網や，イントラ／エクストラ／インターネットや，ユーザ／アクセス／バックボーンネットワークなどである。⑥は，IP（Internet protocol）網，SNA（System Network Architecture）網，等であり，⑦は，IP over ATM や IP over WDM（Wavelength Division Multiplexing）である。

（3）広義のネットワーク
　広義のネットワークとしてとらえる場合には，いわゆる通信網やインターネットなどの狭義のネットワーク以外に，人と人とのつながりを表す「人的ネットワーク」，会社間の取引や提携，共同研究などのつながりを表す「企業間ネットワーク」，自然動物の種の間のいわゆる食物連鎖を表すネットワーク，生命体のなかの細胞レベルでの物質のやり取りを表す「体内ネットワーク」，そ

の他数多くの種類が存在する。

(4) 具体的なネットワークの例
　本節では，狭義のネットワークのなかからいくつかの具体例を紹介する。

① 電話網
　わが国で使用されている電話網は，1997年にアナログ網からディジタル網へ完全移行したが，いずれも4階層構造になっている。階層構造とは，この場合，4つのレベルの「交換局」と呼ばれる規模の異なる交換機を収容する局が存在して，それらが互いに同レベルや異なるレベルで接続されているネットワーク構造をさしている。電話網では，回線交換方式が採用されてきている（現在，NGN（Next Generation Network）の構築が進められており，これまで独立に存在していた（固定）電話網や携帯電話網，その他のデータ網や放送網等さまざまなネットワークを統合して1つのネットワーク内で情報を交換しようとする試みが進められている（それが完全に終了するとこの従来の（固定）電話網は不要になる）。
　この従来の電話網では，通話要求者と被通話要求者とをネットワーク内で接続するためにさまざまな信号がやり取りされているが，この信号をやり取りするネットワークを信号網といい，電話網とは独立に存在している。この信号網は，全世界で世界標準として定められた方式に則って構築されており，混雑を防ぐ目的で輻輳制御方式が適用されている。また，このネットワーク（電話網と信号網）内では，日本全国を北から南に綿密な順序で市外局番の順番が付与された「番号方式」が採用されている。また，電話端末（電話器）のなかには，アナログ情報である音声をディジタル情報に変換（A/D変換）したり，またその逆に変換（D/A変換）を行う機能が組み込まれている。電話網内では，情報を送るのに必要な回線の数は，回線設計（アーランB式（Erlang's Loss Formula）を用いて必要回線数を算出すること）により計算されて敷設されている。

② インターネット
　インターネットは，米国の国防総省が実験用に用いていたARPANETと呼

ばれるネットワーク（どんなに攻撃されようとも通信が遮断されないような頑強性（robustness）を備えたネットワークを目指して作られた）が基盤となっている。このインターネットは「The Internet」と表記され，次の2つの条件により定義される世界で唯一のネットワークである。（1）TCP/IP（Transmission Control Protocol／Internet Protocol）を実装していること。（2）いくつかの基幹ネットワークを中心として構成された1つの世界規模のネットワークに接続されていること。

インターネットにはルータ（router）が存在する。このルータは，電話網内の交換機に相当するもので，その役割は，IPパケットのヘッダ（header）に書かれている，発信元アドレス，宛先アドレス，情報の長さ，等の量を読み取り，このパケットをどちらの隣接ルータに渡せばよいのかを自身がもっている「ルーティングテーブル」内の情報を参照して決定し，それに従ってパケットをその方向に送り出してやることである。これをルーティング制御といい，RIP（Routing Information Protocol）（図表6－18）やOSPF（Open Shortest Path First）（図表6－19）等に代表されるようないくつかのプロトコルが存在する。

「フロー制御（Flow control）」とは，ネットワーク内の情報の流れ（flow）を

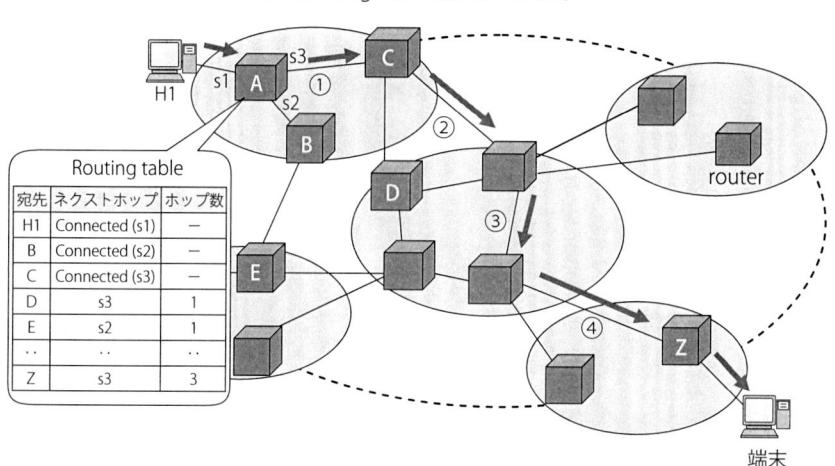

図表6－18　ルーティング制御の例（RIP）

RIP（Routing Information Protocol）

宛先	ネクストホップ	ホップ数
H1	Connected (s1)	—
B	Connected (s2)	—
C	Connected (s3)	—
D	s3	1
E	s2	1
..	..	..
Z	s3	3

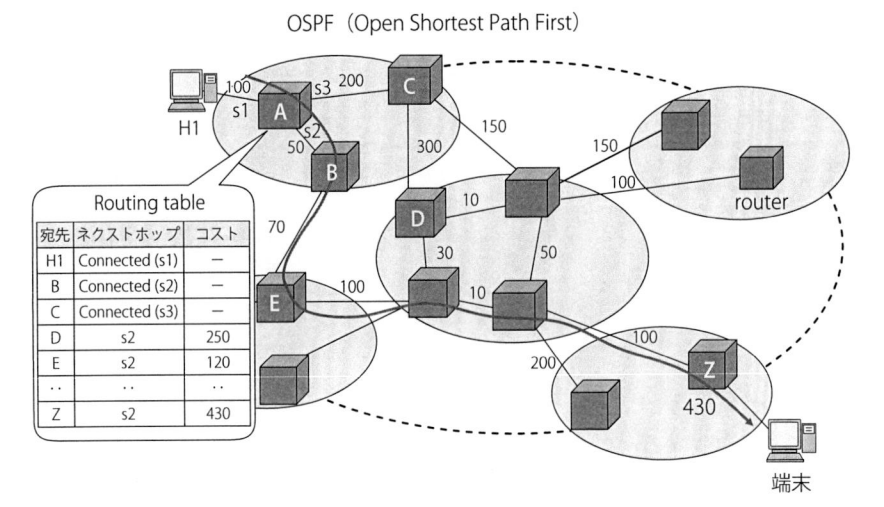

図表6-19 ルーティング制御の例（OSPF）
OSPF（Open Shortest Path First）

宛先	ネクストホップ	コスト
H1	Connected (s1)	—
B	Connected (s2)	—
C	Connected (s3)	—
D	s2	250
E	s2	120
..	..	..
Z	s2	430

制御することにより輻輳状態，いわゆる情報の混雑を防ぐ仕組みが取り入れられている。インターネットではそのうちのウィンドウ制御（window control）という方法が取り入れられている。ウィンドウとは情報を一時的にためておくバッファのことであり，ウィンドウサイズにより送達確認なしに一度に送れるIPパケットの数が決められる。そのサイズをはじめは小さな数に制限し（これをスロースタート（slow start）と呼ぶ），もしそれが無事に受信者に届いたことが確認されたら，徐々にその制限値を増やしていくという方法である。途中で混雑現象によりパケットの損失が起こった場合には，リスタートとなり，最初のサイズからやり直す。これがある程度以上のサイズ（閾値）まで達したらその後は徐々に増やすようなモードに入る。

インターネットの機能としては，(1) 無限の接続性，(2) 使途の自由性，(3) 送信料の相互負担，(4) 機動性のある通信（通信の始まりや終わりがない，いわゆるコネクションレス型の通信），等が挙げられる。インターネット上で可能なサービス機能は良く知られているように次のようにまとめられる。

① データ転送：電子メール等に代表されるように，種々のデータを相手に転送する機能である。

② 不特定多数への情報発信：ホームページ等，発信したい情報を全世界へ向けて表示する機能である。
③ 情報検索：ディレクトリサービスともいわれ，情報の存在する場所を伝えるサービス機能である。
④ 集中作業／公開討論：電子掲示板やチャットルームのように不特定多数のユーザが意見を交わしたり議論する場所を提供するサービス機能である。
⑤ 遠隔制御（remote control）：遠く離れた場所のコンピュータ等を利用することができるような遠隔操作機能である。

（5）電子商取引

電子商取引（Electronic Commerce：EC）とは，インターネット上で電子的な決済手段を用いてさまざまな取引や情報提供等を行うものであり，その取引対象により，B to C，B to B，C to C，G to C 等の形態に分けられる。ここで，B（Business）とは企業，C（Customer or Consumer）は客や消費者，G（Government）は行政をそれぞれ意味する。電子的な取引のメリットは，さまざまな情報の履歴を残しておけるために客の嗜好が把握できたり，各種のビジネスのプロセスを効率化してスピードアップさせることができたり，遠く離れた地域のユーザ同士がオークション等を行うことができたり，自宅にいながら各種金融サービスや行政サービスを受けられたり，などさまざまな利便性が挙げられる。今日ではこの電子商取引の市場は巨大なものになっており，今後も増加し続けると予想される。

（6）新しい形のネットワーク

ここではネットワークに関する比較的新しい技術についての紹介を行う。

① P2P（Peer to Peer）型通信

P2P とは peer to peer のことであり，お互いに対等な立場（peer）で通信を行う形態である。それまでは Client／Server（C/S）型のように，サービスを

提供するサーバとサービスを受けるクライアントがはっきりと分かれていたのに対し，このP2P型では互いにサーバにもクライアントにもなれる端末が対等な立場で存在し，Servent（Server + Client）と呼ばれる（図表6－20）。このP2P型通信にはHybrid型とPure型が存在し，情報の探索するフェーズと情報を配信するフェーズでの方法が異なる（図表6－21）。

図表6－20　Client/ServerモデルとPeer to Peerモデル

Client/Server（C/S）モデル　　　　Peer to Peerモデル

図表6－21　2種類Peer to Peerモデル

Hybrid型　　　　Pure型

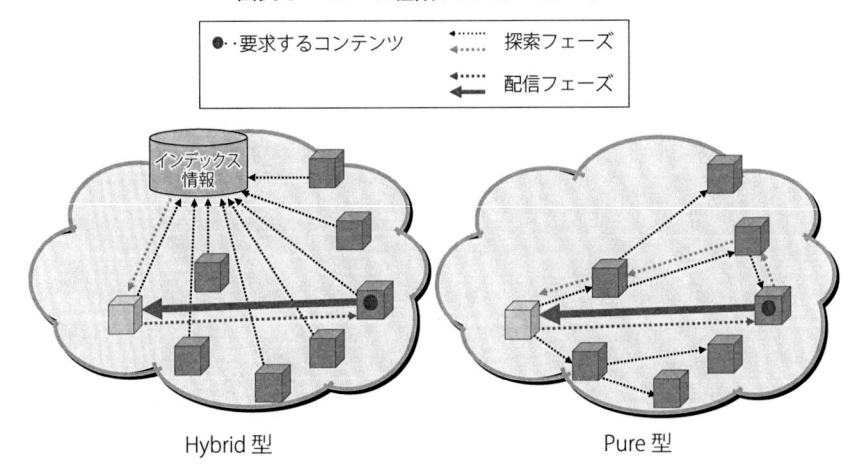

② アドホックネットワーク（Ad-Hoc Network）

　このネットワークでは，移動可能な（モバイル）端末が情報の中継局となり，次々に情報を集計することで情報が伝わる。このネットワークは，あらかじめ中継局を固定的に設置することが困難な状況や場所である場合，あるいは突発的な災害などの非常時にはその重要性が増すことになる。モバイル端末は常に移動し続けるためネットワークの形態（トポロジー）も絶えず変化することになり，あらかじめ各種ネットワーク設定をすることが不要である半面，どのようなルーティングプロトコルが適用されるかによりネットワークの性能が左右されることになる。

③ グリッドコンピューティング

　グリッド（grid）の語源は電力送電網（power grid）であり，必要な場合に世界中の多数のコンピュータをインターネットにより接続して，あたかも1つのスーパーコンピュータが処理するような方法で大規模データ解析や観測が必要とされるような領域（例えば，天文学，気象学，海洋学等）での計算能力を提供するソリューションまたはインフラのことを指す。この必要な計算プロジェクトが終了した後には，それぞれの端末の接続は解除され，また元の個々のコンピュータに戻る形態である。

④ ユビキタス通信

　ユビキタス（ubiquitous）とはラテン語で「同時にいたるところに存在する（遍在）」という意味であり，ユビキタス通信とは，あらゆるところで高性能のディジタルメディア（ICカード，2次元バーコード，RFID（radio frequency ID）や各種端末，情報家電，PDA（personal digital assistant））を通信端末として利用可能になる状況を指す場合が多い。

【注】

1) 参考文献［1］のpp.87-128を参考にして記述。
2) 参考文献［2］のp.160より引用。

問題

問1　コンピュータのハードウェアの5大装置を述べよ。
問2　製造業で活用する3つのソフトウェア階層を述べよ。
問3　インターネットの5つのサービス機能について述べよ。

【参考文献】

［1］渥美幸雄他『コンピュータ概論　情報システム入門』共立出版，1998年。
［2］大場允晶・藤川裕晃『生産マネジメント概論　技術編』文眞堂，2009年。
［3］井戸伸彦『新しい情報ネットワーク教科書』オーム社，2007年。

ity
第7章 経営の意思決定に必要な情報を学ぶビジネスシミュレーションゲーム

> **ポイント**
> ◎意思決定の仕組み，プロセスを理解する。
> ◎ビジネスシミュレーションゲームとはどのようなものか，事例を通して理解する。

　ビジネスシミュレーションゲームは，企業の実務を知らない人たちに企業経営を模擬体験させることで，経営学関連の諸科目（会計，マーケティング，生産，流通，戦略など）の理解を深め，学習に対するモチベーションを高めることに大きな効果を発揮する。特にめまぐるしく変わる経営環境のなかで，デシジョンメーカーとして意思決定することが企業の活動，業績に大きく影響することを体感することができる。事前に経営諸科目の知識を十分に知っていることが望ましいが，近代経営に不可欠な意思決定論の基礎を理解しておく必要がある。本章では，意思決定論の基礎的な考え方を解説するとともに，具体的なビジネスシミュレーションゲームの事例を掲載する。実際に授業のなかで体験することが望ましい。

第1節　意思決定[1] (decision making) の仕組み

(1) 意思決定とは

　意思決定とは，一定の目的・目標を達成するために，個人あるいは組織のとるべき行動の方向を決定することであり，いくつかの代替案のなかから1つの行動を選択することである。実際に，個人生活でも色々の重要な意思決定を行っている。つまり，意思決定の自由のあるところに我々の人格があるといえる。

例えば,「授業に出るか,欠席するか」や「クラブに顔を出すか,出さないか」などは,あまり重要な意思決定ではなく,意識もそれほどしないで,繰り返し決定している。しかし,「結婚のプロポーズを承諾するか」や「就職における企業の選択」などは,繰り返しが少ない一生に一度の選択かもしれない重要な意思決定の機会である。

我々は常に決定問題に当面しているが,どのような意思を表明すべきかを選択できるところに,個人の行動の自由がある。すなわち,人生は意思決定の連続で,その結果が我々の人生を左右しているともいえる。また,企業の経営者も常に企業の色々な決定問題に当面している,企業の経営とは意思決定の連続の過程であり,その結果が企業の運命を左右しているといえる。

個人的な行動の際に行われる意思決定と組織に属しているときに行われる意思決定には,違いがある。個人の意思決定は,個々の人間が自らのもつ目的や動機を満足させるために行う合理的な行動の選択である。また,組織の意思決定は,従業員個人が自分の所属する企業の目的を達成するために組織的な価値判断によって行う合理的な行動の選択である。経営の意思決定とは,環境変化に適応して,問題を発見し,問題を発見するための一連の経営行動である。昨今,経営者や管理者は,manager というより意思決定者(decision-maker)といわれるにいたっている。意思決定の個人的側面と組織的側面の違いを図表7－1に示す。

また,意思決定は単に代替案の選択という瞬間的な行動だけではなく,情報収集・代替案の探求・代替案の分析・評価が必要となる。

図表7－1 意思決定の個人的側面と組織的側面の違い

個人的側面	社会的側面
特定の組織を離れ,独立した個人的な目的や動機を追求 情報量が少ない 不安定の価値体系 主観的要素が強い 時間・場所によって左右される	企業という共同組織への参加 職能的な側面で捉える 情報量が多い 価値体系がはっきりしている

（2）意思決定の構造

　意思決定は，複数の選択可能な代替案のなかから最適なものを合理的に選ぶことであるから，次のような前提がある。

① 　目的の確認：例えば，製品のコストダウン，問題意識の存在など
② 　代替案の提示：アクション上，並立できない二者択一の案の提示
③ 　代替案の予測（成果の予測）：例えば，設備の故障確率・保全性，設計変更に対する柔軟性
④ 　評価基準：代替案の望ましさを図る物差しで，不良率など定量化できるものと，モラルなど定量化できないものがある
⑤ 　方針：例えば，できる限り省力化する，安定した労使協調など
⑥ 　制約：例えば，投資額，スペースなど

　企業の経営者も，常に企業の色々な決定問題に当面している。企業の経営（Management）とは意思決定の連続の過程で，その結果が企業の運命を左右している。すなわち，意思決定機能そのものである。ここで，事例としてA社のモノづくりの調査後における改善の方向性を示したケースを図表7－2に示す。

（3）意思決定の種類

　意思決定の観点から種類を区分すると，図表7－3に示す3つに分類される。
　現実の意思決定問題は，3つの区分のいずれかに含まれるのではなく，厳密な境界線は明らかではない。質的な問題の難しさと人間の判断の重要さの関係によって，例えば，マンシステムか，マシンシステムかの比重が決まる。

（4）意思決定の階層構造

　多くの意思決定は，段階的に決められ，チェックされることが多く，階層構造をもっている。例えば，生産活動を行っていくためには，調達，設備投資等，いろいろな意思決定が行われる。そして，これらの意思決定は，設備調達・・・1年，材料調達・・・1カ月，加工・・・1～2日というように前後関係をもつ。また，意思決定には「レベル」が存在する。上位レベルから下位レベルへと順

図表7-2　A社の改善方向

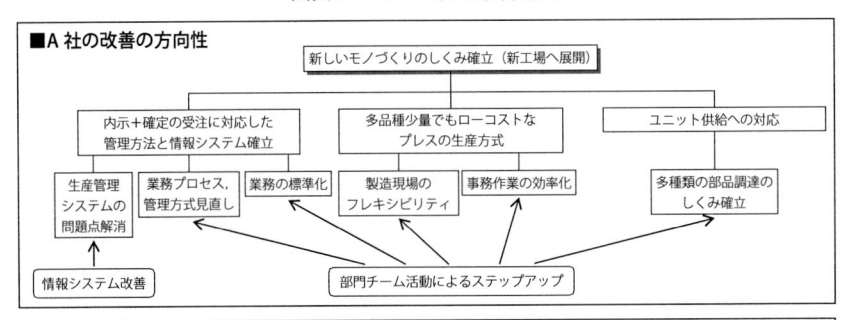

■A社の改善の方向性

```
                新しいモノづくりのしくみ確立（新工場へ展開）
         ┌──────────────────┼──────────────────┐
   内示＋確定の受注に対応した    多品種少量でもローコストな    ユニット供給への対応
   管理方法と情報システム確立      プレスの生産方式
   ┌──────┬──────┐        ┌──────┬──────┐            │
 生産管理  業務プロセス, 業務の  製造現場の  事務作業の効率化   多種類の部品調達の
 システムの 管理方式見直し 標準化 フレキシビリティ              しくみ確立
 問題点解消
      ↑         ↑          ↑      ↑       ↑
  情報システム改善          部門チーム活動によるステップアップ
```

■想定する条件

◆想定する改善方策のレベル
　×新規工場（製品設計，立地，工場間物流見直し等）
　×新設備導入／ライン改造
　○部分的改造（情報システムの機能見直し，シングル段取り，治工具改善等）
　○現状設備前提／作業改善

◆予　算
　・少ないほどよい

◆その他の制約条件
　・システム要員が不足する場合K社からの支援を想定

◆対象領域
　・A社の生産部（生産管理課，資材課，技術課，開発設計課，工作課，品質保証課，製造課）

図表7-3　意思決定の種類

種類	内容	事例	解決方法
確定下の意思決定	将来においていかなる状態が起こるかをあらかじめ知りえる場合	生産計画問題において，各期の需要量が既知で，生産水準の変更費用と在庫維持費用が与えられているとき，段取り回数を決定する問題	経営科学的手法を用いて最適解を求められるので，標準的なルーチン化ができ，意思決定の自動化も可能（自動発注システム等）。
リスク下の意思決定	いろいろな状態が起こる確率が過去の経験などでわかっている場合	生産計画問題において，各期の需要量が確率変動する場合に，生産水準あるいは安全在庫を決める問題	この種の問題に対する意思決定は，期待値は求められても最適値を求めること自体意味をなさないことになる。数学的分析やコンピュータシミュレーションにより，満足解を得ることができ，標準化もかなりの部分まで可能
不確定下の意思決定	諸条件の生起確率がまったく不明の場合	今までにまったく経験のない新しい製品を開発するかどうか，それを作るための生産設備の規模の決定問題	経験，判断，直観力，創造力に頼らざるを得ない

序づけて意思決定することによって、生産の各活動に遅れを生じさせることなく生産が実行可能となり、最後には物理的な生産システムにぶつかることになる。

各意思決定レベルの数は任意に採ることができるが、各レベルには必ず決定機能が含まれる。つまり、意思決定には複数の代替案が存在し、意思決定者が代替案を選択可能である。

意思決定は、何らかの問題に直面した人間がその代替案を探求・評価・最善の解決策の選択をすることである。サイモンは、意思決定プロセスを図表7－4に示すように、4つに分類している。

図表7－4 サイモンの意思決定プロセス

プロセス	目的・目標	活動内容	段　階
情報活動	何が問題かを確認する	意思決定の対象となる問題の発生を識別し、環境を探索する活動	意思決定すべき問題や解決すべき問題を明確に識別していく段階
設計活動	その問題の解決策を探求し列挙する	実行可能と考えられる代替的解決案を探索する活動	日常反復的な問題に対してはいくつかの代替案が用意されており、その中から探索する段階
選択活動	解決策を評価し、最善のものを評価する	実行可能な代替案の中から最適と思われるものを選び出す活動	実行に移した場合どんな結果になるか予測し、特定の評価基準によって評価し、最適なものを採用する段階
検討活動	選択した代替案の事後評価をする	実行した解決案を評価する活動	選択された代替案が実行された後に、次の意思決定のために、選択した代替案が適切であったかを検討・評価する段階

（5）意思決定と情報：各レベルによって意思決定の内容は異なる

意思決定とは、情報を決定に変換させるプロセスであるといえる。McDonoughによると、データは人間が利用できるメッセージであり、特定の問題、状況に関して、まだ価値が評価されていないものとされている。一方、情報は直面する特定の問題、状況に関して評価されたデータのことで、人間はある問題に遭遇すると、データのなかから問題解決に役立つものを見つけ出すとなっている。すなわち、人間が情報として認識するためには、データに対して何らかの評価がなされていることが重要な要素となる。しかし、データが情報として価値を生じるプロセスはデータと問題の性質だけでなく、問題解決者としての人間の能力にも依存するので、情報としての利用価値は、人によって

大きく異なることになる。

アンゾフは，意思決定を図表7-5に示す3つのレベルに区分した。

図表7-5　意思決定の階層構造

マネージメント 職能階層	Top (経営者) 戦略的意思決定		Middle (生産管理部長) 管理的意思決定		Lower (監督者) 業務的意思決定	
情報活動 (問題は何か)	政治家 エコノミスト 社長会	政治・経済 経済情勢 同業他社	販　売 施　設 研　究 製造月報	売れ行き 新工場の遂行 新製品 能　力	日　報	進捗，納期，出来高
設計活動 (どのような 解決策があるか)	景気後退 海外進出のPending 新製品開発の促進 Network作り		在庫調整 工程の稼働率アップ		残業・応援 品目の順序の逆順投入	
選択活動 (どの解決策が 最良か)	分社化 財務戦略 管理戦略		在庫積み増し 資源の取得と開発		残業・休出決定 生産日程の決定	
主な特徴	○集権的意思決定 ○部分的無知 ○非反復的意思決定		○戦略と業務活動との矛盾対立 ○個人目的と組織目的との矛盾対立		○部分的意思決定 ○危険および不確実性 ○反復的意思決定	

① 戦略的意思決定（最上位での意思決定）：経営計画の一環としての意思決定のため，生産活動のパフォーマンスに長期間にわたって大きな影響を与える。外部環境の変化に洞察力をもって，その動向を的確に知覚する。
（例）新製品開発，長期生産能力計画等の方針・目標・指示に重点。
② 管理的意思決定（最上位の次のレベルでの意思決定）：内部情報として，前もって設定した目標と生産活動におけるパフォーマンスとの差異が意思決定のための重要な情報となる。
③ 業務的意思決定（最下位レベルでの意思決定）：意思決定に基づく生産活動の特定の変動に逐次対応し，所期の計画通り生産活動をコントロールする。

（6）意思決定基準

意思決定は，取り扱う問題の構造によって，2つのタイプに分けられる。
① 最適化基準：規範的意思決定論では，代替案の選択においてすべての代替案の結果を予想して，最も適切な1つを選択すべきであるという考え方をとる。このときの評価の基準を最適化基準と呼び，モデルは全知全能的

な人間モデルとして、経済人モデルという。
② 満足化基準：記述的意思決定論では、代替案の選択において意思決定者の欲求水準を最も満足させる案を選択するという考え方をとる。この評価基準を満足化基準と呼び、モデルは能力に限界があることを前提とした人間モデルとして、経営人モデルという。

（7）意思決定のタイプと技法

サイモンは、意思決定を、取り扱う問題の構造によって2つのタイプに分けた。意思決定のタイプと技法を図表7-6に示す。

図表7-6　意思決定のタイプと技法

意思決定の種類		意思決定技術	
		伝統的	現代的
定型的意思決定	プログラム化しうるもの：日常的反復的決定・これらを処理するために特別な処理規定が定められている	①習　慣 ②事務上の慣習： 　標準的な処理手順 ③組織構造： 　共通の期待 　下位目標の体系 　明確な情報網	①オペレーションズ・リサーチ 　数値解析 　モデル 　コンピュータシミュレーション ②コンピュータによるデータ処理
非定型的意思決定	プログラム化しえないもの：一度きりの構造化しにくい例外的な方針決定・これらは一般的な問題解決過程によって処理される	①判断、直感、創造力 ②経験法則 ③経営者の選抜と訓練	発見的問題解決 （これは以下のものに適用される） 　a）人間という意思決定者への訓練 　b）発見的な問題解決のコンピュータ・プログラム化

① 定型的意思決定：決定対象となる問題が日常反復的に発生し、問題全体の構造が明らかになっているため、解決案がすでに出来上がっていて、決定のためのルールも設定されている。また、問題解決のための一定の方式や手続きがマニュアル化、プログラム化されている。
② 非定型的意思決定：決定対象となる問題が新規に発生し、全体の構造も明確でなく、不安定であるため、意思決定のプロセスも複雑で、企業にとって参考にすべき前例も経験もない1回限りの意思決定となる。

第2節　ビジネスシミュレーションゲーム

　ビジネスシミュレーションゲームは，仮想市場での意思決定を通して経営を学ぶ，体験学習の強力なツールである。ビジネスシミュレーションゲームのなかでは，経営管理者として意思決定する際に，コンティジェンシー（状況対応）理論を意識して使うことになる。この理論の特徴は次の3点である。
　① マネジメント理論における普遍主義を否定する（絶対にうまくいく方法はないと考える）。
　② 変化する環境と関連づけ，対応するための最適な方法を工夫する（自社にとって最も優位で環境条件に適合するようなガイドラインを設定する）。
　③ 理論よりも実践を優先する（理論的に良いと思われた手でも相手があるので，結果を優先して次の手を打つ）。
　ビジネスシミュレーションゲーム実行時に各自が果たすべき職務は以下の通りである。

「社長の職務」
　社長の職務は長期にわたる経営の目的に向かって全役員を統率し，目的を完遂することである。具体的には全役員に仕事を分担させて組織化を図り，会議をリードして部門間の調整およびコミュニケーションをよくし，長期展望にそって総合的な意思決定を行い，これを命令して会社全体を指揮することである。

「企画調査担当の職務」
　企画調査担当の職務は自社を取り巻く外部環境についての「変化の兆候」をキャッチし，的確な意思決定ができる情報サービスを社長や他部門に行う職務である。その具体的な業務としては，市場業界動向調査，他社動向調査，および長期計画との乖離指摘である。その詳細を以下に示す。
　(1) 市場業界動向調査：情報収集活動により，商品需要量の予測，市場規模（業界の総設備能力と需給バランス）などを時系列的に分析。
　(2) 他社動向調査：競争相手の動向を販売政策，生産コスト，資金量などを時系列的に分析。

(3) 長期計画との乖離指摘：当初作成しておいた長期計画（本ケースでは実施せず）と実際の意思決定・結果の乖離を分析。

「生産担当の業務」

　生産担当の職務は「より良いものを，より多く，より安く造る」ことに尽きる。意思決定事項としては以下の事項がある。

　(1) 原料調達：原料の保管スペースを考慮に入れ，仕入数と仕入単価を決め入札する。
　(2) 生産量決定：原料在庫と保有生産能力を考慮して次期の生産量を意思決定する。

「販売担当の職務」

　販売担当の職務は商品について「より多くのものをより安い費用で売り，投下資本の回収を図る」ことである。販売活動は，製品の在庫量と生産量の合計を考慮に入れ，何個いくらで販売するかを決め入札することである。

「財務担当の職務」

　財務担当の職務は自社が必要とする資金を「いつ，どこから，どのようにして，いくら調達してくるか」を計画し，実行することである。そのために資金繰り表，損益計算書，貸借対照表を計算し，損益分岐点分析や経営分析を行って，各部門の問題点を指摘する業務を遂行する。

　(1) 意思決定表の作成：自社の活動結果を意思決定表に反映し，月末の資産（固定資産，現金，棚卸資産の合計から借入金残金を差し引く）を計算し，各部門長に報告する。
　(2) 設備投資：生産担当，企画調査担当の発議を受けて，2期先の増設をするかしないか，判断資料とともに経営者に提案する。
　(3) 設備売却：経営状況が悪く，資金繰りが苦しくなった時，設備売却を提案する。
　(4) 資金調達：資金繰りのため，銀行から借入することを提案する。また，返済の延期も提案する。

　ビジネスシミュレーションゲームを始めるにあたっては，チームのなかで組織化（職務の細分化と統合化）を行い，役員配置と物理的環境の整備および，意

思決定のルール化が必要となる。

(1) 組織化：社長は兼任も含め，メンバーの担当を決めて，経営意思決定表の各項目について担当部門から，提案，報告させ，意思決定を行い，指示・命令をする。

(2) 役員配置と物理的環境の整備：全員が市場情報を一目で見られるようにグラフや黒板の位置を考えて，席の座り方を決めることによって，コミュニケーションをよくする。

(3) 意思決定のルール化：長期的展望にたった総合的な意思決定を行うには全役員の英知を結集できるかどうかにかかっている。誤った情報や目標がアイマイでは良い知恵は出てこない。まず，「経営情報の共有化」と「目標の明確化」を全員に徹底させることが肝要である。

ビジネスシミュレーションゲームの事例として，海産物メーカーゲームを提示し，意思決定の流れ（ゲームの進め方）を記述する。

＜シナリオ【経営環境】＞

健康補助食品ガイアは，海産物を原料として造られ，広く市場に販売されている。ガイアを製造販売している業界は，大手4社が市場を独占しているが，極めて厳しい競争環境にある。毎月の原料収穫量は，天候などの自然現象に影響を受け，業界全体の必要量を満たすことができない月もあり，各社は入札によって調達する状況にある。また，ガイアの需要量も気まぐれな市場要求によって変動し，毎月の価格政策によって販売量が左右される。したがって，毎月の意思決定の合理性が企業の経営業績を大きく左右し，時には倒産の危機さえはらんでいる。過去3年の実績によると，各月の原料収穫量は最低4個，最大12個で大きな変動はするものの定常状態で推移している。一方，市場要求量は1年間に2回のピークがあるといわれている。原料の収穫量および市場要求量は今後もこのような状況が続くことが予想されている。

第7章 経営の意思決定に必要な情報を学ぶビジネスシミュレーションゲーム 195

<意思決定の流れ(ゲームの進め方)>
◆事前準備
　ゲームを開始する前に意思決定表(図表7-7),入札票(図表7-8),資金繰り表(図表7-9),原料・製品予測カードおよび原料・製品実績カードを作り,ゲーム進行人を決め,1グループが2～5人で4班の編成をしておく。
　各班で企業名をつけ,各人の役割分担(役職)を決めて,意思決定の仕組みを作る。役職は,社長,企画調査担当,生産担当,販売担当,財務担当,資材担当で,グループ人数により兼任可とする。
　ゲームは,1回を1カ月,12回を1月～12月と考え,2年間24回行う。また,初回は練習会として意思決定の体験をする。各社はスタート時に以下を資産としてもつ。

標準工場：2工場
原　　料：4個
製　　品：2個
現　　金：28,000万円(1月初めの手持ち金額)

　また,諸経費の支払いは,以下の手順で毎月月末に行う(手持現金から経費分を差し引く)。

◆意思決定の流れ(図表7-10,図表7-11)
《0》情報収集活動費　意思決定①：情報購入
・情報収集活動費　100万円／1回1カ月
　当月の原料収穫量および市場における製品の総需要量について情報収集したい場合,意思決定表の「a情報活動」の欄に「0」(情報収集しない)または「1」(情報収集する)を入力する。
【原料・製品予測カードを見る】情報収集する会社(プレーヤー)のみカードを見て,当月の原料収穫予測量と市場の需要予測を知る。

《1》固定費
・標準工場　　800万円／月
・自動工場　1,000万円／月
　1工場の1カ月分は,1工場当り,標準工場で800万円,自動工場で1,000

図表7-7 意思決定表

第1年目　月 費　目	12	1 練習用	1	2	3	4	5	6	7	8	9	10	11
(0) 情報収集活動費													
(1) 固定費	1,200												
(2) 原料仕入													
a 入札個数													
b 入札単価													
c 落札個数													
d 落札金額													
(3) 生産費													
a 生産個数													
b 標準工場生産費													
c 自動工場生産費													
d 生産費総額													
(4) 販　売													
a 入札個数													
b 入札単価													
c 落札個数													
d 売上金額													
(5) 設備投資													
a 標準工場増設													
b 自動工場への改造													
(6) 在庫費													
a 原料の在庫個数	4												
b 原料の在庫費													
c 製品の在庫個数	2												
d 製品の在庫費													
e 在庫費の合計													
(7) 設備の売却													
(8) 現金の差引													
(8') 現　金	28,000												
(9) 借　入													
a 借入金額													
b 手数料													
c 元金返済													
d 利子返済													
e 借入残金													

第7章 経営の意思決定に必要な情報を学ぶビジネスシミュレーションゲーム　197

図表7−8　入札票

入札票

企業名

年　月		原　料		製　品	
		数　量	単　価	数　量	単　価
練習用					
1年目	1				
	2				
	3				
	4				
	5				
	6				
	7				
	8				
	9				
	10				
	11				
	12				
2年目	1				
	2				
	3				
	4				
	5				
	6				
	7				
	8				
	9				
	10				
	11				
	12				

①原料は，前月末在庫と購入希望数量が7を超えてはいけません。
②単価は，100万円単位で記入してください。
③原料単価は700万円以上，製品単価は8,000万円以下です。

図表7-9 資金繰り表

資金繰表（1期）

	適用		12月	1月	2月	3月	4月	5月	6月	7月	8月	9月	10月	11月	12月
経常収入	現金有高		2,800												
	ガイア受取手形														
		経常収入合計	2,800												
財務・経常支出	工場建設費														
	支払手形														
	借入金利子														
	手数料支払														
	借入金（元金）返済														
	固定費														
	生産費														
		財務費計													
	ガイア販売費	原料保管費													
		製品保管費													
		市場調査費													
	販売費計														
		財務・経常支出合計	0												
収支差引額															
調達額	当期借入額		0												
	増資														
	資産売却収入														
		調達額計													
現金残高			28,000												
期首借入金限度額			56,000												

第7章 経営の意思決定に必要な情報を学ぶビジネスシミュレーションゲーム 199

図表7－10 ケースの流れ（意思決定①～④）

意思決定①: 情報購入

生産の有無に関わらず発生

意思決定②: 原料入札（量・価格）

意思決定③: 手もちの原料を何個製品化するか

意思決定④: 販売入札（量・価格）

第1年目 月	12	1	1	2
費　目				
(0) 情報収集活動費			100	100
(1) 固定費	1,600		1,600	1,600
(2) 原料仕入				
a 入札個数			3	2
b 入札単価			700	800
c 落札個数			2	1
d 落札金額			1,400	800
(3) 生産費				
a 生産個数			2	2
b 標準工場生産費			4,000	4,000
c 自動工場生産費			0	0
d 生産費総額			4,000	4,000
(4) 販　売				
a 入札個数			4	4
b 入札単価			6,500	6,800
c 落札個数			2	1
d 売上金額			13,000	6,800

図表7－11 ケースの流れ（意思決定⑤～⑦）

意思決定⑤: 工場増設，改造

原料・製品の保管には在庫費発生

意思決定⑥: 工場売却

意思決定⑦: 現金借入

(5) 設備投資				
a 標準工場増設			0	0
b 自動工場への改造			0	3,500
(6) 在庫費				
a 原料の在庫個数	4		4	3
b 原料の在庫費			1,600	1,200
c 製品の在庫個数	2		2	3
d 製品の在庫費			1,200	1,800
e 在庫費の合計			2,800	3,000
(7) 設備の売却			0	0
(8) 現金の差引			3,100	-6,200
(8') 現　金	28,000		31,100	24,900
(9) 借　入				
a 借入金額			0	0
b 手数料			0	0
c 元金返済			0	0
d 利子返済			0	0
e 借入残金			0	0

会社業績の評価：期末の資産で評価
現金＋製品在庫価値（500／個）＋原材料在庫価値（300／個）－借入残金
＋設備価値（標準工場 3,500／基，自動工場 5,000／基）

万円である。第1月は標準工場を2工場保有しているため，1,600万円を支払うことになる。

《2》**原料仕入　意思決定②**：原料入札（量・価格）
・仕入れ単価　最低価格　700万円／個
・原料保管　最大7個　7個以上 → 300万円／個で販売義務
・入札価格　100万円単位

各社は入札表における当月原料の「単価」と「数量」欄に，仕入れ希望単価と数量を記入する。全員が記入しおわったら，入札票を一斉に公開する。
【原料実績値を表示】高い仕入れを書いた人から順に原料を仕入れていく。同一価格の入札があれば，デシジョン・ルール1に従う。
記録表において「a 入札個数，b 入札単価，c 落札個数」を記入する。

《3》**生産費　意思決定③**：手持ちの原料を何個製品化するか
・標準工場　生産能力　1個／月　　生産費　2,000万円
・自動工場　生産能力　2個／月　　生産費　3,000万円
　※自動工場で1個生産の場合 → 2,000万円

標準工場は，1台当たり1カ月に1個製品化する能力をもつ。その生産費は，2,000万円である。自動工場では，2個生産する能力があり，生産費は3,000万円である。ただし，自動工場で1個だけ生産する場合は，2,000万円である。
意思決定表の「(3) b 標準工場生産費，c 自動工場生産費」にそれぞれ金額を記入し，「(3) d 生産費総額」を求めて記入する。「(3) a 生産個数」は標準工場と自動工場で生産する数量の合計である。
各社は，毎月必ず生産しなければならないというわけではないが，工場の固定費は，いずれにしても支払わなければならない。

《4》**販売　意思決定④**：販売入札（量・価格）
・最高販売入札価格　8,000万円／個
・入札価格　100万円単位

月末のガイアの製品在庫量と生産量の合計値の範囲で何個販売するかを決める。

各社は入札表における当月製品の「単価」と「数量」欄に，販売希望単価と数量を記入する。全班が記入しおわったら，入札票を一斉に公開する（最高入札価格 8,000 万円／個，価格は 100 万円単位）。

【製品実績値を見る】安い売値（単価）を書いた人から順に製品を販売していく。また，同一価格の入札があれば，デシジョン・ルール 2 に従う。

販売価格の設定は，固定費，原料費，生産費などを考慮して決定することが必要である。

意思決定表において「(4) a 入札個数，b 入札単価，c 落札個数」を記入し，「(4) d 売上金額」に「(4) b 入札単価 × c 落札個数」を記入する。

《5》設備投資　意思決定⑤：工場増設，改造・新設

・改造準備期間　2 カ月
・支払い　着手時 50%　完成時 50%
・標準工場新設　5,000 万円／台　　自動工場改造　7,000 万円／台

新工場の増設，標準工場の自動工場への改造が可能である。そのためには，2 カ月の準備期間が必要である（例えば，2 月に設備投資の意思決定をすると，5 月から生産できる）。標準工場から自動工場への移行中も生産は可能とする。

工場増設の支払いは，着手時に 50%，完成時に 50% である。例えば，2 月に標準工場を 1 台増設すると意思決定したとすると，まず，2 月に 2,500 万円支払う。2 カ月の工事完了後，4 月に完成し，この月に残りの 2,500 万円を支払う。固定費支払いは 5 月からである（自動化工場への改造は，それぞれ 3,500 万円ずつである）。

工場増設の決定数を，「(5) a 標準工場増設，b 自動工場への改造」に記入する。

《6》在庫費

・原料　400 万円／個
・製品　600 万円／個

原料および製品在庫個数を更新し，意思決定表の「(6) a 原料の在庫個数，c 製品の在庫個数」に記入する。

- 原料の在庫個数 (6a) ＝前月末原料の在庫個数＋原料落札個数 (1c)
  　　　　　　　　　　　－生産個数 (3a)
- ガイアの製品在庫個数 (6c) ＝前月末ガイアの在庫個数＋生産個数 (3a)
  　　　　　　　　　　　　　－販売落札個数 (4c)

当月末の在庫に対して在庫維持費がかかる。原料1個につき400万円，製品1個につき600万円である。原料と製品の在庫費を記入表の「(6) b 原料の在庫費，d 製品の在庫費」に記入する。また「e 在庫費の合計」に「(6) b 原料の在庫費＋d 製品の在庫費」を記入する。例えば，初期値の12月末は合計2,800万円となる。

《7》設備の売却　意思決定⑥：工場売却

設備を売却する場合には，「(7) 設備の売却」に記入する（標準工場3,000万円／台，自動工場5,000万円／台）。

《8》現金，借入　意思決定⑦：現金借入

- 現金残高の更新
- 銀行借入：現金がマイナス時，銀行より借入
- 利息：月利1％，元金返済6カ月以内
- 借入翌月支払う手数料：500万円／回
- 返済を延期する場合，月利は2％

前月末の現金から固定費，原料仕入，生産費など (0)，(1)，(2d)，(3d)，(5ab)，(6e) の費用を差し引き，次に売上金額 (4d) を加えて，現金高を更新する。

現金がマイナス（赤字）の時は，その月末に銀行から借り入れる。銀行から借り入れた場合の手持現金を更新する。

（借入後の）現金＝（借入前の）現金＋借入金

銀行からの借入がある場合には，返還額を求め，現金から返還額を差し引いた返還後の現金を記入する（借り入れた当月の返済は発生しない）。

返済額＝元金返済額＋利子返済額＋（手数料＊）　　＊借り入れた翌月のみ

銀行から借入することができる。借入利息は，月利1％とし借入残金に対してかかり，次の月より銀行に支払う。

借入金額は少なくとも1カ月の運営費を上回るだけの金額であることが必要である。

借入元金は，6カ月以内に返済する。また，返済を延期する場合，月利は2％に増加する。

現金がマイナス時（設備の増設や改造のとき以外）の借入は，1回につき手数料500万円を必要とし，翌月元金返済分と併せて返済しなければならない。

表（9a）に借り入れた金額，（9b）に手数料，（9c）に元金返済，（9d）に利子返済，（9e）に借入残金を記入する。

【YBGの紹介】

上述したビジネスシミュレーションはカードゲームを主体としているが，YBG（横浜国立大学ビジネスゲーム）のURL（http://ybg.ac.jp/）では，ネットワークを利用したオンラインビジネスシミュレーションが，ゲーム監督者のいるクラス授業などに参加すれば，体験可能である。また，誰でも簡単にビジネスゲームを作成・実行できる環境を公開している。システムの開発と公開内容としては，

① ビジネスゲーム記述言語とゲーム自動生成／実行システム
② サンプルモデルの提供 → 拡張・改造によるゲーム開発

で，2012年現在，87大学に提供中で，ベーカリーゲームやレストランゲームが有名である。

【注】
1) 参考文献［1］のpp.2-8を参考に記述。

問題

問1　サイモンの意思決定プロセスについて説明せよ。
問2　アンゾフの意思決定の階層について説明せよ。
問3　ビジネスシミュレーションゲーム実施時に，社長の果たすべき職務を説明せよ。
問4　コンティジェンシー理論の特徴を3点述べよ。

【参考文献】
［1］占部郁美『企業の意思決定論』白桃書房，1985年。
［2］稲葉元吉・倉井武夫共訳，ハーバートA・サイモン『意思決定の科学』産業能率大学出版部，1979年。

第8章 経営情報システムの事例と展望

> **ポイント**
> ◎製造業のアプリケーションについて，基本機能と企業導入事例を通して理解する。
> ◎小売業のアプリケーションについて，基本機能とPOSシステム開発事例を通して理解する。
> ◎新しいサービス形態であるクラウド・コンピューティングについて，事例などから理解する。
> ◎サプライチェーンマネジメントのシステム展開について，需給マネジメントにパッケージを導入した事例から理解する。

　企業の経営情報は，企業で取り扱う業務を支援するもので，企業における業務形態が製造業，サービス業，扱う商品などによって異なるため，その業務形態によって異なることになる。近年，情報技術の発展は目覚ましく，企業経営にとって経営情報システムはなくてはならないものとなっている。

　情報システム環境では，コンピュータの所有から使用への変化が起きている。近年のインターネットの発達と普及により，広帯域・高信頼な通信が高速で可能となり，それを利用して広域に分散したコンピュータを連携させることで，新しいサービス形態であるクラウド・コンピューティングが生まれた。クラウド・コンピューティングはインターネット回線を経由して，手元のコンピュータ内にあったデータやデータセンターに蓄積されたソフトウェア等の資源を利用する新しいサービスである。

　本章では，製造業，小売業といった業種の異なる経営情報システムを概説し，各々のICTの効果的な企業導入事例を解説する。また，新しいICT利用形態であるクラウド・コンピューティングのサービス形態と導入事例を解説する。

第1節　生産・物流システム

(1) 製造業の情報システム

　メーカーの情報システムは生産管理システムを内包する生産情報システムを中心に，図表8－1に示すように，販売管理，ロジスティクス，経営・経理財務，研究，技術各情報システムと密接につながりをもって運営されている。特に，製造業の特徴となる生産情報システムでは，生産計画をトリガーに資材管理システムにおける材料調達活動に合わせた製造管理システムによる工程管理を行い，製造活動実績を使った在庫管理システムへつなげ，原価管理システムで算出した原価情報を経営管理システムに引き渡す流れをもっている。メーカーの製品の生産形態には，大別して，見込生産と受注生産があり，生産方式も連続生産と個別生産があるため，機能も一部異なるので，生産管理システムのなかで重点となるシステムが変わってくる。見込生産の場合では，生産計画の前に需要予測，販売計画の情報システムが必要となる。

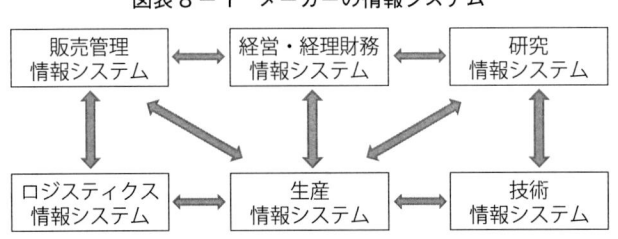

図表8－1　メーカーの情報システム

```
┌─────────┐   ┌─────────┐   ┌─────────┐
│販売管理 │←→│経営・経理財務│←→│研究     │
│情報システム│   │情報システム │   │情報システム│
└─────────┘   └─────────┘   └─────────┘
    ↕     ＼     ↕     ／     ↕
┌─────────┐   ┌─────────┐   ┌─────────┐
│ロジスティクス│←→│生産     │←→│技術     │
│情報システム│   │情報システム │   │情報システム│
└─────────┘   └─────────┘   └─────────┘
```

　生産情報システムのサブシステムの機能を図表8－2に示し，次に説明する。

① 受注出荷管理機能

　販売物流情報管理システムから受注情報を受けて受注管理を行う。出荷実績を返し，在庫管理システム，原価管理システムに出庫実績情報を渡して出荷管理を行う。

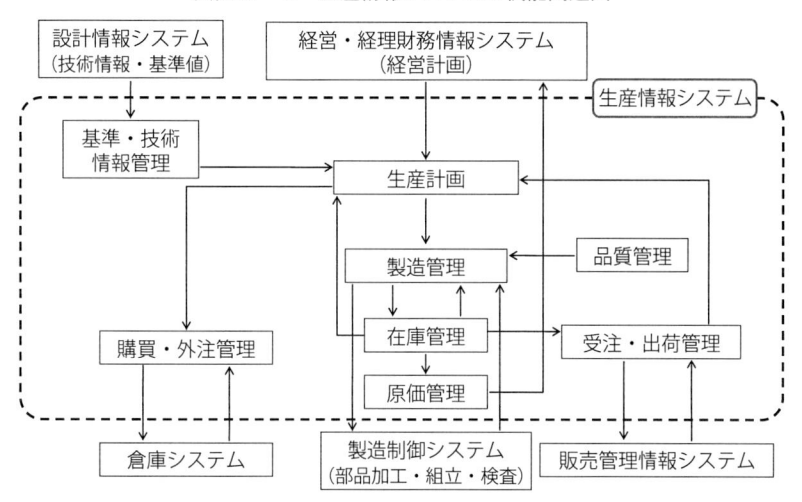

図表8-2 生産情報システムの機能関連図

② 生産計画機能

　経営・経理財務情報システムから受け取る経営計画と販売から提供される受注情報を基に，生産計画を立案し，これをベースに部品・材料の所要量と工程能力計算を行い，各工程で整合性をもった生産日程計画，材料に対する調達計画を作成する。

③ 製造管理機能

　生産計画システムから受け取る製造計画（生産日程計画）に基づき，作業指図書が出力され，製品の加工・組立が行われて，POPや工程制御システムより実績データが収集されて，製造実績を品質管理，在庫管理，原価管理の各システムに送信する。また，品質管理からは検査結果を受け取り，製造実績表を出力する。

④ 購買・外注管理機能

　生産計画システムから受け取った調達計画をもとに，材料，外注加工等の発注・外注管理を行う。発注先向けの注文書を作成し，発注データとして送信す

る。また，注文状況の進捗管理を行い，納品が完了したものには費用計上により支払い管理も行う。

⑤ 在庫管理機能

製造管理システムから製造実績データを受け，品質管理システムから判定情報を受け，購買管理システムから材料入庫実績情報を受けて入庫処理を行う。また，受注出荷管理システムから出荷実績を受けて出庫処理を行う。部品・材料については，生産計画の段階で生産に使用するモノの引き当て処理を行う。すなわち，部品・材料の在庫と完成品の在庫を管理する。さらに棚卸管理の機能をもち，製品・部品・材料の在庫情報を原価管理システムに渡す。

⑥ 原価管理機能

製造管理システムからあらゆる生産活動情報を受け，購買管理システムから調達情報を受け，受注出荷管理システムから受入・出荷実績情報を受けて，総合原価計算を行う。また組別工程別の原価差額を算出する。実績原価情報を経営財務経理システムに提供する。

⑦ 品質管理機能

製品，部品，材料の品質検査結果を管理し，品質情報を製造管理システム，購買・外注管理システム，受注・出荷管理システムに提供する。

(2) カラー写真フィルムメーカーにおける生産・物流情報システム

コニカ（現コニカミノルタ）株式会社のカラー写真フィルムにおける生産・物流システムの事例を解説する。コニカは「感動創造―Touching Your Heart―」を企業理念とし，個人用，産業用の映像情報関連商品の開発・製造・販売を行っていた。カラー写真フィルムの製造工程は，元巻製造と最終製品加工の2つに大別できる。元巻製造までは化学の加工設備を用いた装置型生産工程のため，見込でロット生産を行っている。元巻は原材料を加工した支持体（ベース）に感光物質の写真用乳剤を塗布し，乾燥して幅数 m，長さ約 2,000 m にロー

ル状に巻いて作られる。種類は比較的少ないが，製造リードタイムは長い。この元巻は最終製品の仕様に応じて切断される。最終製品包装加工では，製品数は多いが製造リードタイムは短い特徴をもつハイブリッド・フローショップ型の生産工程である。コニカの生産・物流情報システムは，需給業務サイクル短縮および製造日程計画・資材発注業務の期間短縮を実現する業務支援を行う情報システムとして開発されている。情報システムは「OLIVE (Open-system for Logistics Innovation VEnture)」と命名され，図表8－3に示すシステム構成のように，物流，会計，制御などの既存の11システムと連携するクライアント・サーバ型の構成が採られ，システム規模は第3世代言語換算で約100万ステップ，開発着手から1年半で稼動開始した。以下に機能の説明を行う。

【LC (Logistics Center) サーバ】
① 生産座席予約管理機能
　販売部門と生産部門は数カ月先の新製品展開や需要動向，工場の生産能力計画に基づいて，製品ごとの月間生産予定数量を基準生産日程計画として月一度，向こう3カ月分作成する。この基準生産日程計画をもとにして，包装工程の日別機械別の生産能力が決まり，また，1日単位で材料の供給可能を保証する元巻の補充生産スケジュールを決定する。決定した包装工程の日別機械別の生産日程スケジュールを「生産座席枠」と呼ぶ。この生産座席枠をもとに基幹倉庫入庫日程計画を作成する。販売部門から随時オーダーを受け付け，予約としてオーダーを座席枠へ割り当てる。各オーダーに対する納期が設定されるとともに製品の生産日程が同時に求まり，座席枠が消費されることになる。標準製造リードタイム前になると，毎日，1日単位でオーダーを確定することによって，包装加工工程に対して生産指示がなされる。なお，生産座席枠への予約状況と生産進捗状況を考慮しながら見込生産品目の生産量を増減させる。

② 元巻調達計画機能
　生産座席予約管理システムより受け取った製品加工スケジュールと元巻の品種別在庫基準をベースに元巻補充計画を作成する。

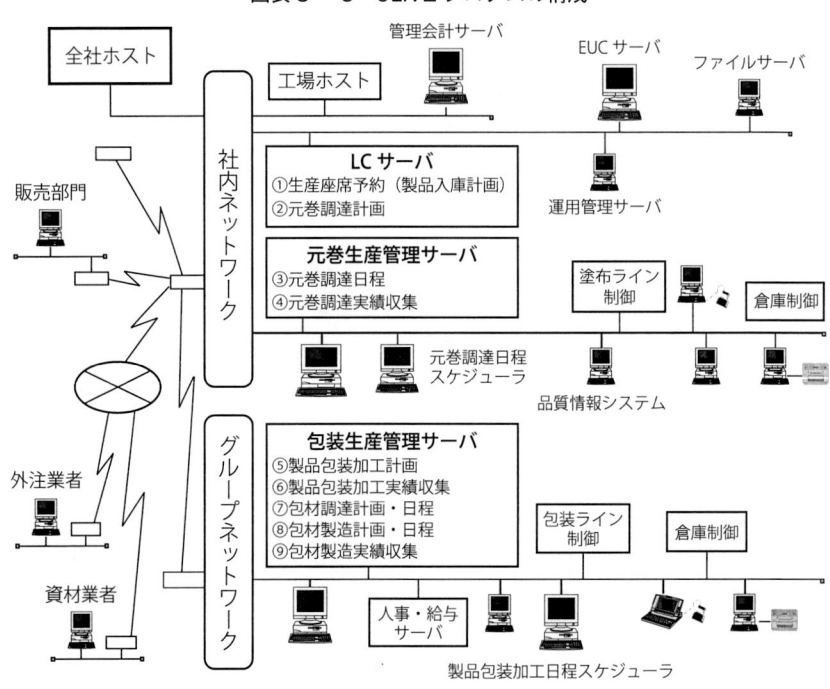

図表 8 - 3 　OLIVE システムの構成

【元巻生産管理サーバ】
③　元巻調達日程機能
　元巻補充計画をもとに，スケジューラを使って元巻生産日程計画を作成し，MRP 計算を用いて，部品・材料の所要量計算を行い，元巻製造各工程で整合性をもった生産日程計画，材料に対する調達日程計画を作成する。

④　元巻調達実績収集機能
　元巻調達日程システムから受け取る製造計画（生産日程計画）に基づき，作業指図書が出力され，元巻，乳剤，ベースの各製造が行われて，塗布ラインや元巻倉庫の制御システムより実績データが収集される。この製造実績を品質管理，在庫管理，原価管理の各システムに送信する。また，品質管理からは検査結果を受け取り，判定結果を織り込んだ製造実績表を出力する。

【包装生産管理サーバ】
⑤　製品包装加工計画機能

　生産座席予約管理システムから包装加工スケジュールを受け，スケジューラを使って，製品加工工程の日別機械別の詳細な製造スケジュールを確定させる。

⑥　製品包装加工実績収集機能

　製品加工スケジュールに基づき，作業指図書が出力され，断裁，内装，外装の各製造が行われて，包装ラインや倉庫の制御システムより実績データが収集される。この製造実績を品質管理，在庫管理，原価管理の各システムに送信する。また，品質管理システムからは検査結果を受け取り，判定結果を織り込んだ製造実績表を出力する。

⑦　包材調達計画・日程機能

　確定した製品加工日程をベースに，MRP計算により包装材料の所要量計算を毎日行い，包材に対する購買と製造調達日程計画を作成して，購買品に対しては発注処理を行う。

⑧　包材製造計画・日程機能

　包材調達計画・日程システムから受け取る包材製造日程計画を受け，工程別日別の詳細スケジュールを確定させる。

⑨　包材製造実績収集機能

　包材調達計画・日程システムから受け取った包材製造日程計画に基づき，作業指図書が出力され，POP（Point of Product）により製造実績データが収集される。在庫管理システム，原価管理システムに出庫実績情報を渡して出荷管理を行う。

　OLIVEシステム[1]の実行で，需給業務サイクルの短縮と生産計画作成期間

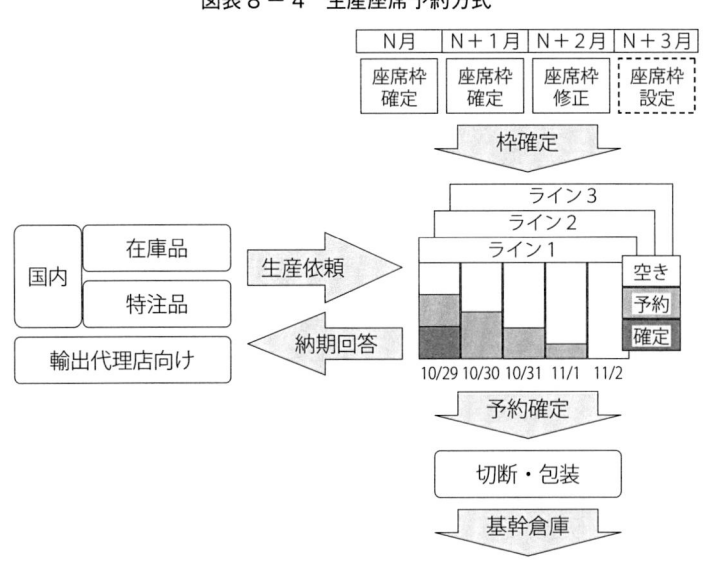

図表8-4　生産座席予約方式[2]

短縮が実現できた。需給調整と生産計画の業務サイクルは従来月次（月1回）であったが，この業務サイクルを月2回，月3回，OLIVE運用とともに日単位にすることで，生産リードタイム短縮に大きく寄与した。特に，生産計画作成期間を短縮するためには，工場から切断・包装，元巻在庫の使用可能キャパシティを提案型で提示し，そこに営業部門からの生産依頼をあてはめて，納期を即答する「生産座席予約方式（図表8-4参照）」と受注と生産計画を直結するため，受給生産形態をする商品については，受注1件に対して生産依頼1件を対応させる「顧客オーダー別生産方式（図表8-5参照）」により，販売部門からの生産依頼を毎日受け付けて，即時納期回答する体制が整った。また，生産・販売・在庫における受注と発注の仕組みなどの管理システムの改革を同時に行い，在庫削減および納期短縮が実現した。

　コニカは，電気・通信・情報技術の強化により情報機器分野にシフトし，2003年にミノルタと統合した。その後，デジタルカメラの機能アップによる急激な普及などによる市場収縮により，2006年にカラー写真フィルム，感光材料（印画紙・薬品）の事業から撤退し，OLIVEシステムも廃止された。

図表 8 − 5　顧客オーダー別生産[3]

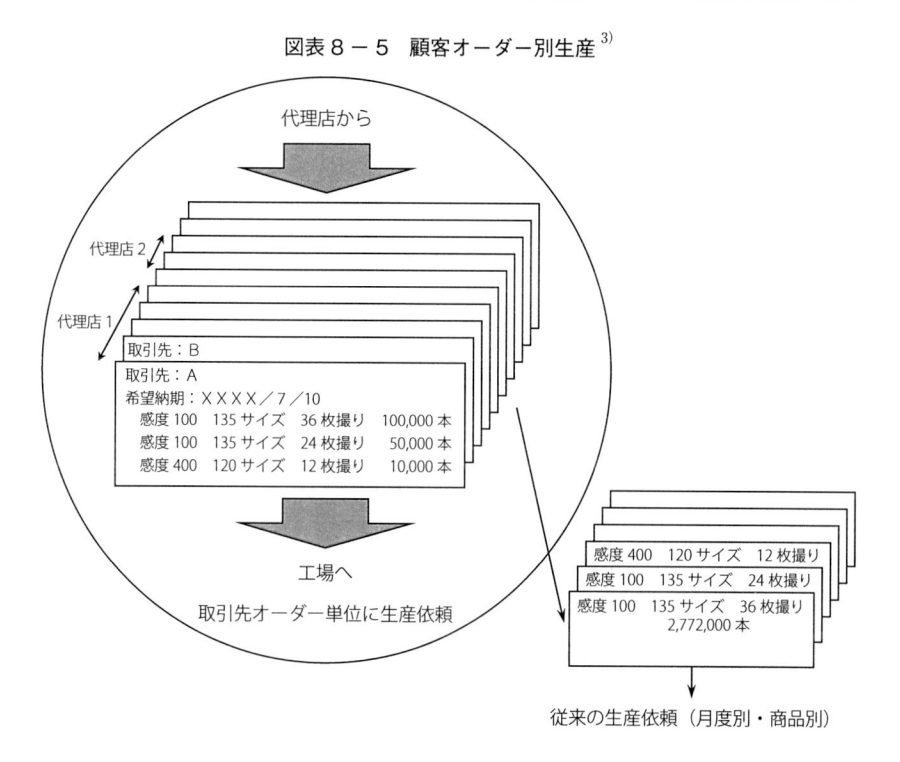

（図）
代理店から → 代理店2, 代理店1
取引先：B
取引先：A
希望納期：XXXX／7／10
感度 100　135サイズ　36枚撮り　100,000本
感度 100　135サイズ　24枚撮り　50,000本
感度 400　120サイズ　12枚撮り　10,000本
工場へ
取引先オーダー単位に生産依頼

感度 400　120サイズ　12枚撮り
感度 100　135サイズ　24枚撮り
感度 100　135サイズ　36枚撮り
2,772,000本
従来の生産依頼（月度別・商品別）

　日本の製造業は，ただ製品を生産するだけでなく，生産情報システムやロジスティクス情報システムをいち早く取り入れて，業務のスピードアップや生産リードタイムの短縮による納期短縮をして，グローバルな競争を勝ち抜いてきたのである。OLIVE システムは，当時最新型のクライアント・サーバ型の，現代にも通用する大規模な生産情報システムであり，筆者も参加して，多くの外注業者と一緒に手作りで開発したものである。大規模な投資を得るためには，業務改革を並行して，リードタイム短縮などの効果を情報システム利用により，在庫削減等の経営的な効果に結びつけていきながら進めていくことが不可欠であった。

第2節　販売システム

（1）小売業の情報システム[4]

　小売業の主な情報システムは，POS，販売・仕入，顧客管理，在庫管理システムである。小売業は，これらの情報システムを使って，メーカーや卸問屋から商品を仕入れ，顧客に販売する。販売活動では，売るための商品を仕入れる仕入れ管理，どのような商品が売れたかを管理する売上管理，どのような客が店に対して動向を示すかを見る顧客管理，現在の商品の品揃えを管理する在庫管理，販売価格の決定や広告宣伝費を決める販売促進管理などを行う。また，仕入れや企業向けの販売は，一般に現金商売ではなく，掛けという手形扱いとなるので，手形を管理する買掛金管理と売掛金管理が必要となる。小売業の業務機能関連を図表8－6に示す。

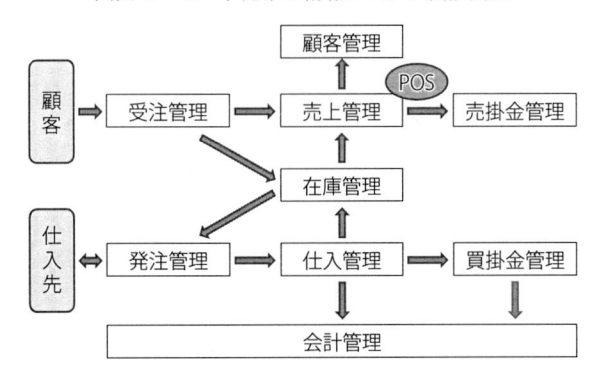

図表8－6　小売業の情報システム機能関連

　近年，販売システムの中心となっているPOS（販売時点情報管理）システムがある。POSシステムは，店舗で商品を販売するごとに商品の販売情報を記録し，集計結果を在庫管理やマーケティング材料として用いる情報システムである。
　POSシステム[5]は，図表8－7に示すPOSターミナル，ストアコントロー

図表 8-7 POS システムの構成

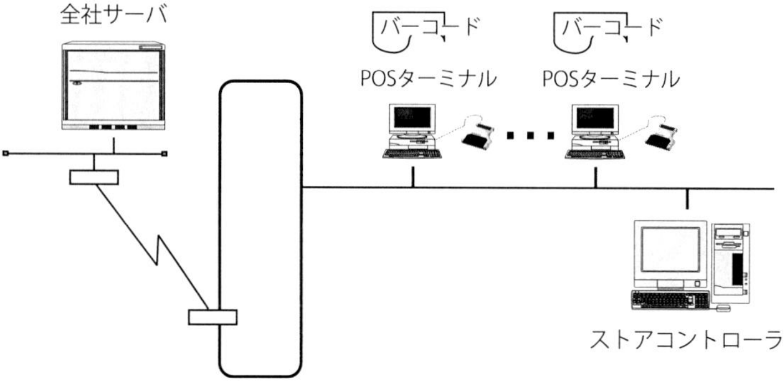

ラ，本部サーバから構成される。

　POS ターミナルはスキャナと接続して，商品に付けられたバーコードを読み取り，売り上げた商品，売上個数を計算して売上代金とお釣りの金額を算出し，レシートを出力する。読み込まれた売上情報はネットワークでつながれたストアコントローラにリアルタイムで送られて，顧客情報や店員情報などを付加することも可能なことから，マーケティング情報として活用可能となる。ストアコントローラは，POS ターミナルとネットワークで接続されている店舗内に設置されたサーバで，商品コードに対応された商品情報をもっており，読み取られた商品コードに対応した商品情報を POS ターミナルに送り，また，収集した売上情報をネットワーク経由で全社サーバへ送る機能をもっている。さらに，売上情報の分析や店舗内の勤怠管理や商品の在庫管理，品揃え管理など店舗管理業務全体を支援する役割をもつ。全社サーバは，各店舗から送られてくる情報を集中的に管理する機能をもち，メーカーや卸問屋への商品発注処理や全店舗における売れ筋情報の提供など，店舗運営を支援する機能をもっている。

　POS システムを導入することによって得られる効果には，ハードメリットとソフトメリットがある。ハードメリットは，商品コード自動読み取りによるレジ登録業務の効率化による時間短縮や入力ミス排除による精度アップである。一方，ソフトメリットは，リアルタイムの商品別売上情報を取り扱う

POSシステムの活用により，綿密な在庫管理や受発注管理ができるようになる。また，多店舗の販売動向の比較や天候と売上の相関，時間帯による売上との相関など，マーケティングの基礎となる情報が得られることである。今や小売業にとって，POSシステムは必要不可欠な情報システムであって，POSシステムにより，販売実績情報（商品名・価格・数量・日時・顧客）を収集して，売れ行き情報（いつ・どの商品が・どんな価格で・どんな人に・いくつ売れたか）が経営に対する影響を支配している状況である。

（2）POSシステムの導入事例

　ヴァインキュラムジャパン株式会社は「人々のくらしと企業のビジネス活動の接点を情報システム技術で融合し，豊かな社会の実現に貢献する」を企業理念とし，超ユーザ系ITベンダーとして，「消費者と企業のビジネス活動を結ぶ絆（ヴァインキュラム）となるシステムやサービスを提供したい」と考え，流通・サービス業におけるPOSシステム，商品管理（MD：Merchandise）システム，顧客管理システム，カードシステムソリューション等を開発・提供している企業である。

　ヴァインキュラムジャパンのソリューション体系は図表8－8に示す通りであり，主力商品であるANY-CUBE POSシステムは，図中の太枠内のシステム機能をもっている。

　前項で説明した小売業のシステムは主として図表8－8のMDシステムと書かれている部分とPOSシステムと書かれている部分の機能である。

　ANY-CUBE POSシステムのハード上のメリットは，POSの処理をローカルで行い，情報はリアルタイムで本部へ送信することである。これでバックヤードなどのPCで行っていたWebでの在庫照会がPOSで直接可能となり，効率的になっている。また，ハードウェアフリーなので，システム導入時，既存のPOSを流用でき，移行作業がローコストかつ短期に利用可能となっている。プログラム・モジュールも本部APサーバで一括管理できるため，現地へ要員派遣せずに自動でUpdateのダウンロードも可能で，すぐにシステム利用が可能となっている。さらに，オフラインでもPOSは稼動できるので，展示

第8章 経営情報システムの事例と展望 217

図表8-8 ヴァインキュラムジャパン社のソリューション体系

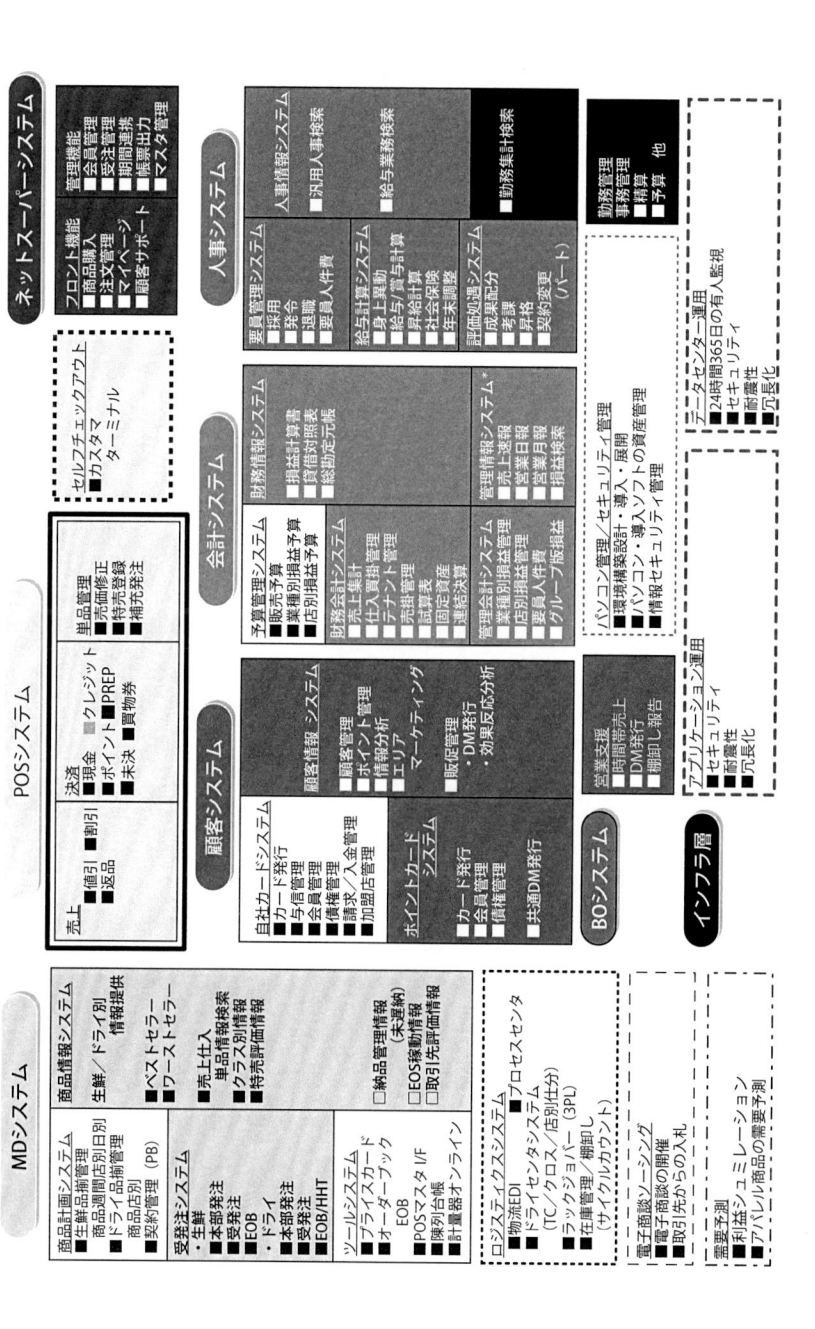

ネットスーパーシステム

フロント機能
- 商品購入
- 注文管理
- マイページ
- 顧客サポート

管理機能
- 会員管理
- 受注管理
- 期間関連業務
- 帳票出力
- マスタ管理

人事システム

人事情報システム
- 汎用人事検索
- 給与業務検索

要員管理システム
- 採用
- 発令
- 退職
- 要員人件費

給与計算システム
- 身上異動
- 給与/賞与計算
- 給付計算
- 社会保険
- 年末調整

評価処遇システム
- 成果配分
- 考課
- 昇格
- 契約変更（パート）

勤務管理
- 事務管理
- 精算
- 予算 他

□勤務集計検索

POSシステム

売上
- 値引
- 割引
- 返品

決済
- 現金
- クレジット
- ポイント
- PREP
- 未決
- 買物券

単品管理
- 売価修正
- 特価登録
- 補充発注

会計システム

財務報告システム
- 損益計算書
- 貸借対照表
- 給払対応版

予算管理システム
- 販売予算
- 業種別損益予算
- 店別損益予算

財務会計システム
- 売上集計
- 仕入集計
- デポジット管理
- 売掛管理
- 買掛管理
- 固定資産
- 連結決算

管理情報システム
- 売上管理
- 営業日報
- 営業月報
- 要員人件費
- グループ版損益

顧客システム

顧客情報システム
- 顧客管理
- ポイント管理
- 情報分析
- エリアマーケティング
- 販促管理
- DM発行
- 効果反応分析

自社カードシステム
- カード発行
- 与信管理
- 会員管理
- 債権管理
- 請求・入金管理
- 加盟店管理

ポイントカードシステム
- カード発行
- 会員管理
- 販促管理
- 共通DM発行

営業支援
- 時間帯売上
- DM発行
- 棚卸し報告

BOシステム

□セルフチェックアウト
- カスタマターミナル

□パソコン管理/セキュリティ管理
- 環境構築/導入・展開
- パソコン・導入ソフトの資産管理
- 情報セキュリティ管理

□データセンター運用
- 24時間365日の有人監視
- セキュリティ
- 耐震性
- 冗長化

□アプリケーション運用
- セキュリティ
- 耐震性
- 冗長化

インフラ層

MDシステム

商品計画システム
- 生鮮品補修管理
- 商品週間店別日別
- 商品品前管理（PB）
- 契約管理

商品情報システム
- 生鮮／ドライ別情報提供
- ベストセラー／ワーストセラー

- 売上仕入
- 単品情報検索
- クラス別情報
- 特売評価情報

受発注システム・生鮮
- 本部発注
- 受発注
- EOB
- ドライ
- 本部発注
- 受発注
- EOB/HHT

ツールシステム
- プライスカード
- オーダーブック
- POSマスタI/F
- 陳列台帳
- 計量器オンライン

□納品管理情報（未連絡）
□EOS連動情報
□取引先評価情報

ロジスティクスシステム
- 物流EDI
- ドライセンタシステム（TC/クロス/店別仕分）
- ラックジョバー（3PL）
- 在庫管理／棚卸し（サイクルカウント）

□プロセスセンタ

電子商談システム
- 電子商談の開催
- 取引先からの入札

需要予測
- 利益シミュレーション
- アパレル商品の需要予測

会場でのオフライン運用が可能である。海外向けにマルチ言語対応なので，海外店舗でも同一ソフトで稼動が可能となり，運用・保守面での効率化を実現している。ソフトメリットとしては，顧客管理（CRM：Customer Relationship Management）システム Satisfa と連動して，1）顧客の絞り込み（デシル分析），2）商品分析（買上分析），3）販促効果分析（年齢層別反応別分析），4）商圏分析（GIS），5）その他サービス（KIOSK ポイント確認）などの適用がある。

図表8-9に大手アパレル向けの ANY-CUBE AD のシステム構成を示す。2,000 店舗に 3,000 台の POS で運用されている。

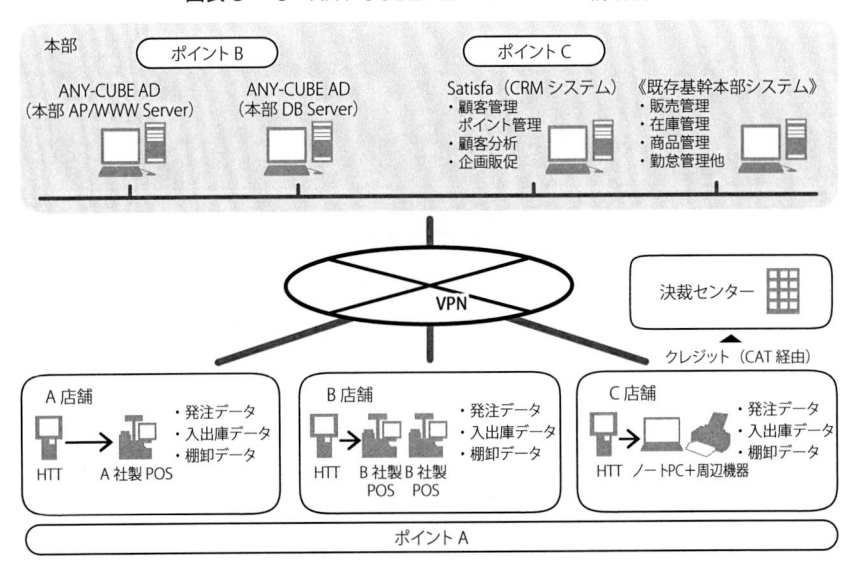

図表8-9　ANY-CUBE AD のシステムの構成例[6]

（3）次世代 POS システム

ここで，POS システムの系譜を概観しよう。図表8-10にヴァインキュラムジャパン社のオープン POS への取り組み経緯をまとめた。

オープン POS が15年あまりでハードウェア・ソフトウェアへの対応範囲を拡張させてきたことがわかる。この目指すところは標準化である。特にハードウェアを供給する企業（例えば，エプソンとか東芝テックなど）が提案している。

図表8－10　オープンPOSへの取り組み経緯

```
専用機 | 黎明期 | 拡大期 | 成熟期
       ▼2000年      ▼2005年      ▼2010年
```

- 1994年　NCR，TECでWindowsベースのPOSをリリース
- 1995年7月　OPOS技術協議会（日本）発足
  - 1996年　『OPOS日本版仕様書第1.0版』制定
    - 1997年　弊社POSパッケージ「ANY－CUBE」リリース，流通システム大賞 受賞
      POSハードベンダー各社，OPOS準拠のPOSターミナルをリリース（Windows NT/SQL Server）
      - 1998年～　2000年問題対応需要
        - 2001年9月　イオン・グループ　戦略的IT投資発表（総額350億）
          米国コンサル会社KSAの下，POSのハード／ソフト分離調達
          ※日本においてはPOSソフトベンダーは未成熟で，米国のソフト採用
          - 2003年～　大手アパレルで，センターサーバー型POSシステム構築
            マルチベンダーで，約3800台のANY－CUBEが稼動
            - 2005年～　ファーストフードで，ANY－CUBE採用
              約2800台 稼動
              - 2008年～　大手ドラッグで，ANY－CUBE採用
                マルチベンダーで，約2800台 稼動
                - 2009年　プラグイン構造 実装
                  次世代型POSパッケージリリース

ソフトウェアをバンドルして一体化して販売し，シェアを伸ばそうとするのは当然の企業戦術である。それに対してソフトウェアベンダーも，どのハードウェアに対しても使えるように標準化を図る。この他に技術面からのアプローチとしては，新しい技術要素であるRFID，携帯電話などを取り込んだものについて述べることもあろう。

　この技術面からPOSの展望をするというのは，いささか画竜点晴を欠くことになるのではないか。つまり，ニーズ面からのアプローチである。小売業ではネット販売が増えていることは，すでに多くのメディアで語られている。しかし，店舗での販売は相変わらず基本である。色々な商品を見比べ触ってみて，購買意欲を高めていくのは，女性ならずとも快感である。しかし，こういった買い物の最大の欠点はなんであろうか。限界があることである。限界は，経済・空間・時間の軸で見てみよう。

　まずは，お金の限界。手もち現金以上の買い物はできない。これを補ってくれているのがクレジットカードである。

　次に，空間の限界がある。それは，荷物の大きさ・重さである。手でもちきれない荷物は買えない。車でやってくると駐車場まで運べばなんとかなるが，

都心の店舗ではそういうわけにもいかず，また，「貢ぐ君」や「アッシー君」にもたせるにしても限界がある。そこでの希望は，店舗で買った商品が自宅か，自宅に近いコンビニに届いていることである。店員のもっているiPadのような端末で，クレジットカードと商品を示すと自動的に指定の場所へお届けとなると，客は荷物の心配をせずに買い物ができる。

3つ目の時間の限界からは，忙しい顧客，高齢者などは店舗をくまなく歩けない。そこで，ある商品の仕様（色，能力，サイズなど）の違う商品はあるのか，ある商品とコーディネートするとどんなものがあるのかを立ちどころに見て揃えたいというとき，上と同様に店員のもっているiPadのような端末の出番がある。こういった端末は，電子紙芝居でコーディネーションのシミュレーションやPOSの機能を具備した機能が要求されよう。販売現場でのインテリジェント端末としてのPOSである。

次世代POSは，当然，販売を楽しむスタイルからのニーズへの対応となるのではなかろうか。

ここで，購買マトリックスをお目にかけよう。図表8－11には，商品ごと

図表8－11　購買マトリックス（概念）[7]

	せっかち購買	念入り購買
利益率／タッチポイント 重要性／リスク	タイヤ，南京錠，デジタルTV お約束の必需品 （選択の余地も意思もない）	ハネムーン，PC，商売道具 買い方で本人が試される （心入れてしっかり選択）
	いやいや購買	うきうき購買
	虫歯治療，エアコン，銀行 不可避な必需品 （購買することが楽しくない）	書籍，スパ，グルメ，CD 買うことで本人が癒される （購入することが楽しい）

←　時間を掛けない　　　　　　　　時間を掛ける　→

マトリックスのどこにある商品かでマーケティング戦略が変わる

参考文献：ジョン・ローゼン等『購買意欲はこうして測れ』翔泳社，2009年，pp.11-15を参考に記述。

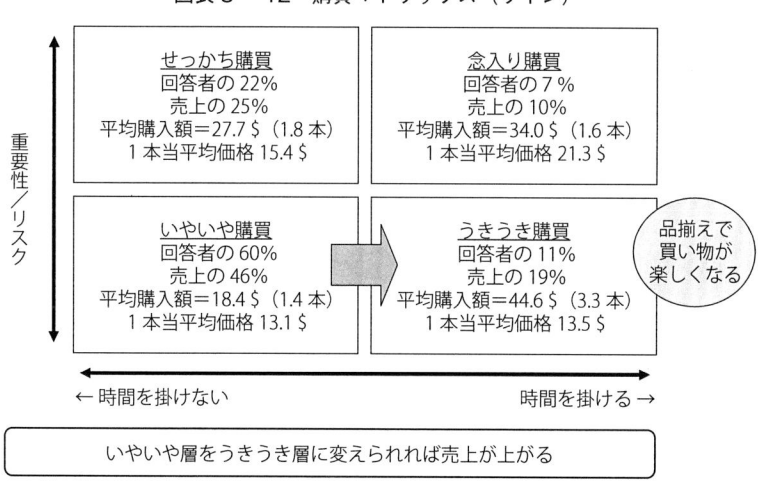

図表8-12　購買マトリックス（ワイン）[8]

せっかち購買 回答者の22% 売上の25% 平均購入額=27.7 $ （1.8本） 1本当平均価格 15.4 $	念入り購買 回答者の7% 売上の10% 平均購入額=34.0 $ （1.6本） 1本当平均価格 21.3 $
いやいや購買 回答者の60% 売上の46% 平均購入額=18.4 $ （1.4本） 1本当平均価格 13.1 $	うきうき購買 回答者の11% 売上の19% 平均購入額=44.6 $ （3.3本） 1本当平均価格 13.5 $

重要性／リスク

← 時間を掛けない　　　時間を掛ける →

品揃えで買い物が楽しくなる

いやいや層をうきうき層に変えられれば売上が上がる

参考文献：ジョン・ローゼン等『購買意欲はこうして測れ』翔泳社，2009年，p.207を参考に記述。

に購買層を分類している。いやいや購買する商品もあるし，選ぶのが楽しいという商品もある。また，それは個々人によっても異なる。

　これは，マーケティングの話であるが，どの層の商品かで売り方が異なるのだ。図表8-11の概念で，例えば，ワインを買う顧客は各層ごとにどんな行動を示したのかを図表8-12に示した。ワイン1本当たりの平均価格は低くても売上はダントツなのが，うきうき層の顧客である。

　いやいや層にいる顧客をうきうき層にもっていくのに，店舗での仕掛けとしての次世代POSの役割は大きいと言わざるを得ない。

第3節　クラウド利用のオフィス環境

（1）クラウド・コンピューティングとは

　情報システムの整備のなかでは，コンピュータ利用の発展の歴史から，所有する自前のコンピュータ上にソフトウェアやデータを実装するのが一般的であった。高速で高信頼な通信回線が実現し，図表8-13に示すように，コンピ

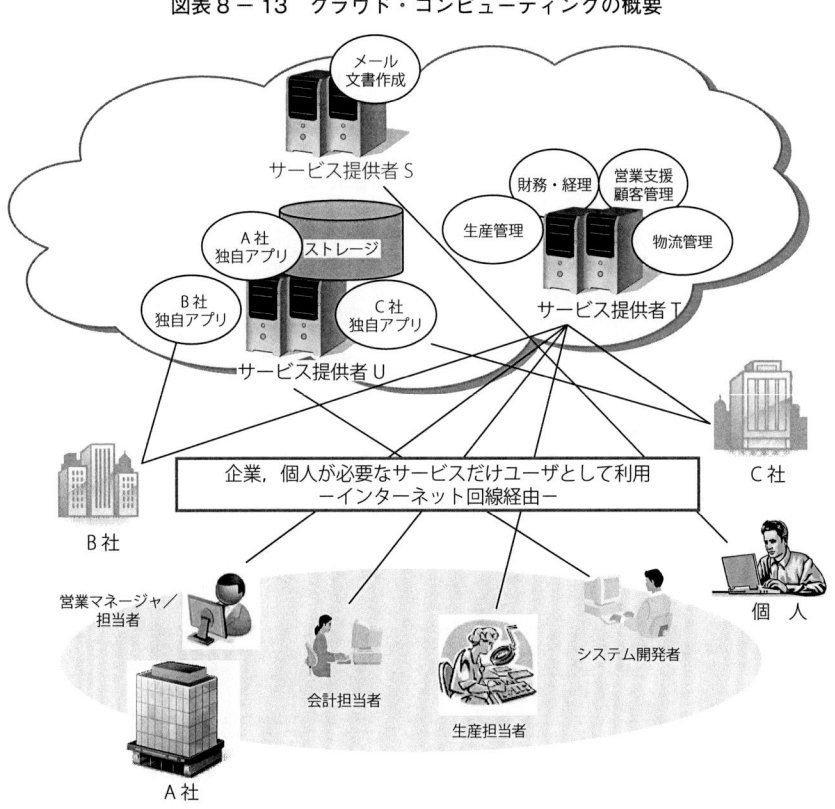

図表8−13　クラウド・コンピューティングの概要

ュータ資源を遠隔のベンダー（業者）側において一括管理してもらい，コンピュータを所有せず，利用する新しいサービス形態のクラウド・コンピューティングが急速に発展してきている。

　クラウド・コンピューティングはインターネット回線を経由して，手元のコンピュータ内にあったデータやデータセンターに蓄積されたソフトウェア等の資源を利用するサービスである。従来のコンピュータ利用では，ユーザ（企業，個人など）がコンピュータのリソース（ハードウェア，ソフトウェア，データベースなど）を自分自身で保有・管理しているが，ユーザはインターネットの向こう側にあるリソースを必要なときに，必要なだけ使用し，サービスとして提供されるリソースを利用した分だけ支払う従量制課金のサービスである。一般

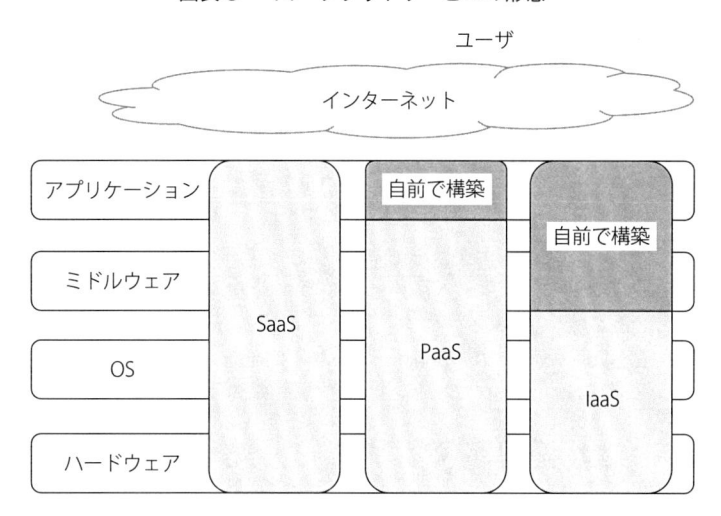

第8章 経営情報システムの事例と展望 223

図表8－14 クラウドサービスの形態

に，不特定多数でサーバを共有するパブリッククラウドと専有のサーバを使うプライベートクラウドに大別される。

クラウド・コンピューティングのサービス形態は，SaaS（Software as a Service），PaaS（Platform as a Service），IaaS（Infrastructure as a Service）という3つの区分がある。そのクラウドのサービス形態を図表8－14に示す。

SaaSは一般のエンドユーザがネットワーク経由で利用する各種アプリケーションで，ソフトウェアの機能について，必要な機能を必要な分だけサービスとして利用できるようにした提供形態である。SaaSは，クライアントPCにアプリケーションソフトウェアを装備して使うのではなく，ベンダーのもつサーバにあるアプリケーションソフトウェアをインターネット経由で利用するサービス形態である。利用者数や利用頻度，利用機能などのサービス利用状況をベースに課金される。最も中心となるサービス形態で，狭義のクラウド・コンピューティングといえる。そして，パッケージソフトなどを購入して使う場合と異なり，アプリケーションソフトの必要な機能だけを使うことが可能である。SaaSの例としては，電子メール，社内コラボレーション，CRMなどがある。

PaaS は，アプリケーションを構築し，稼働させるためのプラットフォームをネットワーク経由で使用できるサービス形態である。PaaS では，アプリケーションソフトの実行環境，データベース，OS，ミドルウェア等の開発環境が提供され，情報システム開発のための環境を自前で整える必要がなくなっている。また，個人向けにはクライアント PC に表計算ソフトやワープロソフトなどを実装しなくても，ネットワークを用いて利用できるサービス形態である。代表的な PaaS としては，Google の GAE（Google App Engine）や Microsoft の Azure Platform Service がある。

　IaaS は，情報システムの構築から運用のインフラまで一括して，インターネット経由で受けるサービス形態である。IaaS では，主にベンダーのハードウェアをインターネット経由で利用し，サーバや磁気ディスク（記憶領域）を時間借りするサービス形態である。代表的な IaaS には Amazon.com の Amazon EC2 や Nifty の Nifty Cloud がある。

　クラウド・コンピューティングでは，サーバ仮想化と分散処理が構成上で不可欠な技術要素となっている。サーバ仮想化とは，1 台の物理サーバ上に複数の仮想的なサーバを構築し，それをあたかも 1 台のサーバであるかのように扱う技術のことで，従来複数の CPU で構成されていたサーバ環境をベンダーの 1 台のサーバに集約することができるようになり，システムのプラットフォームであるハード設備を集約でき，システムの進展に合わせたサーバ能力の増減も容易となった。分散処理は，大容量，複雑な業務処理をネットワークでつながった複数の CPU を利用して同時並列的に処理する技術で，性能のそれほど高くない CPU を複数つなげることで，大規模高性能 CPU 並みの十分なスループットを出すことができる。複雑な業務を複数の部分問題に小分割し，最後に統合して迅速に処理する機能で，大規模，大量な業務処理を短時間に効率よく導き出すことができる。

　クラウド・コンピューティングを利用するためにユーザが用意するソフトウェアは，インターネットの接続環境と Web ブラウザのみである。インターネットの接続機能をもった PC，スマートフォン，ゲーム機やテレビなどなら，クラウド・コンピューティングのサービスをすぐに受けることが可能である。

例えば，Google の個人向けメールサービスの Gmail なら，設定すれば，すぐに使えるわけである。

（2）クラウドの活用事例

　ユニ・チャーム株式会社は，「一人ひとりの"生活者"の心とからだの健康をサポートする企業」として，生理用品，紙おむつ（赤ちゃん用，大人用）などの衛生用品で日本国内のトップシェアを誇り，アジア各国へも進出している大手メーカーである。

　ユニ・チャームは 1998 年から IBM Lotus Notes クライアントのメールシステムを利用し，その後，Lotus Domino Web Access による Notes メールの Web 化に取り組み利用していたが，2009 年，SaaS 型電子メールシステム，Gmail（Google Apps Premier Edition）に移行し，日本と展開する 4 カ国の事業拠点に，3,500 アカントで本格導入した。ユニ・チャームは脱所有（モノを所有すると選択肢が狭まる）を目指して，①1 人当たりのコストの目線へ，②システム障害の克服，③コスト構造改革の切り口に Gmail サービスを本格展開したのである。

　Gmail は，Google 社によるメールサービスで，一般ユーザ向けフリーメールサービスもあるが，企業向けサービス Google Apps Premier Edition は，Gmail と Google ドキュメントを 1 ID 当たり年間 6,000 円で利用するものであり，その概略と主要機能とユニ・チャームの利用状況を図表 8 - 15 に示す。

　ユニ・チャームが SaaS 型のメールシステムに移行するのを決定したのは，Google のスパム対策，セキュリティ技術，サービスレベルなどの入念な評価をベースに，以下の理由である。

① ユニ・チャームのシンプルなメールの利用形態（メールに多くを依存しないワークスタイルが移行への抵抗を緩和し，後押しした）
② TCO 分析：インフラの維持管理やセキュリティも含めたメール利用コストで Gmail が有利
③ 教育コストといった見えないコストの認識
④ 3,500ID といった SaaS の利用に適した人員規模（3,500 人は自社システム

図表8-15 Google Apps Premier Edition の主要機能と利用状況

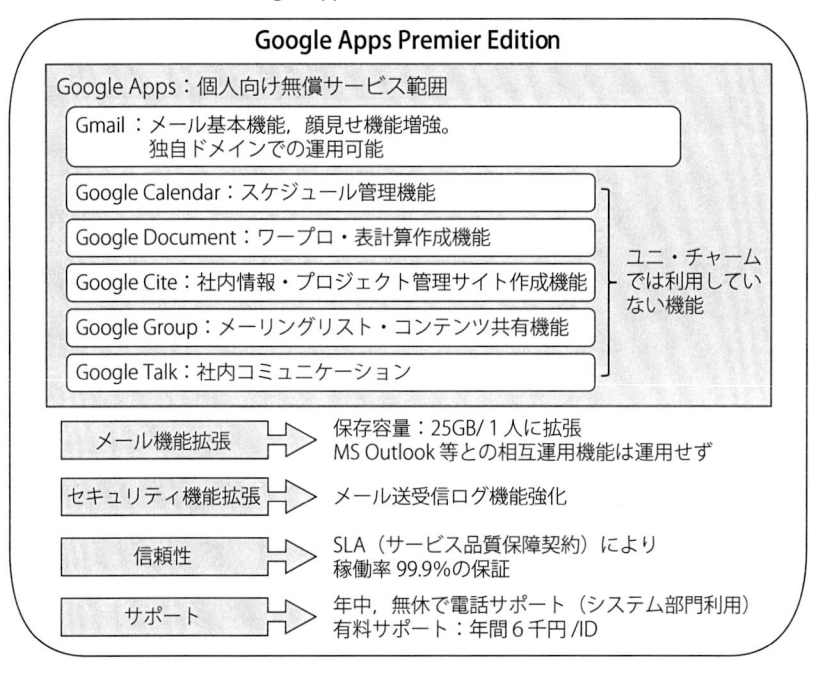

Google Apps Premier Edition

Google Apps：個人向け無償サービス範囲
- Gmail：メール基本機能，顔見せ機能増強。独自ドメインでの運用可能
- Google Calendar：スケジュール管理機能 ┐
- Google Document：ワープロ・表計算作成機能 │ ユニ・チャームでは利用していない機能
- Google Cite：社内情報・プロジェクト管理サイト作成機能 │
- Google Group：メーリングリスト・コンテンツ共有機能 │
- Google Talk：社内コミュニケーション ┘

- メール機能拡張 ⇒ 保存容量：25GB/1人に拡張　MS Outlook等との相互運用機能は運用せず
- セキュリティ機能拡張 ⇒ メール送受信ログ機能強化
- 信頼性 ⇒ SLA（サービス品質保障契約）により稼働率99.9％の保証
- サポート ⇒ 年中，無休で電話サポート（システム部門利用）　有料サポート：年間6千円/ID

の規模では大きすぎ，有料の外部委託でも負担は大きくない）

そして，このGmailへの移行により，メールの機能・利便性が増加した。

① メール保管要領：300MB → 25GB（83倍）
② 利用時間帯：午前1時〜6時停止 → 24時間稼働
③ 検索時間：見つかるまで10分 → 専用のメール検索機能が用意されていて6秒（1/100）で可能
④ 送信サイズ制限：2MB → 20MB（10倍）
⑤ 顔が見える新規サービス（ワンクリックでメール送信者の顔を付けて送信できる）

その他，事業展開した国の事業所への導入において，言語対応も含め，手間と初期コストがほとんどかからなくなったことやOutlookのようなメールデータをPCに保存するソフトに比べ，環境設定に対するPC入れ替え時の初期コストと手間不要等，大きなコスト効果を得ている。

第4節　需給マネジメント

（1）需給マネジメントとは

　高度経済成長でのお約束だった大量販売・大量消費のパターンが消え，系列取引や自前主義が終わった今，求められているのは自社のコア・コンピタンスを活かした他社とのサプライチェーンを巡る協業である。そこでの目標ルールは WIN-WIN である。もはやどの企業もブルウィップによる需要の増幅で，在庫のミスマッチを許容できるだけの余力をもっていないのである。商品拡販を目指してグローバルに伸びたサプライチェーンをどうやって引き締めるのか。かつて経済成長を謳歌した製造業は，製造部門や販売部門がそれぞれの業務を仕切り，製販会議が製造部門と販売部門の調整の場とされてきた。販売部門は，思惑や思い入れのたっぷり詰まった予測値を声高らかに宣言し全力で達成し，製造部門は外れたときの言質を取ったとばかりに外れることがミエミエの生産量をのむ。社内勢力争いの場でもあり，これが成長のための切磋琢磨の源泉でもあったのだろうか。

　需要の上流へ行くほど，伝言ゲームのように需要値が増幅されて，在庫過剰を引き起こすブルウィップ効果は系列主義的・自前主義的かつ縦割りで硬直した企業間関係が元凶とされている。ブルウィップ退治の方法論は，サプライチェーンのメンバ間の情報共有であると言われている。社内でもできていなかった情報の共有だが，必要と認識したらインターネットを通して社外のベンダーや輸送パートナーに情報開示しているではないか。VMI を構えてもらうサプライヤーには生産計画まで開示している。社外秘密だった社内情報を，ネットで協力してくれている他社へ開示しているのである。自社だけが儲ければ良いという考えが，「一緒に儲けましょう」へと変わったのだ。

　この情報共有作業とそれに連なる意思決定過程を「需給マネジメント」という。需要管理と供給管理を一緒に言ったね，と解釈されてしまいそうだが，「需給マネジメント」という言葉に込めて主張されているのは，需要計画と供給計画が独立の計画ではなくて調整を含めた1つの計画であり，統制を含めた

管理であることである．需要計画を立てるのは営業部門，供給計画はその需要計画をもとに製造部門が立てる．つながっているように見えるが，実際のどれだけの製造業が実行可能かつ変動の少ない計画として実施しているだろうか．製造や物流の現場では，日々さまざまな出来事が発生している．まさに「事件は現場で起こっている」のである．そのために管理者がいるのである．多くの場合，調整者は製造部門の管理者である．製造業でも顧客至上主義だからである．つまり，顧客の言うことが絶対（「お客様は神様」）なのである．現場のマネージャーに言わせれば「お客様は悪魔」であっても絶対なのだ．この調整を簡単にするには，計画の精度を上げることである．計画の精度を上げるには，ICTを導入すれば済みということではない．

　ERPパッケージに「S & OP (Sale and Operation)」という機能があるが，この機能は需給予測試算用のスプレッドシートに過ぎず，製販コラボレーションを促すような仕組みはない．製販のコラボレーションは，営業部門が思惑値ではない需要データ，実際の拠点や客先での在庫データを示すこと，製造部門が原材料・仕掛り・完成在庫量や工程能力を明らかにすることから始まる．責任論の所在の前に，データの正確性である．データの精度が高まれば，ICTと在庫管理理論，数理計画法，組合せ最適化手法などさまざまな経営工学的手法を駆使してブルウィップ現象を抑えることもできる．

　この需給マネジメントは，SCMにおけるコラボレーションとも呼ばれ，図表8－16に示す情報共有をする．

　図表8－16にあるように，社内外のシステムから集められた生産，販売や在庫のデータをもとに，生産計画と販売計画が確定される．POSからデータセンターの中央コンピュータに吸い上げられた販売データが，商品単位に販売日時，販売場所，顧客などの視点で分析されて需要予測される．そのモデルの出した数字をもとに，実際に工場で生産するために必要な資材，設備，人員の手配などがチェックされ，実効性のある生産計画ができる．もちろん，それぞれの部門の担当者によるチェックが入るが，生産部門や販売部門としては，この客観的に収集できるデータ以外のデータをもっている．顧客の大量発注の意図とか，ライバル企業の値下げ情報などさまざまである．これらをもち寄って

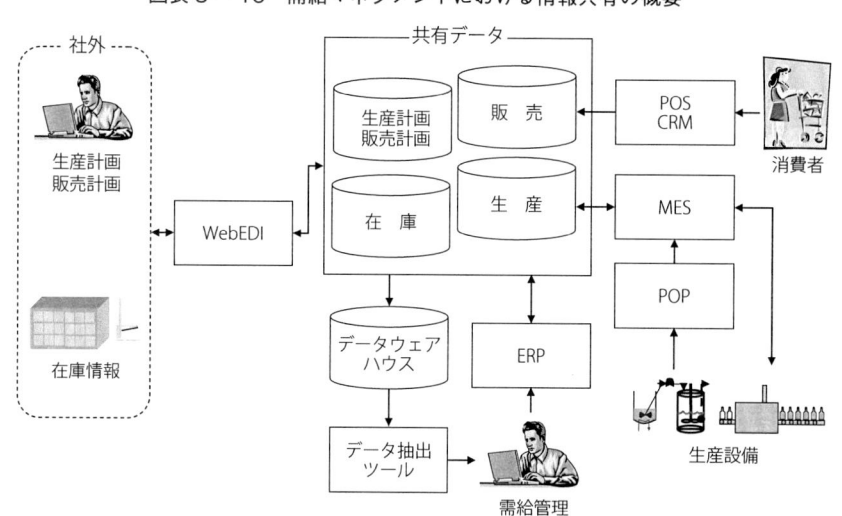

図表 8 − 16　需給マネジメントにおける情報共有の概要[9]

図表 8 − 17　需給マネジメント向けパッケージの主な機能[10]

```
＜需要マネジメント向けパッケージの主な機能＞
　　需要データの収集と管理
　　顧客別，製品別，エリア別など，目的別の需要データの分析
　　時系列予測手法による需要予測（予測モデルの自動選択）
　　バーゲンセールなどの定性情報付加
　　シナリオ分析（条件を変更した需要予測とシナリオごとの比較）
　　計画と実績の差異分析
　　レポート，プレゼンテーション機能
　　ERP との連携
```

需要予測モデルの弾き出した数字を検討するわけである。ERP パッケージに用意されている需給マネジメントの機能を図表 8 − 17 に列挙している。

（2）需給マネジメントにパッケージを導入した事例

　A 社は，国内だけでなくタイ，インドネシア，ロシアと多国籍に生産・販売の拠点をもち，業務を展開している大手メーカーである。A 社のような海外に拠点のある製造業では，本社のもっている情報を世界中に展開している拠点へ，あるいは，国内のサプライチェーンへ鮮度の良い情報を行き渡らせる必

要がある。そのためには，コスト負担とシステム負担を抑えてコミュニケーション頻度を高めることが効果的である。次にこれらの情報インフラから導かれるＡ社のサプライチェーンについて説明する。

Ａ社の生産販売の計画の流れを図表８－18にまとめた。前週の出荷実績をもとに，まず販売計画を確定させる。需要予測と実績との差異を織り込んで，資材仕入れと生産・在庫計画へと進めていき，製造設備別の生産計画へと落ちていく。号機ごとの日程計画から資材の発注と週次資材所要量計画が出る。

商品の特性から国別に商品仕様が微妙に異なる。そのために生産は，国などで分割された市場ごとにその地に設けられた生産施設で対応する体制を敷いている。また，市場間の在庫の融通などはしていないので，ERPのようなグローバル全体を見渡す最適化といった側面がない。ところがこういった消費者の近くにある商品は新製品（必ずしも新機能ということでもないが，包装形態が変わったとか，サイズが変わったなどの変化）が頻繁に投入される。新製品が投入されるということは，SKUの増加とともにコード化をすることになる。それがまた

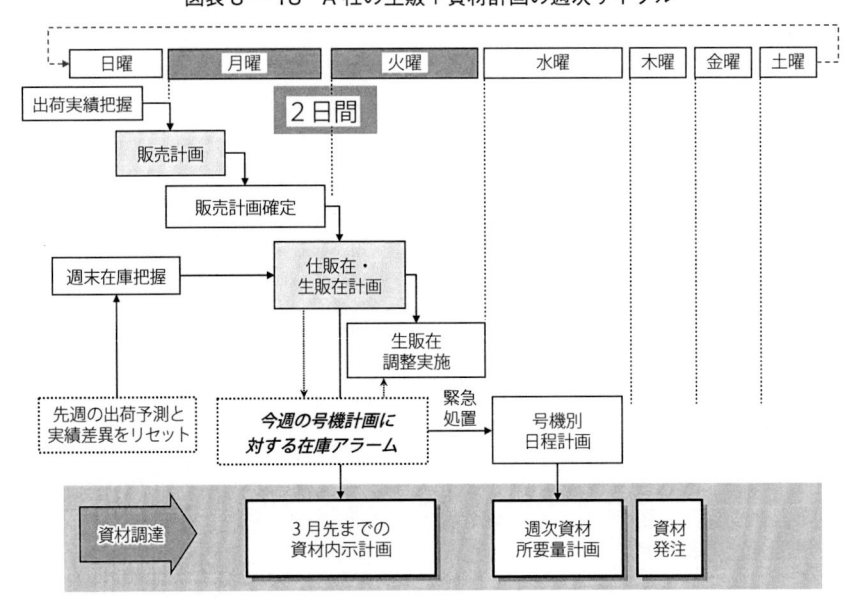

図表８－18　Ａ社の生販＋資材計画の週次サイクル

複雑で業務の煩雑化を招く。これは，在庫管理，資材調達に影響を及ぼし，欠品発生の原因ともなる。新製品を企画するのはメーカー側ではあるが，結局はメーカーが気まぐれな消費者のニーズに振り回されることになり，自分の仕掛けた罠に自分ではまってしまっている。

　A社では，図表8－18に示したフローで旧SCMシステムの導入で生産販売情報を一元化して計算していた。ただ，計算時間が夜の10時から翌朝10時までかなりかかっていた。これだけ時間がかかると前述したような気紛れな需要変動への追随は難しく，生産計画の立て方を変えることになる。つまり，需要を当てることを諦め，結果が変わったときにこれからどうするかをシミュレーションすることにした。需要予測の呪縛から解放された瞬間である。そうなると生産販売計画の業務は，一方通行の流れではなくなり，双方向作業になる。そこで，A社は2011年にこれまで使っていたSCMのパッケージを変えた。それにより，図表8－19に示す生産販売の情報の流れになった。

図表8－19　生販情報の流れを変える

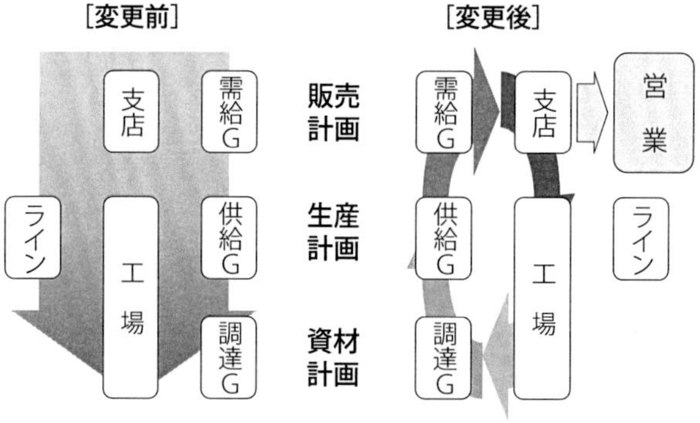

[変更前]　　　　　　　　[変更後]

販売計画：支店／需給G　→　需給G／支店／営業
生産計画：ライン／工場／供給G　→　供給G／工場／ライン
資材計画：調達G　→　調達G

　この新SCMソフトによってできることを図表8－20に示す。
　この生産システム変更により，今まで12時間かかっていたプランニング計算が5分で完了するように改善された。これにはハードウェアのリプレースも同時になされたので，必ずしもソフトウェアやアルゴリズムの変化だけではないとはいうものの，かなり劇的な変化である。とはいえ，いまだに調整業務に

図表 8 – 20　新 SCM ソフトでできること

- 販売，生産，資材の担当者が同時に状況を把握できる。
- 複数パターンの計画を作成して，一番ベストな計画を採用できる。【シナリオ機能】
- 計画担当者の作業が完了したことや，準備ができたことをメールで知らせることができる。（販売から生産へ，生産から資材調達へ）【アラート機能】
- 過去実績のない商品も新から旧への切替を登録することで，販売計画を作成できる。
- 生産計画の担当者は，販売・生産・在庫を生販在表の形で見ることができる。
- 商品および資材在庫の将来予測（在庫シミュレーション）ができる。
- 販売，生産計画は，SKU だけでなくブランドの切り口でも見ることができる。
- 生産は，工場別号機別アイテム別に見ることもできるし，ブランドで集約することもできる。
- 販売計画は，アイテムはカートン単位，ブランドはピース単位で見ることができる。
- 生産計画は，カートンだけでなく，ピースと負荷直数を見ることができる。
- 販売計画に対して，生産キャパによって自動的に資源配分を行うことができる。
- 計画を見る際には，日・週・月・四半期・年の切り口を簡単に変更することができる。

担当者が駆けずり回るという状態である。A 社では，今後もこの改善活動を継続させ，このシステムを使ったシステムを世界の拠点へも展開する予定である。

　需給マネジメントは，ここで説明をしているように調整業務であり，人間系の業務であることは間違いがない。だからといって，人間でと割り切らずに，いかに ICT の力を借りて企業としてのパフォーマンスを出して売上高や利益を上昇させるかが問われている。給与計算とか構造計算とか，もともと定型化した業務のコンピュータ化は，コンピュータ活用の黎明期にすでに取り組まれていたことは，第 1 章に述べた。爾来，50 年の風雪を越えて，本事例で取り上げた需給マネジメントでは，柔軟かつイベント・オリエンティッドなオペレーションが要求されている。こういった場面での情報システムの役割と価値が経営情報システムと呼ばれるにふさわしい貢献をしてくれるものである。企業の差別化戦略の実現と生き残りのためにこそ，情報システムが輝くのである。

【注】

1) 参考文献［5］のpp.150-151を参考に記述。
2) 参考文献［5］のp.151図4.9より引用。
3) 参考文献［5］のp.150図4.8より引用。
4) 参考文献［2］のpp.429-431を参考に記述。
5) 参考文献［3］のpp.287-289を参考に記述。
6) 参考文献［6］より引用。
7) 参考文献［7］のpp.11-15を参考に記述。
8) 参考文献［7］のp.207を参考に記述。
9) 参考文献［8］のp.66より引用。
10) 参考文献［8］のp.85より引用。

【参考文献】

［1］杉山貴章『図解クラウド仕事で使える基本の知識』技術評論社，2011年。
［2］島田達己・林　誠監修，中央職業能力開発協会編『経営情報システム（情報化企画）2級』社会保険研究所，2008年。
［3］島田達己・林　誠監修，中央職業能力開発協会編『経営情報システム3級』社会保険研究所，2008年。
［4］武藤明則『経営情報システム教科書』同文舘出版，2010年。
［5］若槻　直・大場允品『デリバリー管理』日刊工業新聞社，2001年。
［6］ヴァインキュラムジャパン株式会社：オープンPOSパッケージ　ANY-CUBE
http://www.vinculum-japan.co.jp/anycube/package/ad/example.html
［7］ジョン・ローゼン等『購買意欲はこうして測れ』翔泳社，2009年。
［8］藤川裕晃「ロジスティクス考『需給マネジメント～コラボレーションSCMの新局面』」ロジスティクスシステム2010年1月号，Vol.19，P.2-3，ロジスティクスシステム協会編，2010年。
［9］松井正之・藤川裕晃・石井信明『需給マネジメント』朝倉書店，2009年。

索　引

A-Z

AI ································· 36
APS（Advanced Planning and
　　Scheduler）·················· 41, 173
As-Is ······························ 85
ASP ······························ 171
ATP ······························ 173
BI ································· 50
BIOS ····························· 166
BPE······························ 26, 48
BPM ······························ 26
BPR······························ 25, 44
CIO ······························ 142
CMMI（Capability Maturity Model
　　Integration：能力成熟度モデル統合）
　　······························ 147
CN 図（Commitment Network Model）
　　······························ 63
CN モデル ························ 58
CO_2 削減問題 ···················· 4
CPM ····························· 149
CRM ·························· 41, 173
DBMS····························· 124
DFD（Data Flow Diagram）······ 59, 122
DSS······························· 35
DWH ····························· 132
EAI ツール ······················· 28
EDPS ····························· 35
ER 図 ····························· 67
ERP····························· 38, 90, 173
ES ································· 36
EUC ······························ 38

FDA ······························ 141
Gmail ···························· 225
HIPO ····························· 133
IaaS······························ 223
IDEF（Integration Definition for
　　Function modeling）·········· 58, 61
IE ································· 57
IPO ······························ 133
ISO ······························ 154
──── 9000 シリーズ ········ 154
KJ 法 ····························· 87
KPI ······························· 12
MECE····························· 13
MES（Manufacturing Execution System）
　　···························· 41, 174
MIS································ 35
MRP ······························ 38
MRP Ⅱ ···························· 92
NIH 症候群 ························ 4
OA ································· 35
OMS ······························ 41
Oracle···························· 39
PaaS ····························· 223
PDM（Product Data Management）··· 174
PERT/CPM ······················ 149
PEST 分析 ·························· 9
PLC（Programmable Line Controller）
　　······························ 175
PMBOK ·························· 147
POP ······························ 211
POS ······························ 214
────システム············ 50, 214
PPM ································ 9

P2P（Peer to Peer）型通信 ………… 181
SaaS（Software as a Service）
　………………………… 157, 171, 223
SABRE ………………………………… 16
SAP/R3 ………………………………… 39
SCADA（Supervisory Control And Data
　Acquisition）………………… 41, 175
SCC …………………………………… 95
SCM（Supply Chain Management）
　………………………………… 93, 173
SCOR ……………………………… 93, 95
SCP …………………………………… 41
SFA …………………………………… 41
SIS …………………………………… 36
SQL ………………………………… 130
SQuBOK（Software Quality Body of
　Knowledge）……………………… 154
SWOT 分析 …………………………… 9
TCP/IP ……………………………… 179
TMS …………………………………… 41
To-Be ………………………………… 85
　───ビジネスプロセス設計 ……… 85
UML ………………………………… 70
V 字モデル ………………………… 139
VMI …………………………………… 23
WBS ………………………………… 148
WMS ………………………………… 41

ア

アクティビティ図 …………………… 73
アドホックネットワーク（Ad-Hoc
　Network）………………………… 183
アプリケーション ………………… 170
アルゴリズム ……………………… 167
アーンドバリュー管理（EVM：Earned
　Value Management）…………… 152
意思決定 …………………………… 185

───のタイプ …………………… 191
入れ子構造 ………………………… 169
インスタンス ……………………… 127
インターネット …………………… 178
インタープリタ …………………… 170
インプット・アウトプット設計 …… 133
ウォークスルー …………………… 151
ウォーターフォールモデル … 99, 100, 102
エンネーブル ……………………… 46
エンパワー ………………………… 46
エンビジョン ……………………… 46
オズボーンのチェックリスト ……… 87
オブジェクト ……………………… 66
オブジェクト指向 ……………… 64, 66
　───設計 ……………………… 99
　───データ型 ………………… 125
オペレーティングシステム ……… 166

カ

階層データ型 ……………………… 125
外部キー …………………………… 129
拡張 UML …………………………… 70
カプセル化 ………………………… 66
ガラパゴス現象 ……………………… 4
環境問題 ……………………………… 3
関数従属性 ………………………… 127
完全関数従属 ……………………… 127
ガントチャート …………………… 150
管理的意思決定 …………………… 190
記憶論理 …………………………… 164
キー属性 …………………………… 67
基本設計 …………………………… 101
業務的意思決定 …………………… 190
業務テンプレート ……………… 90, 92
クラウド・コンピューティング … 205, 222
グリッドコンピューティング …… 183
グレーボックステスト ………… 136, 137

索引　237

グローバリゼーション……………… 2
経営情報システム………………… 33
経営戦略…………………………… 8
経験曲線…………………………… 53
計算論理………………………… 162
結合従属性……………………… 129
原因結果グラフ法……………… 137
コア・コンピタンス……………… 14
工場システム層……………… 171, 172
構造化分析………………………… 58
　──手法………………………… 58
構想設計………………… 101, 104
工程制御層…………………… 171, 172
候補キー………………………… 129
5回のなぜ………………………… 89
顧客オーダー別生産方式……… 212
顧客志向………………………… 45
コモディティ…………………… 15
ゴール／問題図………………… 71
コンティジェンシー（状況対応）理論
　………………………………… 192
コンパイラ……………………… 169
コンピュータシステム・バリデーション
　（Computer System Validation: CSV）
　………………………………… 141

サ

サーバ仮想化…………………… 224
事業ポートフォリオ分析………… 53
自然結合………………………… 127
主キー…………………………… 129
主記憶装置……………………… 160
需給マネジメント……………… 229
出力装置………………………… 160
需要の不確実性…………………… 2
詳細設計………………… 101, 113
詳細ダイアグラム……………… 133

情報戦略………………………… 17
　──委員会…………………… 142
情報プロセスアプローチ………… 57
情報無損失分解………………… 127
スコープ管理…………………… 147
スタブ…………………………… 138
ステアリングチーム…………… 144
ステークホルダー分析…………… 54
スパイラルモデル……………… 103
スーパーキー…………………… 129
正規形…………………………… 129
製作工程………………………… 101
生産座席予約管理……………… 209
生産座席予約方式……………… 212
セキュリティ…………………… 166
戦略的意思決定………………… 190
戦略的情報システム…………… 36
総括ダイアグラム……………… 133
属性……………………………… 126
ソーシャルネットワークサービス… 24
ソフトメリット………………… 215

タ

第1正規形……………………… 130
第5正規形……………………… 130
第3正規形……………………… 130
第2正規形……………………… 130
第4正規形……………………… 130
多次元分析（OLAP: On Line Analytical
　Processing）………………… 50
多値従属性……………………… 129
タップル………………………… 126
単体テスト……………………… 137
中央処理装置…………………… 160
通信プロトコル………………… 162
定型的意思決定………………… 191
テスト計画……………… 135, 139

テスト工程……………………… 101	───の設計……………………… 77
データディクショナリー……………… 58	───の分析手順………………… 52
データフロー図…………………… 58	───・リストラ………………… 43
データベース……………………… 122	ビジネスモデリング技法…………… 57
───管理システム……………… 124	ビジネスモデル…………………… 20
───設計………………………… 99	非正規形………………………… 129
データマイニング………………… 50	非定型的意思決定………………… 191
デ・マルコの方法………………… 58	ヒューマンインターフェース……… 99
デル・モデル……………………… 22	ビールとおむつ…………………… 50
電子商取引………………………… 181	ファイナンシャル・リストラ……… 43
テンプレート……………………… 91	ファイル（file）………………… 170
電話網……………………………… 178	フィットギャップ分析…………… 90
同値分割法………………………… 137	物資プロセスアプローチ………… 57
特性要因図（因果関係整理法）…… 88	プライベートクラウド…………… 223
トップダウンアプローチ………… 146	ブラックボックステスト……… 136, 137
トップダウンテスト……………… 138	ブルウィップ効果………………… 227
ドメイン…………………………… 126	フレームワーク…………………… 13
	ブレーンストーミング…………… 86
ナ	ブレーンライティング…………… 86
2007年問題………………………… 5	プログラミング…………………… 168
入力装置…………………………… 160	プロジェクト管理………………… 147
ネットワーク……………………… 176	───システム（PMS）………… 157
───データ型…………………… 125	フロー制御（Flow control）…… 179
	プロセス仕様書…………………… 58
ハ	プロダクトライフサイクル……… 53
バグ成長曲線……………………… 140	フローチャート……………… 121, 167
パッケージ・ソフトウェア……… 39	プロトタイピングモデル………… 103
ハードメリット…………………… 215	分散処理…………………………… 224
パブリッククラウド……………… 223	ベストプラクティス……………… 96
バランスド・スコアカード……… 11	ベンチマーキング………………… 55
バリデーション……………… 135, 141	ボイス−コッド（Boyce-Codd）正規形
ビジネス環境の変化……………… 7	…………………………………… 130
ビジネスシステム層………… 171, 172	補助記憶装置……………………… 160
ビジネスプロセス………………… 25	ポートフォリオ・リストラ……… 43
───アプローチ………………… 58	ボトムアップアプローチ………… 146
───管理………………………… 27	ボトムアップテスト……………… 138
───設計手順…………………… 78	ホワイトボックステスト………… 136

マ

マルチウィンドウ……………… 133
ミスマッチ………………………… 1
メソッド………………………… 66
メッセージパッシング………… 66
メトリクス……………………… 96
目標展開………………………… 78
モーダルシフト………………… 3
モデリング……………………… 28

ヤ

ユースケース図…………… 58, 64
ユビキタス通信……………… 183
要件定義………………………… 90

ラ

リスクアセスメント………… 155
リスク管理…………………… 155
リスクコントロール………… 155
リストラクチャリング………… 43
リレーショナルデータ型…… 125
リレーション………………… 127
　　──スキーマ…………… 127
ロジックツリー………………… 13

ワ

ワークデザイン………………… 88
ワークフロー……………… 28, 93
　　──機能………………… 39

《著者紹介》
金城敬太（きんじょう・けいた） 担当章：第5章第7, 9節
  2007年 慶應義塾大学大学院政策メディア研究科修了。同年株式会社JMR生活総合研究所。
  2010年 総合研究大学院大学複合科学研究科情報学専攻（国立情報学研究所）修了。
  現　在 東京理科大学経営学部経営学科 助教。博士（情報学）。
  人工知能学会，日本経営工学会など正会員。
  専門分野は，データマイニング，人工知能。応用として，マーケティング・リサーチ，知能システムなど。

能上慎也（のがみ・しんや） 担当章：第5章第5節，第6章第1, 2, 4節
  1984年 東北大学大学院 工学研究科 博士後期課程 電気及び通信工学専攻修了。同年日本電信電話公社。
  2006年 東京理科大学 経営学部 准教授。
  現　在 同学部教授（2012年4月より）。工学博士。
  電子情報通信学会シニア会員，日本オペレーションズリサーチ学会，情報処理学会，IEEEなど正会員。
  専門分野は，情報通信ネットワーク，通信トラヒック理論，性能評価など。

主要著書
  『Multimedia Communication Network：Chapter 11 Standards for Multimedia』（共著）Artech House, 1998年。
  『Evaluations of Strategies for Quantitative and Qualitative VCHS-Type Queuing Systems』（共著）iNFORMATION, 2012年。
  『VoIPネットワークにおける呼レベルの輻輳制御アルゴリズムとその大規模シミュレーション評価』（共著）信学論, 2005年。

《編著者紹介》

大場允晶（おおば・まさあき）　担当章：第5章第1～4，6，8節，第7章，第8章第1～3節
1978年　横浜国立大学大学院工学研究科修士課程電気化学専攻修了。同年　小西六写真工業（株）。
1995年　東京都立科学技術大学大学院工学システム専攻修了。
2000年　コニカ株式会社を退職。同年日本大学経済学部　助教授を経て，
　現　在　日本大学経済学部　教授。博士（工学）。
横断型基幹科学技術研究団体連合理事，日本経営工学会，日本設備管理学会など正会員。
専門分野は，生産管理，生産計画，経営情報。

主要著書
『デリバリー管理』（共著）日刊工業新聞社，2001年。
『生産マネジメント概論―技術編―』（共著）文眞堂，2009年。
『生産マネジメント概論―戦略編―』（共著）文眞堂，2010年。

藤川裕晃（ふじかわ・ひろあき）　担当章：第1～4章，第6章第3節，第8章第4節
1978年　早稲田大学大学院工学研究科修士課程機械工学専攻修了。同年大成建設（株）。
2001年　日本アイビーエム株式会社。
2007年　近畿大学 工学部 教授を経て，
　現　在　東京理科大学 経営学部 教授。博士（工学）。
中小企業診断士，技術士（情報工学部門）。日本経営工学会，日本設備管理学会など正会員。
専門分野は，工場計画，SCM，経営情報。

主要著書
『多層階工場レイアウト入門』（単著）工業調査会，2005年。
『サプライチェインマネジメントとロジスティクス管理入門』（単著）日刊工業新聞社，2008年。
『経営情報システム（情報化企画）』（共著）社会保健研究所，2007年。

（検印省略）

2012年5月20日　初版発行
2016年2月20日　二刷発行　　　　　　　　略称―プロセス管理

経営情報システムとビジネスプロセス管理

編著者　大　場　允　晶
　　　　藤　川　裕　晃
発行者　塚　田　尚　寛

発行所　東京都文京区　　株式会社　創　成　社
　　　　春日2-13-1
　　　　電　話　03（3868）3867　　　ＦＡＸ　03（5802）6802
　　　　出版部　03（3868）3857　　　ＦＡＸ　03（5802）6801
　　　　http://www.books-sosei.com　　振　替　00150-9-191261

定価はカバーに表示してあります。

©2012 Masaaki Oba,　　　組版：ワードトップ　印刷：Ｓ・Ｄプリント
　　　Hiroaki Fujikawa　　製本：宮製本所
ISBN978-4-7944-2385-6　C3034　　落丁・乱丁本はお取り替えいたします。
Printed in Japan

―――― 経営・マーケティング ――――

経営情報システムとビジネスプロセス管理	大場　允晶 藤川　裕晃 編著	2,500 円
e ビジネスの教科書	幡鎌　　博 著	2,200 円
企業経営の情報論 ―知識経営への展開―	白石　弘幸 著	2,400 円
経営戦略の探究 ―ポジション・資源・能力の統合理論―	白石　弘幸 著	2,700 円
環境経営戦略の潮流	高垣　行男 著	2,600 円
経営戦略の理論と実践	高垣　行男 著	2,300 円
経営戦略論	佐久間信夫 芦澤　成光 編著	2,400 円
現代組織の構造と戦略 ―社会的関係アプローチと団体群組織―	磯山　　優 著	2,500 円
CSR とコーポレート・ガバナンスがわかる事典	佐久間信夫 水尾　順一 水谷内　徹也 編著	2,200 円
日本の携帯電話端末と国際市場 ―デジタル時代のマーケティング戦略―	大﨑　孝徳 著	2,700 円
IT マーケティング戦略 ―消費者との関係性構築を目指して―	大﨑　孝徳 著	2,400 円
現代消費者行動論	松江　　宏 編著	2,200 円
近代経営の基礎 ―企業経済学序説―	三浦　隆之 著	4,200 円
すらすら読めて奥までわかるコーポレート・ファイナンス	内田　交謹 著	2,600 円
経営財務論	小山　明宏 著	3,000 円
昇進の研究	山本　　寛 著	3,200 円
共生マーケティング戦略論	清水　公一 著	4,150 円
広告の理論と戦略	清水　公一 著	3,800 円

（本体価格）

―――― 創　成　社 ――――